도시재생과 마을만들기 독본 ❸

NPO와 마을만들기 연구회 편저 장준호 소명식 역

NPO를 위한 도시재생과 마을만들기

마을을 지원하는 시민사업체

도서출판 구미서관

風土社

역자서문1

본서는 [도시재생과 마을만들기 독본 1권, 2권, 3권, 4권]을 완역한 것으로 일본 국토교통성 관련 부국과(部局課) 및 사계의 저명 교수 그리고 지방정부와 시민사회 단체 등이 공동집필한 것이다.

우리나라는 1980년 및 1990년의 개발연대를 종식하고 2000년대 들어 바야흐로 전면 철거재개발에서 도시정비 사업으로 그리고 주민참여형 도시재생과 마을만들기 사업으로 패러다임이 전환되고 있다.

또한 성장형 사회에서 성숙형 도시문화로 이행되고 있는 즈음에 우리보다 앞선 경험을 한 이웃나라의 도시재생과 마을만들기 방법론을 학습 및 탐구하는 것은 상당한 의의가 있다고 확신하였다. 아울러, 최근의 젠트리피케이션(둥지 내몰림) 현상으로 기존의 장소자산 및 공동체 문화가 파괴되는 현실을 목도하면서 새로운 대안설정에 일조하리라 판단하여 2년여의 결코 짧지 않은 기간에 걸쳐 작업을 수행하였다.

먼저 본서의 전4권의 내용을 간단히 소개하면 다음과 같다. 제1권 〈고령자를 위한 도시재생과 마을만들기〉에서는 고령자와 모두가 살고 싶은 마을만들기를 위하여 도로 및 교통수단과 시스템, 공원정책, 고령자를 위한 건축물 그리고 외출에 편리한 정보시스템 등으로 나누어 소개하고 있는데 「고령자와 마을만들기 연구회」 대표인 소노다 마리코 씨는 결코 고령자만을 위한 마을만들기가 아니라 마을의 고령자와 더불어 장애를 가진 사람, 어린이와 임산부, 환자들을 비롯하여 우리들 마을 전체 구성원의 살기 좋은 마을만들기를 지향해야 한다고 이 책을 만든 목적을 기술하고 있다.

제2권 〈어린이를 위한 도시재생과 마을만들기〉의 내용 중에는 "우리 집 근처에는 보물이 가득합니다. 그것을 주머니에 넣어서 가져옵니다. 저 뿐만이 아니라 모두의 주머니 속에도 꿈과 보물이 있을 거라고 생각합니다."라고 초등학교 4년생 여자아이가 발표한 글을 소개한 내용이 있다. 건축과 도시계획의 원론적 지식만으로는 4차원적인 도시를 만들 수 없다. 아이들의 상상력과 지역 예술가들의 창작력이 더해져야만 개성 있는 마을을 만들 수 있고, 마을 축제와 "마을사업"으로 발전시켜야 주민주도의 지속가능한 마을만들기가 가능하다고 생각한다.

제3권 〈NPO를 위한 도시재생과 마을만들기〉에서는 전국에 있는 일본의 마을만들기 NPO 단체, 마을만들기 NPO를 지원하는 조직과 시스템 그리고 마을만들기 NPO의 미래가 소개되어 있다. 그리고 자료편에는 전국 마을만들기 NPO 참고문헌 리스트와 관련 중요용어 등의 해설도 하고 있다. 이 책의 국내 및 다양한 해외사례에서 보듯이 마을만들기 NPO 단체와 지자체, 의회, 그리고 마을 주민들의 체계적이고 조직적인 공조가 함께 이루어져야 좋은 마을, 지속가능한 도시를 만들 수 있다고 판단한다.

제4권 〈환경 친화적 도시재생과 마을만들기〉는 모두 8파트의 항목으로 나뉘어 있는데 환경문제와 우리의 일상생활, 환경 친화적인 에너지절약형 건축의 소개, 에너지문제와 자연자원 활용 및 재활용 그리고 역시 국내 및 각종 해외사례들을 통하여 환경공생 마을만들기의 새로운 방법론을 제안하고 있다.

신정부가 들어서 도시재생 뉴딜사업을 기존의 종적 상의하달 방식이 아닌 수평적 거버넌스 체계를 구축하여 폭 넓은 주민의 참여를 유도하여 '터(장소)의 무늬(특성)'가 있는 즉 종래의 '터 무늬 없던' 도시 및 마을재생 방식을 타파하여 창조적인 사업으로 전환하는데 본서가 다소나마 보탬이 된다면 기쁘기 그지없다.

끝으로 본서를 마무리하는데 있어 안양대학교 마을만들기 연구센터의 석사 및 박사과정 학생들과 출판을 쾌히 허락해 주신 풍토사(風土社) 그리고 구미서관 관계자 분께 심심한 사의를 표하는 바이다.

2018년 늦가을 수리서재에서

장 준 호

역자서문2

이상향의 도시와 마을을 꿈꾸며

인간은 사회적인 동물이라는 것을 모두가 기정사실로 인정하고, 우리가 함께 살아가는 공동체의 대표적인 공간적인 범주가 마을과 도시라고 한다면 우리가 지향하고 꿈꾸는 마을과 도시는 어디에 있는 것일까? 어딘가에 있는 것이 아니라면 어떻게 만들어야 하는 것일까?

서양적 관점에서 이상향인 '유토피아'란 단어는 영국 소설가 토마스 모어(T. More)가 그리스어의 「없는(ou) + 장소(toppos) → u + topia」라는 두 말을 결합하여 만든 용어로서 '아무 곳에도 없는 장소'라는 의미이며 1916년 발표한 자신의 라틴어 소설의 제목으로 사용하였는데 저자가 '히스로디'라는 선원으로부터 들은 이상한 나라 유토피아의 제도, 풍속 등을 기록하여 이상사회를 묘사한 작품이다. 소설의 기반은 당시의 유럽, 특히 영국의 상황을 비판하고 있으며, 종교적 관용, 평화주의, 남녀교육의 평등 등의 내용이 스며들어 있었다. 이 소설의 영향으로 '유토피아'라는 용어는 '이상향(理想鄕)의 나라'라는 뜻도 갖게 되었다고 한다.

동양적 관점에서 보자면 지식백과에 다음과 같이 서술하고 있다. [동아시아 한자 문화권에서는 도연명(陶淵明)의 『도화원기(桃花源記)』의 '무릉도원(武陵桃源)'이나 『장자(莊子)』의 「응제왕(應帝王)」에 나오는 '무하유지향(無何有之鄕)'을 유토피아의 시초로 간주하고 있다. 우리나라에서는 허균의 소설 『홍길동전』에 나오는 율도국(栗島國), 설화(說話)에 나오는 청학동 등을 통하여 유토피아를 그려본 적이 있으며 일본에서는 안도 쇼에키(安藤昌益)가 봉건제도를 폐지하고 일하는 농민의 공산주의적 유토피아를 몽상했다고 하지만, 자본주의의 모순 속에서 파생한 유럽의 유토피아 사상과는 차별점을 가진다]라고 말이다. 사실 조금 더 생각해 본다면 '이상향'이란 '무릉도원' 같은 물리적인 풍경의 조건보다는 결국 상호간의 평등하고 우호적인 관계가 이상적이어야 '이상향'이라는 것을 우리는 안다.

우리는 동서양 또는 개인들마다의 기준은 약간씩 다르지만 누구나 이상향을 꿈꾸며 살고 있다. 하지만 지구상 어느 곳이든 은밀하게 숨어있는, 감추어져 있는 장소로서의 이상향은 없다고 봐야 할 것이다. 사실 장소로서의 이상향은 지구라는 별로써 충분하다고 본다. 그렇다면 이상향의 도시는 찾아내는 것이 아니라 우리가 만들어 가야만 할 과제이며 과정일 것이다.

그렇다면 도대체 어느 형태가 이상향의 사회구조인 것인가? 이제 학자들은 '아메리칸 드림' 보다는 '유러피안 드림' 을 현대사회 이상향의 대안으로 이야기하기 시작했다. 물론 쉽게 판단할 사안은 아니지만 한국 현대건축의 담론을 지배하여 온 유럽과 미국의 롤 모델적인 가치들이 우리에게 있어서는 우선적인 잣대임에는 부인할 수 없다. '아메리칸 드림' 이 빈곤과 불평등을 벗어날 수 있는 탈출구로 여겨왔던 우리에게는 근현대사의 역사적인 배경 속에 우호적인 감성으로 둘러지며 선망되어 왔지만 최근까지의 결과로 보면 개인능력에 의한 과도한 자유경제이론의 신봉과 부의 축적이 우선시되어 오히려 빈부의 격차와 불평등이 심화된 '아메리칸 드림' 을 의심케 하고 있다.

'유러피안 드림' 의 저자 제레미 리프킨은 그의 책에서 "개인의 자유와 능력보다는 공동체의 관계와 집단지성의 가치를, 국익을 위한 단결과 동화보다는 다민족간의 문화 다양성을, 돈의 가치 보다 삶의 질을 지향하는, 무차별적인 개발보다는 환경보호를 우선하는 공생적인 개발을---" 언급하고 있다. 나름 정리하자면 자본주의 사회와 사회주의 사회를 절충하여, 사회복지와 공동의 유대를 개인만의 부의 축적보다 우선시하는 사회를 추구하는 것에 더 높은 가치매김으로 평가하고 있는 것이라고 여겨진다. 사람들의 삶에 이제 새로운 행복가치 패러다임의 변화가 감지되고 있다. 거기에 인생의 무상함을 깨달을 줄 알고 자기를 버리고 남을 사랑하는 수행의 미덕과, 서로의 종교를 존중하고 함께하는 행복을 추구할 줄 아는 동양적 가치가 그윽하게 함유된 '아시안 드림' 을 더한다면 내가, 우리가 사는 이곳에서 만드는 한국적인 공동체의 마을과 도시가 '유러피안 드림' 을 능가하는 우리가 꿈꾸는 '이상향의 도시' 로도 가능하지 않을까 한다.

사람들의 삶에 이제 새로운 행복가치 패러다임의 변화가 감지되고 있다. 거기에 인생의 무상함을 깨달을 줄 알고 자기를 버리고 남을 사랑하는 수행의 미덕과, 서로의 종교를 존중하고 함께하는 행복을 추구할 줄 아는 동양적 가치가 그윽하게 함유된 '아시안 드림'을 더한다면 내가, 우리가 사는 이곳에서 만드는 한국적인 공동체의 마을과 도시가 '유러피안 드림'을 능가하는 우리가 꿈꾸는 '이상향의 도시'로도 가능하지 않을까 한다.

* * * * * *

최근, 우리의 마을만들기 정책도 정부가 바뀌면서 마을만들기, 도시재생, 도시재생 뉴딜 등으로 이름이 바뀌어 진행되고 있으며 이제야 겨우 서울시와 의식있는 지자체장이 당선된 일부 지자체에서부터 주민주도의 마을도시재생이 제대로 발동이 걸리는 분위기이다. 즈음하여 2000년대 초반, 일본 큐슈대학에서 공부할 때 일본의 지방자치와 마을 만들기에 관심을 갖게 되어 자료를 찾던 중에 그 당시 일본 건설성 도시정책과 및 시가지 건축과가 4개 분야의 마을만들기 연구소와 협력, 일본 전역의 실제사례를 정리하여 실전에 활용할 수 있도록 만들어 놓은 마을만들기의 시리즈(전 4권)를 발견하여 구입하였다. 그 내용이 현재 한국에서 진행 중인 주민주도 마을 · 도시재생정책에도 좋은 참고가 될 수 있다고 판단되었고, 마침 안양대학교 마을만들기 연구센터를 운영하는 장준호 교수님과 의기투합하게 되어 2년여에 걸친 노력으로 늦게나마 이 책을 소개하게 되었으니 이 책의 출판과 번역에 도움을 주신 분들께 진심으로 감사드리며, 일본을 오가며 노력해준 공동역자인 장준호 교수님에게 특별히 감사의 마음을 전하는 바이다. 끝으로 도시와 마을재생에 관심 있는 학생들과 마을리더들, 그리고 지자체의 용기 있는 담당 공무원들과 NPO 단체 모든 사람들에게 이 책이 현장에서 마을 주민들이 함께 만드는 도시와 마을재생에 많은 도움이 되었으면 하는 바람이다.

2018년 늦은 가을 설계사무실에서

소 명 식

추천의 말

현재 우리사회는 많은 사람들이 마을 안에서 함께 생활하고 활동하는 사회입니다. 이런 사회 속에서 어떤 방법으로 관계자들 간의 의견을 조율하고 마을의 환경을 보다 좋게 만들어 갈 것인가, 이는 마을만들기를 위한 중요한 주제입니다.

또한 최근, 급격한 시가지의 확대는 안정되고 있는 추세로 돌아서고 있는데 지금까지 형성되어 온 시가지의 환경은 그 기본적인 요소인 도로와 공원 등의 공공시설이나 주택을 보아도 아직 충분한 수준에 도달하지 못한 것이 현실입니다. 앞으로는 많은 사람들의 권리가 반영되는 기성시가지의 보다 나은 환경의 실현을 향해서 좀 더 본격적인 대처가 요구되겠지요.

더불어 거주환경 등 주위환경에 대한 사람들의 관심이 높아짐과 동시에 그 요구도 다양하고 고도화되어 간다고 말할 수 있습니다. 지역에 따라 그 니즈에 맞춰 풍부한 환경을 실현해가는 것이 과제입니다.

이 같은 과제를 바탕으로, 실제로 마을을 만들어 나아가는데 지방공공단체가 주민의 의견을 반영한 마을만들기에 적극적으로 임하는 것이 중요합니다. 동시에 주민이 지역의 마을만들기에 대해 주체적으로 임하고 필요에 따라 지방공공단체 등과 파트너십을 쌓으며 함께 활동하는 구조, 즉 조직만들기가 중요하다고 할 수 있습니다. 또한, 이 「조직」이 활동을 전개하기 위해서는 사회적인 위상도 필요할 것입니다.

이 「조직」이란, 최근 주목을 받으며 성과를 올리고 있는, 이른바 「NPO(Non Profit Organization)」입니다. 외국에는 이런 「조직」만들기를 위한 제도가 정비되어 있는 국가들이 있습니다. 일본에서도 다양한 분야의 시민활동을 하는 단체에 법인격을 부여하기 위한 법률에 대해서 논의되고 있고, 이와 같은 조직이 제도화된다면 향후 지역주민이나 시민들에 의한 마을만들기가 더욱 발전될 것이라 생각됩니다.

본서에서는 「NPO」로 자리 잡은 사례들을 모아 독자적인 관점에서 정리하고 있습니다. 그 목적이나 조직체제는 다양하며 활동내용도 다채롭게 진행되고 있습니다.

거기에서 다양한 과제에 따른 마을만들기의 방법을 엿볼 수 있고, 평소 조직적으로 마을만들기에 임하고 계시는 분들이나 막연하게 마을만들기 방법에 대해 고민하고 계셨던 분들, 주민의견을 코디네이트하는 계획가 혹은 주민과 함께 마을만들기를 실천하고 있거나 또는 이제부터 실천하려는 지방공공단체의 담당자 등 폭넓은 분야에서 참고로 하는데 도움이 되었으면 합니다.

본서를 읽으시는 많은 분들이 실제 마을만들기를 위해서 이 책을 적극적으로 활용하여 매력적인 마을을 만들 수 있기를 기대합니다.

건설성 도시국 도시정책과, 주택국 시가지건축과

책의 개요와 사용방법

「도시재생과 마을만들기 독본③」은 「마을만들기 NPO」를 테마로 전국의 선진적인 사례들을 소개하고 새로운 시민활동의 형태인 NPO의 의미와 중요성에 대해 정리한 것입니다.

시민활동을 마을만들기에 어떻게 접목시킬 것인가, 행정지도의 마을만들기의 한계와 시민활동의 형태, NPO의 의미와 중요성에 대해서 전국의 사례를 중심으로 소개하고 정리한 것입니다.

본문은 Ⅰ에서 Ⅳ까지 4부 구성으로 되어있고, 뒤편에 Ⅴ자료편이 붙어있습니다.

제1부는 본서의 주제이기도 한 NPO에 대해 이해를 깊게 하기 위한 것으로, 지금 마을만들기 NPO는 왜 필요한 것인가, 일본과 해외의 NPO제도의 차이, 일본의 시민활동의 현상, NPO에 의한 새로운 인간관계와 사회 형태 등에 대해서 기술하였습니다.

제2부는 본서의 중심사항으로 전국에서 전개되고 있는 독특한 「시민의 마을만들기」를 총 8개의 카테고리로 나누어 19가지의 사례를 소개하고 있습니다. 그 안에는 중심적으로 활동을 하고 있는 인물들을 소개하고 활동하게 된 계기와 구체적인 활동내용, 조직운영, 향후의 전개 등을 정리했습니다. 시민의 마을만들기에 대해 처음 접하시는 분들도 쉽게 이해할 수 있도록 하였고 특히 자금면에 대해서 구체적인 숫자를 들어 정리했습니다. 한정된 지면 속에서 조금이라도 더 많은 사례를 소개하는 것을 목표로 하나의 사례에 4페이지의 기본 구성으로 되어 있습니다. 각 카테고리의 마지막 부분에는 NPO의 선진국인 미국에서 진행되고 있는 유사한 사례 등을 칼럼으로 실었습니다.

제3부에는 마을만들기 NPO를 지지하는 조직이나 프로세스를 정보나 기술적 어드바이스, 장소 제공 등에 의해 지원하는 과정과 자금면의 지원을 하는 프로세스에 대해 2가지 카테고리로 나눠 7가지 사례를 소개하였습니다.

제4부에서는 마을만들기 NPO의 미래에 대해서 서술하였습니다. 비영리조직의 법인화 및 점차 다가오고 있는 고령자 사회와 NPO의 역할, 고베시 나가다구 마노(眞野)지구에 대한 시민조직의 실천내용과 미국의 사례를 살펴보고 앞으로의 자국 NPO의 가능성에 대해서도 기술하고 있습니다.

제5부의 자료편에서는 3부, 4부에서 소개한 관계자의 연락처와 참고문헌, 본서에서 사용된 전문용어의 해설을 실었습니다.

본서에 수록된 사례는 그 역사, 조직의 크기, 자금면의 충실도 등 큰 차이가 있습니다. 한편 많은 조직에서 그곳에 종사하는 자원봉사자의 존재를 빼놓고 설명할 수 없습니다. 본서가 그 관계자 분들의 정보교환의 장이 되고 이제부터 시민운동을 실시하려고 생각하고 있는 분들께 참고가 되면 좋겠습니다.

「즐겁게 마을만들기를 하자」를 주제로 주민과 행정과 기업이 자연스럽게 연대하면서 마을만들기를 진행해가는 방책을 전국을 대상으로 소개하고 정리한 「도시재생과 마을만들기 독본」과 함께 참고하면서 추진하여 주신다면 영광입니다.

NPO와 마을만들기 연구회

머리말

우리의 마을을 우리들의 손으로

하나의 작은 공원이, 시민이 구상한 이미지를 바탕으로 훌륭하게 실현되어 탄생했습니다. 이미지 만들기 워크숍과 디자이너의 설계도를 현장에서 체험하는 게임, 그리고 공원이 생기면 어떤 모습으로 모두 즐겁게 이용할 수 있을까에 대해 시민이 중심이 되어 생각했습니다.

시민은 자신들이 만든 이 공원을 「가장 편안하고 행복한 공원」으로 생각하며 만족하고 있습니다. 지역주민이 그룹 「강아지풀」을 만들고 자치단체와 관리협정을 맺어 자주적으로 공원을 깨끗하게 하고, 마을 안의 많은 사람들이 안심하고 즐기는 공원으로 이용될 수 있도록 논의하며 지혜를 모으고 있습니다.

공원이 완성되기까지 시민참여 과정에서 시민들 간의 새로운 연결고리가 많이 생겼습니다. 공원을 함께 관리하고 있는 사이에 한층 새로운 시민의 테두리가 넓어졌습니다. 「이 같은 지역의 연대감은 재해 시에도 도움이 될 것이라고 생각됩니다」라며 공원관계자는 말했습니다.

이 설계에서 공원이 탄생되기까지 지탱하여 준 것은 지자체의 공원 담당자들뿐만 아니라 시민주체의 마을만들기를 지원하기 위한 「마을만들기 센터」의 담당자, 그리고 현지에서 시민의 마을만들기를 지원하는 NPO 「마을만들기 하우스」의 스탭이었습니다.

작은 공원에서 비롯되어 지금껏 없던 생활의 세계를 가능하게 한 것은 NPO의 움직임이었습니다.

NPO가 만들어낸 세계는 「시민 스스로가 자신의 생활과 주거를 그리고 마을을 보다 편안하게 만들 수 있는 힘」을 가진 세계입니다.
NPO의 세계는 일본에서 아직 존재하지 않는 것과 같은 상황입니다. 위에 기술한 공원의 사례로 말하자면 「마을만들기 하우스」는 미국에서라면 이미 예전에 NPO가 되어있었을 것이고, 그룹 「강아지풀」의 경우에도 만일 독일에서라면 펠라인제도에 등록되어 NPO가 되었을지도 모릅니다. 더욱이 유럽사회에서는 NPO를 돕는 다양한 시스템의 움직임으로 세제(稅制)상의 우대조치, 활동자금확보, 활동상 필요한 정보나 기술지원을 받는 것 등이 가능하여 NPO에게 힘이 되어주고 지지하여 줍니다.

이 책에 등장하는 다양한 사례는 그러한 지원제도가 없는 일본에서 시민의 훌륭한 의도와 결의에 의해 전개되고 있다는 의미로 매우 중요한 활동입니다. 만약 NPO지원제도나 사회제도가 풍부해진다면 보다 많은 사람들이 창조적으로 연구하여 더욱 다양한 활동을 펼칠 수 있음이 틀림없습니다.

우리 사회에는 행정도 기업도 커버할 수 없는 사회적인 요구가 퍼져 있습니다. 고령자 문제는 그 중 가장 알기 쉬운 예입니다. 위에 기술한 공원의 예는 일상적으로 알지 못한 채로 스쳐지나가는 기회가 많다는 것을 알려주고 있습니다.

우리들 생활의 다양한 일상, 생활환경에 관련된 여러 일들 속에서 생활의 질을 높이기 위한 과제가 사실은 산더미처럼 많은 것은 아닐까요?

우리의 손으로, 이 과제를 발견하고 해결해갈 수 있는 힘이 되어주는 것이 NPO의 세계입니다.

NPO의 세계는 우리들이 살아가는 방식의 선택지를 넓혀줍니다.

NPO에는 기업이나 행정의 스탭들과는 다른 지혜와 방법이 요구되면서 그 결과의 평가척도는 기업, 행정사회와는 전혀 다릅니다.

인간으로서의 보람, 일의 달성감도 틀립니다.

많은 사람들이 이 가능성에 민감하게 반응하기 시작하고 있습니다. 봉사에 대한 관심이 높아지고, NGO(이것도 NPO의 일종)에의 주목 등 열려있는 기회의 창에 몸을 내밀어보려는 사람이 많아지고 있습니다.

한 사람 한 사람의 생각이 NPO의 세계로 연결되어 많은 열매가 맺어지기를 꿈꾸어봅니다!

하야시 야스요시

차 례

I.

마을만들기 NPO란?

1 마을만들기 NPO 의의와 필요성

1) 왜 NPO라는 말이 생겨나게 되었는가

아이들의 모험놀이장 만들기, 고령자 식사지원, 쓰레기 재활용, 자연환경보전, 주변환경의 풍부한 녹지나 물의 보전과 활용 등 다양한 자주적 시민활동이 전국 각지에서 성행하고 있습니다.

또한 한신 아와지 대지진 후의 100만명을 넘는 봉사활동은 종래의 일본인에 대한 견해를 덮고 「봉사활동 원년」이라고 불리는 획기적인 일이 되었습니다.

동시에 봉사활동이 효과를 올리는 데에는 봉사를 코디네이트하는 리더나 시민조직이 필요한 것도 명백해졌습니다. 평상시부터 해외 지원에 활약해 온 NGO 활동은 의료, 복지, 정신적인 케어, 외국인 원조 등이 눈에 띌 뿐만 아니라 자원봉사의 조직화나 활용의 면에서도 주목을 받기 시작했습니다.

즉 단순히 봉사활동이라는 개인의 의지에 의한 활동뿐 아니라, 민간비영리 입장에서 독자적인 사회적 목적을 갖고, 일상활동을 하고 있는 조직의 중요성이 인정받게 되었습니다.

시민의 손으로 시작한 커뮤니티 가든.
흩어진 꽃을 '경로의 날' 에 묶어서 선물.

후에 상세하게 설명하는 것과 같이 미국은 Non Profit Organization : 약칭 NPO로 일반에게 알려진 민간비영리법인제도가 있습니다. 그 조직은 단순히 봉사뿐만 아니라 전문적으로 종사하는 유급 스탭을 중심으로 운영되고 있는 것이 우리 시민활동을 하고 있는 사람들 사이에서 알려지게 되었습니다.

이러한 과정에서 근년 급속히 NPO라는 말이 사용되게 되었던 것입니다.

—— NPO와 NGO라는 말의 차이는 다음과 같이 설명할 수 있습니다. 2가지 모두 민간 비영리조직인 것은 공통입니다. NGO라는 말은 국제연합이 시민에 의한 국제적인 원조나 지원활동을 중시하고 이를 장려하는 것을 방침으로 할 때에 각국 정부에 의한 국제원조조직과 구별하기 위해서 비정부조직: Non Governmental Organizaion : NGO라고 불리운 것에서 국제적으로 사용되게 되었습니다.

한편 NPO란 미국 법인제도로 인정된 민간 비영리법인을 가리키는 제도용어입니다. 일본과 비교하여 뛰어난 미국 NPO제도를 안 시민활동조직이 자신들의 이상에 근접한 것으로 NPO라는 말을 일반명사로 사용하기 시작한 것이 시작입니다. 일본에서는 NGO의 국제적 활동이 사회적으로 인정되어 단어로도 일반적으로 사용되었으므로 NGO와 구별하는 것을 의식하여 NPO는 국내에서 활동하는 민간비영리조직을 가르켜 사용되게 되었습니다. 현재는 양자를 포괄하는 말로 NPO를 사용하는 경우가 많아졌습니다.

2) NPO를 필요로 하는 사회적 여러 과제

우리들은 긴 역사 속에 생활하면서 다양한 일을 스스로 맡는 것을 차선으로 미루고 많은 것을 행정이나 기업에 맡겨왔습니다. 그 결과 우리사회는 고도로 발달한 「기업섹터」와 「행정섹터」에 의해 지지되게 되었습니다.

오늘날 우리 사회는 곤란한 미래에 직면하고 있습니다.

고령사회 문제의 심각화, 자원문제나 지구환경문제의 확대, 산업구조의 전환과 그 결과로 실업이나 홈리스 문제발생, 도시 내의 쇠퇴지역 발생 등 여러 가지로 이어져 있습니다.

종래 이 사회문제에 따라 사람들의 요구에 대응하는 것은 행정과 기업이라는 2가지 섹터의 역할이었습니다. 그러나 지금까지의 이 2가지 섹터만으로 우리들의 생활은 지지되지 못하고 우리들이 요구하는 「생활의 질 향상」이 실현될 수 없다는 것을 매일 실감하고 있습니다.

예를 들면 「고령자 문제」 하나를 들어도 시민이 바라고 있는 「인간적인 삶을 유지하는 서비스 제공」은 행정이나 기업이 하기에 벅찬 것은 분명합니다. 그렇다고 개인이나 가족이 할 수 있는 것도 한계가 있는 것이 명확합니다.

최근에는 작은 공원 하나의 예를 들어도 우리들이 요구하는 활기찬 장소가 아닌 좁은 범위의 생기 없는 장소가 되기 쉽습니다. 일상의 먹거리도 첨가물이나 잔류농약 오염이 전혀 없는 식품을 손에 넣는 것은 특별한 루트를 찾아야 합니다.

1995년 한신 아와지 대지진 후의 구급, 구조, 복구, 부흥 과정에서도 행정이나 기업의 한계는 명확하게 우리들에게 보여졌습니다.

한편 우리들은 「개인의 확립」, 「보람이 있는 생활」, 「다른 사람에게 맡기지 않고 자신의 손에 의한 생활」을 바라는 등 「보다 질 높은 생활」을 요구하게 되었습니다.

그것과 동시에 스스로의 손으로 이 바람을 실현하는 데에는 우리들 사회가 매우 실천하기 어려운 조직이 되어있다는 것을 알기 시작하게 된 것입니다.

지금까지의 2개 섹터에 추가해서 시민을 중심으로 하는 제3의

섹터가 필요하게 된 것은 아닌가하는 생각이 머릿속을 스치고 지나갔습니다. 따라서 시민 스스로가 주체적으로 생활을 자신의 손으로 전환하지 않으면 안 된다는 것이 각 지역 사람들의 공통된 생각입니다.

NPO에의 기대는 이러한 것에서 지금 전국의 시민활동 조직사이에 높아지고 있습니다. 이것은 실제로 일본뿐 아니라 구미 여러 나라는 물론 아시아나 남미 등 세계 각국에 공통된 사항입니다.

「NPO를 제3의 섹터」로 하는 「새로운 사회구조」가 국제적으로도 그려지기 시작한 것입니다.

—— 레스터 살라몬의 조사에 의하면 브라질에는 1990년 시점에서 약 20만개의 비영리 조직이 있어 사회 서비스, 보험 · 의료, 스포츠 · 레크리에이션, 문화 · 교육 등의 분야에서 중요한 역할을 하고 있습니다. 또한 태국, 인도, 가나 등 여러 나라에서도 민간 비영리조직은 특히 최근에 발전이 현격하다는 것이 보고되고 있습니다.

2 시민에 닫혀진 일본의 NPO 제도

1) 미국, 영국, 독일의 NPO

NPO에 대해서는 아직 국제적으로 통일된 정의가 없으나 레스터 살라몬은 NPO의 국제비교조사에서 다음과 같이 정의를 하고 있습니다.

즉, NPO는 정치조직, 종교조직을 포함하지 않는 것을 전제로 하여 다음의 5가지 조건 「정규조직, 비정부조직, 자발적 설립, 자치적 운영, 비영리활동」을 만족한다는 것입니다.

미국에서는 법률상 비영리 민간조직을 법인화할 수 있어, 이를 NPO로 부르고 있습니다. 법률 조직으로 우선 주법에 비영리법인을 등록할 수 있는 제도가 있습니다. NPO설립 수속은 주창구(州窓口)에 제출하면 1주일 정도의 기간으로 인정되는 간단한 것입니다.

또한 세제상의 우대를 받기 위해서는 국세기준제도(Internal Revenue Code)에 근거하여 내국세입청(Internal Revenue Service:IRS)에 신청하면 기부금에 대한 세금 면제와 법인세 면제를 받을 수 있습니다. 세금 우대도 각 주에 있는 IRS 창구에 신청하면 서류심사만으로 1, 2개월 내에는 인정됩니다.

한번 설립한 NPO는 연방정부나 주정부의 감독은 일절 받지 않고 자유롭게 활동 할 수 있습니다.

미국의 비영리 섹터는 세계적으로도 가장 잘 발달하고 있습니다. NPO의 총수는 약 120만개, 그 중 세제상 우대를 받고 있는 것이 약 50만개라고 합니다. 한편 고용자는 700만 명을 넘어 노동인구 전체의 7%에 근접, 국내총생산의 6%를 점한다고 합니다.

영국에서는 채리티법에 근거하여 민간 비영리조직은 공익활동위원회 심사에 의해 법인화할 수 있고 세제상, 법률상 큰 특권이 부여됩니다. 이 민간 비영리법인은 퍼블릭 채리티즈로 불립니다.

그것이 형성하는 섹터는 「봉사 섹터」로 불리고, 역사적으로 이른 시기부터 발달되어 성숙된 것은 잘 알려져 있습니다.

이 섹터는 커다란 사회적 역할을 담당하고 100만 명 정도의 고용자를 가지며 영국 노동력의 약 4%를 점하고 있다고 합니다.

독일에서는 페라인(ereigenete Verein:등록협회라고 부름)제도가 있고 누구나 간단한 수속으로 법인화가 가능한 장치가 있습니다. 학교의 동창회도 페라인제도로 법인화한다고 할 정도입니다. 페라인제도는 법인격을 부여하는 것만의 절차이고 세제상 우대는 이 제도로는 얻을 수 없습니다. 세제상 우대는 페라인 활동내용에 따라 개인법에 의해 인정되는 절차로 되어 있습니다.

그 고용자수는 100만명 남짓, 독일 전 노동자의 약 3.7%를 점하고 있습니다. 이 외에 구미 제국은 각각의 역사에 따른 비영리섹터 제도를 가지고 있습니다. 또한, 비영리섹터는 최근 10년간 특히 고용성장이 큰 것으로 주목되고 있습니다. 미국, 프랑스, 독일 3국의 1980년대 신규고용에 점하는 NPO비율은 약 13%이고 고용증대에 크게 공헌하고 있습니다.

2) 일본에 없는 민간비영리 법인제도

일본에는 원래 민간비영리법인이라는 법인제도가 없습니다. 민법 34조에 공익법인제도가 있으나 이는 민간비영리법인과는 다릅니다. 공익이라는 말의 의미를 사전을 보면 「정부, 국가를 위해 도움이 될 것」이라고 쓰여있습니다. 이 개념에 따라서 법률에서는 공익법인이란 「공공기관에 도움을 주는 법인」이어야 한다는 것입니다.

거기서 공익법인은 설립에 있어서 종적 관청제도에 의해 엄격한 공익성을 묻고, 수억 원의 기본자산을 가지고 있어야 하는 등 다양한 조건을 만족해야 하며, 설립에 2년 내지 3년의 시간을 필요로 하는 것이 당연한 일이었습니다.

이상의 결과, 일본은 「비영리조직을 설립하는 것의 난이도로 말하면 여러 의미에서 선진제국 중에서 가장 제약이 많은 나라라고 할 수 있다」고 국제적으로 평가되고 있습니다.

아울러 공익법인은 설립후에도 감독관청에 의해 소관·감독되며 소속관청의 소관범위를 넘는 활동은 인정되지 않는 등 미국, 영국, 독일 등 선진 여러 나라와 비교하여 상상할 수 없을 정도의 부적절한 시스템이 되어 있습니다.

이것이 최근, 시민뿐 아니라 기업을 포함하여 창조성이 풍부한 사회적 활동을 하려고 하는 시도에 중대한 제약이 되어 온 것입니다.

3) 자유롭고 창조적인 시민활동을 제약하는 일본의 법인제도

오늘날, 일본의 NGO활동은 국제적으로 높게 평가될 정도로 넓어지고 중요한 역할을 담당할 수 있을 수준까지 발전해 왔습니다. 그러나 민간비영리 법인제도가 없으므로 일본의 NGO는 「국제적으로는 핸디캡을 안고 활동해야 한다」는 것이 실상입니다. 일본 내에서 편의상 주식회사 법인격을 취해서 활동을 하고 있으나, 해외에서는 당연히 「영리회사취급」 정도로 밖에 받아들여지지 못한다는 웃지못할 이야기가 있을 정도입니다. 한신 아와지 대지진후의 주민주체의 부흥활동 중에서도 민간비영리 법인제도가 없는 것이 피해자를 고민하게 하는 경우로 판명되었습니다.

예를 들면 고베시 마쓰모토지구 「마을만들기 협의회」는 피해자를 위한 고령자 주택을 포함하는 복합공익시설을 「시청의 협동」으로 건설하려 했습니다. 이 사업을 위해 현지에서는 어떤 법인조직을 만들 필요가 있으나 단기간에 간단한 수속으로 설립할 수 있는 법인은 주식회사나 유한회사밖에 없습니다.

한편 고베시는 「영리회사로는 협동 사업은 할 수 없다」고 답했다고 합니다. 또한 주민들 중에는 「영리회사는 일부 주민만의 이익을 위한 것이 아닌가」하는 의심의 눈초리를 보내는 것마저 나타나서 고민이 깊어졌습니다.

게다가 어느 오사카 재단이 지진재해 후, 피해자의 부흥활동을 지원하려던 때에 감독관청에서 재단설립의 목적에서 벗어난다는 것을 이유로 활동을 제약했다는 일도 일어났습니다. 이러한 일본의 폐쇄적 상황을 돌파하기 위해서는 시민이나 기업이 자유롭게 사회적 활동을 전개할 수 있는 기초 작업의 하나로 주무관청제에서 해방된 NPO제도가 필요하게 된 것입니다.

3 시민활동을 지원하는 사회 시스템 : NPO 사회로

1) 시민사회의 미래를 시민자신의 손으로 만들기 위해서 : 다양한 선택의 기회를 갖는 사회

이 책에서 소개하듯이 일본에는 실로 다양하고 독특한 시민활동이 있습니다. 국제적으로 봐도 결코 손색이 없는 수준의 활동입니다.

그러나 「걸출한 사례」를 그 하나로 그치지 않고 다른 지역에서도 같은 활동이 가능하도록 하는 「사회적 시스템」까지 발전시키고 더 나아가 그것을 「지원하는 제도」까지 창출한다는 발상과 노력이 결여되어있습니다.

시민이나 지자체는 종종 「걸출한 사례」를 「특수사례」로 간주해 버리고 맙니다. 「우리 지역은 그렇게 좋은 조건이 없다. 따라서 우리가 있는 지역에서는 무리입니다」라고 합니다. 물론 어디서나 똑같이 뛰어난 사례의 흉내를 내는 것이 좋다는 것은 아닙니다.

「시민의 자유로운 발상이 살아날 수 있는 조건」을 조성할 필요가 있다는 점에서 주의를 환기하고 싶은 것입니다. 시민의 눈에서 보았을 때 자신들에게 있어서 「다양한 선택의 기회」가 부여되어 있다고 생각하는 사회로 가는 것이 중요한 것이 아닐까요?

「다양한 선택의 기회를 시민 스스로가 책임을 지고 선정해가는 사회」 그것이야말로 진정한 시민사회가 아닐까? 선택의 기회를 풍부하게 하기 위해서 행정이나 기업을 움직이게 하는 것이 NPO역할의 하나입니다. 또한 시민이 선택의 기회를 살리도록 지원하는 것도 NPO의 역할입니다.

종적인 「관청에 제약받지 않는 독립 섹터」를 육성시켜 나간다는 것의 의미는 미래 시민사회에 있어서 예상 이상으로 크다고 생각됩니다.

일본이 국제적으로 점하는 위치의 크기에서 생각하고, 특히 아시아에서 점하는 영향력의 크기에서 생각하여 볼 때 일본에 본격적인 비영리섹터가 발달하는 것의 의의는 오늘날 우리들이 예상하는 것 이상일지도 모릅니다.

2) 시민운동에 의해 시민을 위한 제도를 만든다

1995년 9월, 진재부흥(震災復興:지진재해부흥) 도시계획을 테마로 하는 국제회의가 고베에서 열렸습니다. 이때 싱가폴 도시계획 담당행정관이 패널로 이렇게 발언했습니다.

「나는 고베시가 진재부흥에 전력을 다해 노력하는 것을 보고 정말 감명 받았습니다. 그러나 우리나라와 비교하여 행정이 주민에 대해서 닫혀있고, '주민에게 열린 기회의 창' 이 매우 적은 것이 마음에 걸렸습니다」. 이 발언은 일본측의 출석자에게 큰 충격을 줬습니다. 싱가폴은 행정권한이 강하고, 주민의 참여가 제한되어있는 나라로 알려져 있기 때문입니다.

「시민의 참여」나 「시민활동에의 지원」이라는 면에서 일본의 행정제도는 국제적으로 보아도 「두껍고 닫힌 벽」으로 시민 앞에 서 있다는 것이 현실입니다. 이런 상황에서 활발한 활동을 전개하고 있는 일본의 시민활력은 계속해서 존재해야한다고 생각하고 있습니다.

한편 미국의 랄프 네이더씨는 1990년에 일본을 방문했을 때 일본의 시민운동에 쓴 소리를 했습니다. 「일본의 시민운동의 문제는 언제까지나 일승일패의 세계에 머무르고 있는 것이다. 시민운동의 승리는 운동의 성과를 제도로 정착시킬 때까지 노력하여야 진정한 승리라고 할 수 있는 것이다」.

—— 일본에서도 시민의 활발한 운동에 의해서 법제화된 예는 적지 않다. 옛날에 가마쿠라 시민의 구릉지 개발반대 · 옛도시 환경보전운동의 활발한 전개에 의해 1964년 옛도시보존법이 제정되어 구 가마쿠라 지역주변 구릉지가 보전되었다.

건축기준법 제56조 2에 의한 [일조규제]는 1970년대 전반, 맨션건설에 의해서 일조권에 고민하는 시민의 맹렬한 반대운동으로 제도화된 것이다. 그러나 이것은 적은 수의 제도적 성과로, 많은 경우에는 네이더씨의 지적이 맞다고 할 수 있다.

이 말에서 생각해보면 우리들의 시민운동이 「시민참여」나 「시민활동에의 지원」을 제도상 제대로 자리매김하는 것이 필요하여 그래야 마침내 네이더씨에게 합격점을 받게 되는 것입니다.

더 말하자면 행정이나 기업에서 독립하여 자립한 시민활동이 가능하게 된 사회 시스템을 구축해갈 때 일본의 시민사회는 성숙하다고 할 수 있다고 생각합니다.

일본에서도 민간비영리 법인제도: 통칭 NPO제도를 창설해야 한다는 시민의 주장은 의원입법에 의한 「시민활동촉진법(NPO법)」이라는 형태로 실현되려고 하고 있습니다. 그 법안의 내용은 시민단체의 열정적인 로비활동에 의한 것입니다. 그러나 남은 문제점이 많고 시민단체의 불만은 결코 작은 것이 아닙니다.

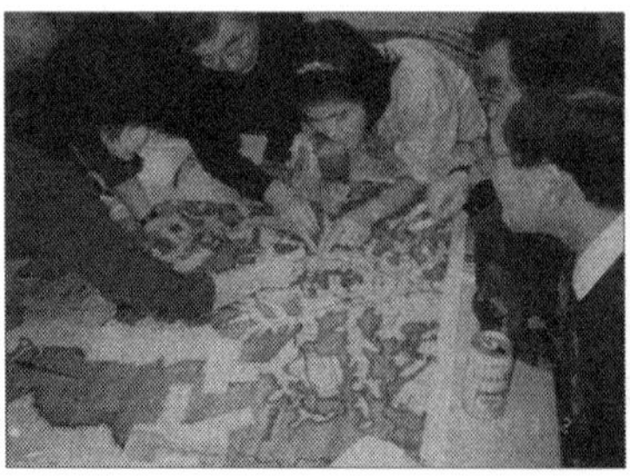

우리의 마을, 이렇게 되면 좋겠다. 지혜를 짜는 시민 워크숍 (가마쿠라시)

우리 그룹의 「마을만들기 안」을 설명하는 시민 (가와구치시)

—— 이 문제에 대한 경위는 「일본 NPO센터」 조항을 참조바란다. 또한 법안에 대해서의 불만은 「시민활동제도 연락회」 등의 지적에 의하면 주로 행정에 의한 감독, 해산 등의 문제와 세제상의 우대조치가 없는 것에 집중되고 있다.

아무튼 시민자신이 시민활동을 지지하는 제도의 법제화에 깊게 관여하여 궤도에 올린 것 자체가 시민활동이 한 단계 올라갔다고 생각합니다.

4 수평적 인간 관계 : NPO 세계

1) 봉사활동이 열어놓은 수평적 인간관계

일본사회는 종적사회라고 합니다.

시민활동 그리고 NPO세계는 수평적 인간관계를 낳고 그것을 기초로 이루어지고 있는 것이 종적인 일본사회를 구조적으로 변혁하는 가장 큰 요소가 될 것입니다.

우리들 주위에 고령자를 위한 회식과 간담회 그리고 도우미 활동을 하고 있는 시민그룹이 있습니다.

—— 세타가야구 남부 히가시다마가와 지역을 활동영역으로 하는 「그룹 HAT」 대표는 스즈키 치요코씨이다.

24명의 자원봉사자들이 월 1회 60식의 회식을 지구회관에서 제공하고 있습니다. 중심이 되는 10명의 역할분담을 세세하게 정하고 각자가 책임을 다하여 식사를 맛있고 즐겁게 그리고 위생적으로도 걱정이 없도록 하고 있습니다. 역할분담은 1년마다 교대하여 봉사 경험을 풍부하게 쌓고 서로의 일을 이해할 수 있게 합니다.

현재 여기에 모인 고령자는 45명 정도로 독거노인분들입니다.

봉사는 한 명 한 명의 건강에 세세하게 신경을 쓰고 있습니다. 날마다 지구회관에 가기 힘든 사람에게는 당일 아침 전화하여 필요하다면 마중을 나갑니다. 고령자에게 사전 연락을 하여 몸이 안 좋은 경우에는 회식날 이외에도 식사를 운반해주기도 합니다. 건강한 고령자는 때에 따라서 식사 준비나 요리에 참여할 수도 있다고 합니다.

회식이 끝나갈 무렵 매번 앙케이트를 하여 식사에 대한 감상을 평가함과 동시에 봉사자들 간의 반성회도 빠지지 않고 진행하여 식사에 대한 연구를 계속 하고 있다고 합니다.

이벤트도 회식에는 중요해서 바이올린이나 플룻 연주, 의사와의 상담, 대학 멤버의 출연 등 다양한 연구가 이루어지고 있습니다.

―――― 이런 조직이라면 독일의 페라인(등록협회)제도는 물론 미국의 NPO일 경우 바로 법인자격을 얻을 수 있을 것이다. 사업의 발전에 따라 법인취득이 필요하다고 생각된다.

2) 「같이 노력한다」는 「수평적 관계」가 「인간의 상냥함과 창조성」을 유도

이와 같이 매우 세세하고 게다가 임기응변의 서비스 제공은 행정에서도 사회복지법인에서도 「우리들은 여기까지는 불가능합니다」라고 말하게 된다고 합니다.

「무언가를 해주는 것이 아니라 주체적으로 스스로의 문제에 임하고 있습니다」라고 이 모임의 멤버는 이야기 하고 있습니다. 고령자와 같이 생각하고 함께 문제를 해결해 간다는 수평적 관계 속에서의 발상이 여기에서의 기초를 이루고 있습니다.

「서비스하는 것, 받는 것」이라는 「두 가지로 나뉜 세계」가 아니라 각각의 힘이나 특질을 살려서 「같이 힘쓴다」는 「하나의 세계」 속에서 고령자도 봉사자도 있는 것이 아닐까요?

식사는 즐겁게 수평적 인간관계를 살리기 쉬운 것입니다. 같은 밥을 먹는 사이라는 말은 그것을 의미하고 있습니다. 그에 더해서 시민 동지라는 마음을 이어주는 동등한 관계가 자연적으로 「인간의 상냥함과 창조성」을 이끌어내고 있습니다.

종적관계 속에서는 발현하기 어려운 것이 수평적 관계에서는 점점 나타난다는 인간의 비밀이 여기에 드러나고 있는 것입니다.

3) NPO사회의 본질

이 모임의 활동은 또 다른 점에서 주목해야 합니다. 그것은 식사와 모임의 운영에 대해서 「고도의 전문성」을 가지고 있다는 점입니다. 「시민활동에 요구되는 전문성」은 기업이나 행정이 가지는 것과 다른 특성을 갖는 것에 주의할 필요가 있습니다.

「고령자가 요구하고 있는 것은 무엇인가, 무엇이 필요한가」 시민의 비영리활동은 이 일에 제대로 마주하여 「그 현장, 그 현실에서 고령자가 실현할 수 있는 목표」를 발견하여 「해야할 것을 선택」해나갑니다. 그것은 「이윤을 최대화하는 것」도 「법의 책무를 다하는 것」도 아닙니다.

「자신이 관계하고 있는 시민의 시점에 서서, 시민과 같이 생각하고 시민과 목표를 공유하고 그 실현을 위해 활동한다」는 것이 NPO의 독자적 형태입니다. 종래, 전문가는 주로 기업이나 행정에 대해서의 전문가입니다. 시민을 위한 전문가는 거의 없었다고 할 수 있습니다.

—— 마을만들기 분야에서도 컨설턴트나 학식경험자는 기업과 행정에서의 의뢰에 의해 일을 하고 있으므로, 시민을 위한 활동은 봉사로 받아들이는 것이 일반적이다. 시민의 시점에 서는 것은 종래의 입장과 전혀 다른 견해로 마을만들기에 관여하는 것이고, 독자적인 전

문적 축적이 필요하다고 보여진다. 오늘날 시민 마을만들기 전문가라고 할 수 있는 것은 고베시 나가다구 마노에서 25년 이상 지역주민과 일체가 되어 관계를 지속하고 있는 컨설턴트 미야니시 유지씨 정도이다.

NPO의 특성, 그 전문성을 가지는 특질이 여기에 있다고 할 수 있겠지요. NPO가 행정의 하청이 되어서는 안 되는 이유, 단순히 기업이나 행정의 보완적 역할이 아닌 이유가 여기에 있습니다.

우리들이 「NPO사회의 본질」을 실감할 때 사회에 관여하는 방법이 크게 변화되는 것은 아닐까요?

II.

전국에는 이런 마을만들기 NPO가 있습니다

II. 전국에는 이런 마을만들기 NPO가 있습니다

전국에 정말로 독특한 시민활동이 많이 있습니다. 그러나 그 활동내용은 일부를 제외하고 유사하며, 일반 사람들에게 충분히 전달되고 있지 않다는 것이 현실입니다. 이 단원에서는 8분야의 19가지 사례에 대하여 중심적으로 활동하고 있는 사람들, 활동의 계기, 구체적인 활동내용, 조직, 자금, 향후의 전개 등을 중심으로 마을만들기에 대한 열정과 노력을 소개하고 있습니다. 아울러 비슷한 활동을 하고 있는 미국의 사례 등을 칼럼으로 게재하고 있습니다.

마을만들기 NPO의 전체상

1) 넓어지는 「마을만들기 활동」의 영역

시민이 전개하고 있는 「마을만들기」는 지금 활발하게 진행되고 있고 광범위하게 파급되고 있습니다. 이 책에서는 「마을만들기 NPO」를 다음의 8가지 활동영역으로 나눠서 소개하고 있습니다.

[친근한 환경] [주거 만들기] [지역의 건강사업] [지역문화] [지역복지] [자연환경] [시민활동 네트워크] [시민활동 지원]입니다. 활동영역이 실로 폭넓은 것에 놀랐습니다. 각각의 사례는 창조적이고 독특합니다. 우리들이 알고 있는 사례는 [활기차고 건강한, 내용이 풍부한, 제대로 된 활동]과 흥미를 불러일으키는 것들 천지입니다.

우리가 전국 각지를 걸으며 느끼는 것은 적어도 각 지역에는 여기에 제시한 활동에 못지않은 「독특한 활동」이 훨씬 많다는 것입니다.

2) 「시민주체의 마을만들기」

행정에 강하게 요구한다는 것이 과거의 「마을만들기 운동」이 아닐까요? 그러나 「행정에 요구한다」는 것은 혹시 「행정이 권한을 가지고 있는 것을 당연하다고 생각」하는 것이 아닌지요.

자신들이 「주체적으로 마을만들기에 임한다」라는 것이야 말로 필요한 것은 아닌지? 최근에는 이러한 생각이 각 지역의 시민활동의 기둥이 되어 왔습니다.

「시민참여」보다는 「시민주체의 마을만들기라고 말하고 싶다」는 것이 모두의 마음에 끓어오르는 것을 최근 각 지역의 시민들과의 만남에서 실감했습니다.

3) 봉사가 아닌 일로 하고 싶다

마을만들기 활동에 한정되어 있지 않으나 시민의 활동을 지지하는 사람들은 그것이 직업으로 성립되지 않을까 생각하기 시작했습니다. 워커즈 컬렉티브와 같이 시민사업을 일으키려고 처음부터 기획한 것이 등장하고 있습니다.

또한 고베의 피해지에서는 피해자 자신이 협동주택을 건설하기 위한 비영리 사업주체를 설립하고 싶다는 움직임이 나왔습니다. 「시민 마을만들기」에 「시민과 공동으로 노력한다」는 전문가에 의한 비영리 활동조직도 탄생했습니다. 이들 움직임에 따라 「시민 마을만들기」의 독자적인 전문성이 명확해졌습니다.

바야흐로 「마을만들기 NPO」에의 의지가 펑펑 솟아나오고 있습니다. 모두 「활동조직을 지지하는 주변주민의 네트워크 만들기」나 「자금 만들기」에 고심하고 「사회적으로 조직의 존재를 인정받도록」 고군분투하고 있습니다.

이에 대해서 조성재단의 증가, 지자체에 의한 지원시책의 확대 등 사회적인 얼개가 서서히 만들어지고 있는 것이 현상입니다.

이러한 「마을만들기 NPO」가 「시민주체의 마을만들기」를 지지하고 있는 것의 중요함을 알게 된 사람들이 늘어나고 「마을만들기 NPO」로의 사회적인 인식이 높아지는 것을 기대하고 싶습니다.

다음으로 이 책의 사례를 어떻게 선정했는지 그 개념을 설명하고자 합니다.

마을만들기 NPO
1
살기 좋은 환경만들기를 목표로
1-1 「꽃과 녹색 마을만들기를 여성정원사들의 손으로」 위원회
1-2 매일 생활연구소
2
풍요롭고 즐거운 주거만들기를 목표로
2-1 주식회사 생활과학 연구소
2-2 쓰쿠바 하우징 연구소
3
지역을 건강하게 하기 위해서
3-1 쿠로가베
3-2 나라 마을만들기 센터
3-3 마노코
4
지역문화를 지키고 육성하기 위해서
4-1 미하루마을 주택연구회
4-2 아리타지역 주택연구회
5
지역에서 모두가 살기 위해서
5-1 케어센터 나루세
5-2 복지맨션 연구회
5-3 히노시 지역케어연구소
6
자연환경을 지키기 위해서
6-1 트러스트 살룬 쿠시로
6-2 환경시민
6-3 프렌즈 오브 세미나
7
시민의 네트워크를 만들기 위해서
7-1 마을만들기 정보 센터 가나가와
7-2 한신 대지진 부흥 시민 마을만들기 지원 네트워크
8
주민을 지원하는 지역 전문가 육성
8-1 다마가와 마을만들기 하우스
8-2 도쿄란포

❶ 「마을만들기 NPO」를 어떻게 평가할까

일본의 「마을만들기 NPO」는 어떤 민간비영리 조직을 가리키는가, 우선 처음에 이 점을 명확하게 해야 합니다. 여기에서는 앞서 말한 레스터 살몬의 기준인 「정규조직, 비정부조직, 자발적 설립, 자치적 운영, 비영리활동」을 활용하고 있습니다.

「마을만들기 NPO에 주택공급공사, 주택도시정비공단은 포함되어 있는가?」「마을만들기 관련 재단은 NPO인가?」라는 질문이 종종 있습니다.

우선 공사, 공단은 상기 기준에서 보면 특별법에 근거하여 지자체 또는 정부가 설립한 조직이므로 「자발적 설립」「자치적 운영」「비정부 조직」이라는 점에서 NPO로 하기에는 의문이 있습니다.

재단이나 사단은 민법 제34조에 근거한 공익법인이기에 일본에서의 NPO라고 생각되어집니다. 이외에 특별법에 의한 학교법인, 사회복지법인, 의료법인 등도 공익법인입니다. 그러나 일본의 공익법인은 주무관청제를 근거로 감독되고 있다는 점에서 「자치적 운영」에 문제가 남습니다.

관공서의 주도로 설립된 재단이나 사단에서 낙하산으로 관료를 받는 곳은 관익법인(官益法人)으로 부르듯이 「자발적 설립」「자치적 운영」의 면에서 의문이 드는 것이 실상입니다.

결국 「마을만들기」의 주역이 되는 것은 이러한 기존의 공익법인은 아니라고 생각합니다.

❷ 어떻게 「NPO」의 사례를 모았는가

이미 말한 것처럼 미국, 독일 등과 비교하여 일본은 재단이나 사단에의 법인화가 매우 어렵고, 시민활동조직은 임의의 조직인 채로 활동하고 있는 곳이 무척 많습니다.

이 책에서 든 것 중에는 (사)「나라 마을만들기 센터」나 (주)「쿠로가베」 등 법인격을 가진 것이 있습니다. 또한 고베시 나가타구 마노의 (유)「마노코」와 같이 민간비영리조직을 목표로 하면서도 편의상 주식회사 등의 영리법인이 되어 있는 것도 있습니다.

그러나 많은 조직은 예를 들어 「NPO를 목표로 하고 있다」고 해도 현 단계에서는 봉사조직입니다. 살본의 기준으로 본다면 「정규조직」이라고 할 수 있는가 하는 점에서 의문이 든다고 할 수 있겠지요.

한편 이 다양한 조직이야말로 새로운 민간비영리법인 제도가 가능해지는 것을 기다리고 있는 것입니다. 미래의 「마을만들기 NPO」는 이들 중에서 등장할 것이라고 생각됩니다.

이것을 토대로 제대로 된 활동을 하고 있는 조직을 「마을만들기 NPO」로 선정하여 그 실태를 찾아보고자 합니다. 그러나 법인이 아닌 임의의 조직에 대해서는 그 실체를 통계적으로 찾기 어렵습니다.

그래서 「도시재생과 마을만들기 독본③」에서는 하우징 앤드 커뮤니티 재단의 「민간 비영리 섹터의 의의와 역할에 관한 조사연구」에 의한 「일본의 시민주체 마을만들기 활동조직의 사례조사」를 토대로 다양한 문헌 · 정보에서 픽업한 사례를 조사, 선별하여 「마을만들기 NPO」로 정리했습니다.

❸ 「마을만들기」를 어떻게 뽑았는가

「생활」은 지역의 모든 일과 관련되어 있습니다. 그 전체가 「마을만들기」의 문제라고 하는 것이 시민이 실감하고 있는 것이 아닐까요. 「마을만들기」를 소프트나 하드로 나누어 생각하는 것은 종적 행정의 개념입니다.

「마을만들기」 영역은 활동전개에 따라 바뀌어갑니다. 「고령자 식사배식」을 하고 있는 중에 「생활원조」나 「개호활동」으로 발전하고, 또한 「주거개수(改修)」 그리고 「고령자 주택의 건설과 운영」까지 관계가 이어지는 예도 있습니다.

그런 의미에서 「마을만들기」 조직으로써 어떤 조직을 선정하고, 어떤 것을 제외시키는 가에 대해서 「기계적인 기준」을 설정한다해도 그다지 의미가 없다고 생각합니다. 이 「도시재생과 마을만들기 독본③」에서는 「자신들이 살고 있는 마을을 대상으로 활동하고 있는 조직」을 중심으로 하고 또한 「이 활동을 지지하는 조직이나 시스템」을 선정했습니다.

또한 「주로 도시에서의 활동」을 대상으로 하였으므로 농어촌의 사례는 별도의 기회를 가질 필요가 있습니다. 아울러 「도시재생과 마을만들기 독본」 시리즈에서 「마을만들기와 고령자」에 대해 별도로 정리할 예정이므로 중복되는 부분은 선정하지 않는 것으로 했습니다.

「독특한 활동」에 대해서는 향후, 반드시 독자 여러분과 정보를 공유해가고 싶습니다. 어쨋든 「마을만들기 NPO」에 대해서는 통계도 없고 아무것도 없습니다. 서로 정보교환을 통해서 활동영역을 넓히고 확인하며 지지하는 것밖에 없습니다. 그런 점이 약간 근거가 약할 지도 모르지만 이것이야말로 독립섹터로서의 NPO의 자유, 자주, 자립의 형태입니다.

누군가 「이것을 [마을만들기 NPO]의 사례로 게시판을 만들자」고 손을 든다면 흥미와 관심이 있는 사람들이 주변의 사례와 정보를 「이 게시판」에 보내는 것도 좋을지 모릅니다. 우리 자신의 손으로 실체를 확인하고 싶은 것입니다.

II-1 살기 좋은 환경만들기를 목표로

1-1 「꽃과 녹색 마을만들기를 여성정원사들의 손으로」 위원회
1-2 매일 생활연구소

1-1 「꽃과 녹색 마을만들기를 여성정원사들의 손으로」 위원회

여성의 감성으로 개인의 정원이나 녹색으로 만들고,
마을정원 만들기를 지향하는 활동 그룹

1991년 쯔쿠바시에서 「여성정원사 강좌」가 개최되었습니다. 녹색 마을만들기에 여성 나름의 감성을 살리기 위해 프로 정원사를 노리는 여성을 대상으로 한 강좌입니다. 이 활동은 계속해서 성장하여 지속적으로 「꽃과 녹색 마을만들기」활동을 시행하고 지원하는 NPO설립이라는 꿈을 그리게 되었습니다. 그래서 1993년, 「꽃과 녹색 마을만들기를 여성정원사들의 손으로」위원회가 생겼습니다. 개인의 정원에서 공원까지를 「마을정원」으로 하여 녹색으로 만들고 동시에 여성의 새로운 일터를 창조하는 NPO 「꽃과 녹색 마을만들기 센터」를 설립하는 것 등을 목표로 활동하고 있습니다.

여성 정원사들의 활동은 이렇게 시작됐다

전체적으로 발단이 된 「여성정원사 강좌」는 여성의 감성에서 녹색 마을만들기에 힘쓰는 활동입니다. 연 3코스(1코스 4회)의 강좌가 열리고 수료생들은 조경에 관계된 일을 하게 된 사람, 진짜 조경사가 된 사람도 있다고 합니다.

강좌개최의 계기는 현지 쯔쿠바에서 조경업을 하고 있는 「후지조경토목(주)」에서 이구치씨가 주최한 여성기획그룹 「일상생활 기획사」에 건의되었던 상담이었습니다. 1991년 6월의 일입니다.

연구학원도시 쯔쿠바 중심부에 사는 여성들은 능력과 의욕도 있으면서 일반기업이 적기 때문에 좀처럼 일할 장소가 없다는 그런 상황이었습니다. 그때 이미 「일상생활 기획사」에서는 활동의 기둥 하나로 여성들의 새로운 일터를 제안했습니다. 거기서 후지조경에서 「의욕이 있는 여성들을 활용하면서 지역에 친근감을 주는 신규 사업을 하고 싶다. 그 내용이나 여성이 일하기 쉬운 조건을 생각해보기 바란다」라고 했던 것입니다. 「일상생활 기획사」에서는 곧바로 「사업」과 「인재의 활용」 두 가지 관점에서 제안을 했습니다. 「사업」의 관점에서는 보통 가정정원의 디자인과 관리를 여성의 눈, 생활자의 시점에서 하고 있는가 하는 것. 「인재의 활용」이라는 관점에서는 신체를 움직여서 일하는 것을 좋아하는 여성에 대해서 새롭고 즐거운 여성의 육체노동의 형태를 창조한다는 것이었습니다. 또한, 여기에서는 병행하여 인재의 발굴과 사업화로의 전망을 기대하면서 프로를 지향하는 사람을 타켓으로 한 「여성정원사 강좌」의 개설도 제안했습니다.

「후지조경토목(주)」사장도 「재미있다」고 자금을 제공했기에 다행히 「여성정원사 강좌」 개설을 진행하게 된 것입니다. 게다가 강좌 수강자 중에서 의욕과 능력이 있는 사람에게는 후원한 조경회사로의 취직의 길도 마련됐습니다.

실제적이며 사회성이 풍부한 여성들

1991년 6월말 쯔쿠바시에서 열린 제 1회 강좌 모집에 응모한 엽서는 정원 20명을 5배 이상 넘었습니다. 「쯔쿠바시의 여성은 의욕이 있는 사람들이니까」라는 목소리도 있었으나 그 후에 가시와시, 미토시, 토리데시 등에서도 현지 기업의 후원을 받아 강좌를 개설하고 어느 지역에서도 정원의 5~8배의 응모가 있어서 인기를 실감했습니다. 연령층도 중년세대를 중심으로 20대에서 60대까지 폭넓고 「평생의 직업」이라는 젊은 여성부터 「퇴직 후의 즐거움으로 정원 가꾸기를」이라는 고령자까지 다양했습니다.

응모 시 엽서에 기입한 동기들의 면면 또한 응모해온 여성들의 마을만들기에 대한 자질을 엿볼 수 있는 것이었습니다. 「정원은 자신들의 것만이 아니다. 아름다운 정원이 모여서 아름다운 마을이 된다」「창문주변의 꽃이나 식물은 그리 힘들지 않은 에콜로지(생태) 활동이 아닌가?」「근처 고령자의 정원을 손질하고 싶다」 등 얼마나 여성들이 사회적인 눈으로 마을을 보고 있는가 하는 것을 실감했습니다.

「꽃과 녹색 마을만들기를 여성정원사들의 손으로」 드디어 설립

이렇게 하여 개최할 때마다 호평을 받은 정원사 강좌였으나 회를 거듭할수록 다양한 과제도 떠올랐습니다. 응모가 많고, 의욕이나 자질을 가지고 있어도 대다수의 희망자가 수강할 수 없다는 것. 강좌를 끝낸 수강생들로부터 「더 배우고 싶다」「지속적으로 활동하고 싶다」는 목소리가 나오게 된 것. 이런 와중에서 「일상생활 기획사」도 역시 지속적인 마을만들기 활동에의 전개가 필요하다고 느끼기 시작했습니다. 수강생의 하려는 의지와 능력을 살리기 위

◆[꽃과 녹색마을만들기를 여성정원사들의 손으로] 위원회가 생길 때까지

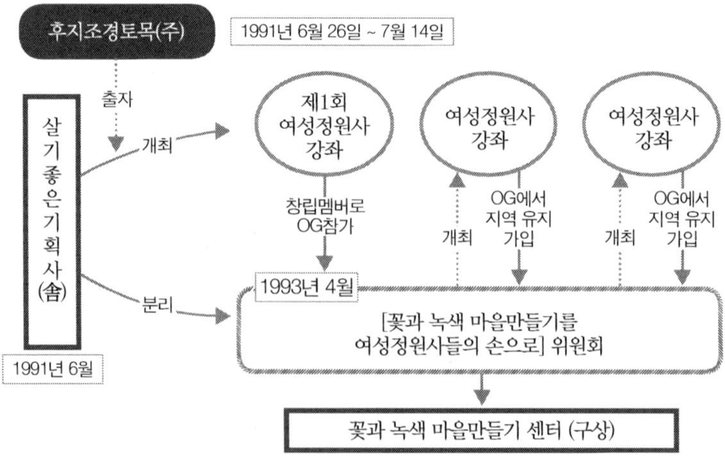

한 방법은 없는가, 공적인 형태로 지원할 수 없는가…. 이러한 다양한 과제를 해결해 가던 중에 운 좋게 막 설립된 하우징 앤드 커뮤니티재단(이하 HC재단)이 활동지원 대상단체로,

1) 개성이 풍부한 주거환경 창조에 공헌하는 것
2) 선구적이고 창조적인 활동
3) 공익성이 높고 민간 그룹이 참여하기에 적합한 활동을 모집하고 있었습니다.

1993년 4월, 이 응모에 있어서 여성정원사 강좌와는 별도로 지속적인 활동을 실시하기 위한 조직을 만들게 되었습니다. 그것이 『「꽃과 녹색 마을만들기를 여성정원사들의 손으로」위원회』입니다.

제1회 강좌 후에도 수행을 거듭하여 당시 「슬슬 정원사로서의 독립을」이라고 생각하고 있던 츠치다 유우코씨를 대표로 제1회 강좌

◆ 여성정원사 팀 발족까지 3년간의 이미지

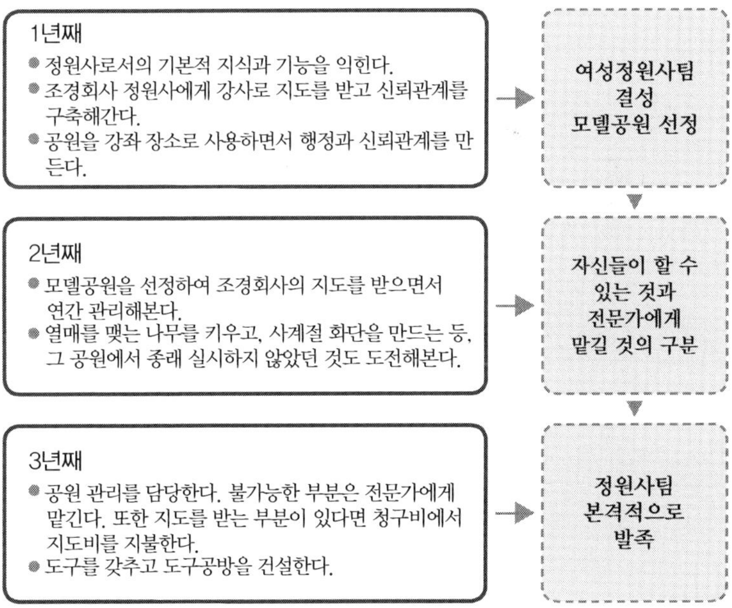

OG(Old Girl) 몇 명과 「생활기획사」멤버에 의해 창립된 동위원회가 제시한 목표는 "「생활기획사」에서 강좌의 기획 · 운영을 승계하여 지역에 여성정원사 강좌를 지속적으로 개최해갈 것, 그 중에서 자신들도 정원사의 수행을 거듭하고 수강생들 사이에서 동료를 늘려가면서 3년 계획으로 작은 공원의 관리를 맡을 수 있는, 실력있는 여성정원사 팀을 만들 것"이라는 것이었습니다. 그것을 위해서

1) 가지치기 강좌

2) 화단만들기 실천

3) 작업방법 (워커즈 컬렉티브 등)

을 3개의 축으로 설정하여 활동을 시작한 것입니다.

개최위원회의 구체적인 활동

우선 필요한 것은 계절별 강좌 개최장소와 위원회 멤버들의 가지치기 실습 등이 가능한 장소를 확보하는 것이었습니다. 「화단만들기는 반드시 공공장소에서」라는 위원회의 요구가 있어 쯔쿠바 시내의 공원으로 정해보았습니다. 우여곡절 끝에 현립(縣立)공원 측의 300㎡의 토지를 빌려 위원회의 화단만들기를 시작했습니다. 이름하여 「꽃이 있는 시냇물」입니다. 현재 인접지에 하얀 꽃만 심

그룹으로 나누어 화단을 디자인해본다

출처 : 조경 NO.3

은 화단인 「화이트 가든」도 만들고 있습니다.

정례회는 매월 1회, 대부분은 이 화단의 손질을 하면서 실시하는 것이 관례가 되어 있습니다. 이 정례회에서는 NPO를 향한 연구회와 종묘수집, 퇴비만들기도 했습니다. 또한 계간지 「꽃과 녹색통신」 그리고 1년에 한 번씩 활동기록집도 발행하고 있습니다.

한편 HC재단에서의 지원 등을 계기로 처음에는 연 1, 2회였던 강좌도 1993년에는 연 3회 집중강좌라는 형태로 개최할 수 있게 되었습니다.

위원회 운영 시스템

당초, 핵심멤버 10명으로 시작한 「꽃과 녹색 마을만들기를 여성정원사들의 손으로」 위원회는 강좌 수강생 중에서 지속적으로 위원회 활동에 관여하고 싶은 사람을 추가하여 조금씩 인원이 늘어나고 있습니다. 현재, 핵심멤버 6명이며 화단손질이나 육묘(育苗) 등의 구체적인 활동에는 매회의 강좌 OG에서 위원회에 참가한 멤버도 포함하여 총 27명으로 진행하고 있습니다. OG로부터 지속적인 활동을 하고 싶다고 희망하는 사람이 수시로 위원회의 핵심멤버에 가입하고 있습니다.

사무국에 전임 직원은 없고, 현재 「생활기획사」에 사무국을 두고 있습니다.

재정규모는 위원회의 설립 시부터 2년간은 HC재단에서 1년차에 1000만원, 2년차에 800만원의 지원을 받아 활동기반을 다져 나갔습니다. 3년차에는 특별히 지원을 받지 않았으나, 4년차에는 이바라기 문화진흥재단에서 200만원의 지원을 받아 활동유지에 도움을 주었다고 합니다. 수입원은 크게 두 가지가 있는데 하나는 위원회 멤버들의 회비 수입, 두 번째는 강좌 수강료와 허브모종이나

손으로 만든 것의 판매에 의한 독자적인 수입입니다. 연간 300만~400만 원 정도로 운영하고 있습니다. 한편, 주요 지출은 강좌에 지출되는 강사료, 강좌나 화단관리에 필요한 재료비 등입니다.

◆「꽃과 녹색 마을만들기를 여성정원사의 손으로」 위원회 회계
(1996년도 / 단위 : 원)

수입	전년도 이월금	600,000
	회비	967,000
	화묘 판매수입	14,500
	기타	9,000
	지원금 (이바라기 문화진흥재단)	2,000,000
	합 계	3,590,500

구분	항목	금액	비고
지출	사무비	491,130	복사, 통신비, 사무잡비 등, 묘목, 흙, 비료, 공구 등, 사례비, 기름값 등
	재료비	2,208,380	
	교류비	315,360	
	보고서 준비금	200,000	
	차년도 이월금	37,563	
	합 계	3,590,500	

NPO「꽃과 녹색 마을만들기 센터」를 만들자

위원회의 당초 활동목표를 정리하면 인재 발굴과 그 후의 활동장소 제공, 멤버자신의 기술을 닦을 것, 시민의 손에 의한 공원관리, 꽃과 녹색 마을만들기를 실시해 간다는 것이었습니다. 그러나 몇 년간의 활동 중에서 새로운 과제와 목표가 생겼습니다.

위원회는 공원의 일부를 빌릴 때까지의 과정에서 토지 찾기에 매우 고생했다고 합니다. 예를 들면 어느 관리주체에 이야기 했을 때 특정단체에 임대하는 것의 불평등문제, 공원 내의 기물이 파손되었을 때의 보증 등을 이유로 거절하거나 어느 관리주체도 새로

운 시험을 하기 위해 빌려주는 것을 주저하여, 결과적으로 퇴짜를 맞는 경험도 했습니다. 「관리자」이기에 당연하다는 이유도 있었으나, 위원회는 이 「"관" 공원」적인 관리체제에 의문을 가지게 되었습니다. 위원회는 주민의 손과 마음을 담은 친근한 공원, 「지역의 정원」같은 친숙한 존재로서의 공원을 만들고 싶다고 생각하게 된 것입니다.

그러나 이 경험에서 「공원의 관리를 담당하는 정원사 팀을 만들기 전에 그러한 것이 가능한 토양만들기가 필요하다」는 것이 확인되어 새로운 목표가 생겼습니다. 마을 안에 있는 정원(공원과 개인의 정원을 포함하여)들을 연결하는 활동의 지원, 주민에 의한 지속적인 관리를 가능하게 하는 인재육성 시스템 만들기, 그리고 그러한 활동의 뒷받침이 되는 토양만들기를 하는 NPO 등, 「꽃과 녹색 마을만들기 센터」의 설립이 중요합니다.

자신들다운 활동의 형태를 추구하여

여성정원사 팀 만들기나 법인화를 목표로 활동을 전개해 가던 중에 꽃과 녹색 마을만들기에의 시스템도 다양한 가능성을 보여주기 시작했습니다. 독자적으로 전개하는 멤버가 늘어 서로 유연한 네트워크를 형성하면서 어떤 사람은 본격적인 정원사의 활동을, 어떤 사람은 현지에서 「꽃 만들기 그룹」만들기를 하는 등 활동의 폭과 범위가 넓어졌습니다. 1997년 현재 위원회에서는 정기 강좌의 형태로 「여성정원사 강좌」를 실시하지 않고 있으나 대신에 「꽃바구니 만들기 강좌」 등 새로운 강좌를 수시로 기획 · 운영하고 있으며, 위원회 OG가 잘하는 분야의 기술을 살려 강사의 역할도 하고 있습니다. 최근에는 복지시스템에도 노력을 하고 있습니다. 고령자의 개호(介護)시설 등을 중심으로 꽃과 녹색의 자원봉사 활동을 전개하거나, 원예 테라피 강좌를 기획 · 개최한 것을 계기로 복지와 원예 사이에 새로운 관계가 생겨 설립당초의 활동이미지에는 없었던 새로운 활동의 장이 만들어지고 있습니다. 이러한 움직임 속에서 현재는 「법인화」라는 큰 목표로 활동하면서 조금씩 일상의 생활에 근접한 형태로 활동을 전개해 가고 싶다고 위원회 멤버들은 생각하기 시작하였습니다. 구성주체가 주부이므로 활동시간 등의 조정도 어렵고, 조직의 경영이나 코디네이트를 할 수 있는 인재확보도 어려운 여건 속에서 조금씩 자신들만의 형태로 고군분투하고 있습니다.

[참고]

1. 녹색독본 No. 33, 34 / 공해대책 기술동우회
2. 조경 No. 3 / 건축재료연구회
3. 주거와 커뮤니티 만들기 활동에 대한 조사보고서 / 재단법인 하우징 앤드 커뮤니티 재단

1-2 매일 생활연구소

참가형에 주력하여 코디네이트를 계속해서 10년

매일 생활연구소는 세타가야(世田谷)에서 자주보육이나 놀이터의 운영 등 주민활동에 관여해온 여성이 중심이 되어 생활자의 목소리를 살린 물건만들기, 장소만들기를 위한 코디네이트를 실시하고 있습니다. 전국각지에서 마을만들기나 여성문제, 육아 등을 테마로 하는 일에 힘쓰고 있습니다.

생활자의 목소리를 물건만들기에

「생활자의 목소리를 물건만들기, 장소만들기에 반영하고 싶다」는 것에서 매일 생활연구소는 태어났습니다.

주재자(主宰者)인 야고 케이코씨는 70년대에 여성을 위한 커뮤니티 사업에 관여한 후, 1975년경부터 세타가야구에서 자주보육을 시작했습니다. 핵가족화가 진행되고 지역에 친하게 지내는 사람도 없던 중에 모친과 아이만의 폐쇄적인 관계 속에서 육아를 하고 싶지 않다는 생각이 들었습니다. 같은 생각을 가진 엄마들이 많아 자주보육 그룹은 구내(區內)를 거점으로 전국각지에 차례로 생겨났습니다.

아이들과 공원에서 노는 자주보육에서 「여름에 나무그늘을 만드는 나무가 없다, 장난감이 햇볕을 쐬이 뜨거워진다, 공원까지의 길이 위험하다」 등 공원을 만드는 법이 빈약한 것을 알게 되었습니다. 구에서는 설명회를 열고 있다는 것이었으나 왜 여러 사람의 의견이 반영되지 않았는지 야고씨는 의문을 가졌습니다.

세타가야구 내에서는 지역주민이 중심이 되어 장난감이 고정된

「아이들이 손님이 되는 놀이터」가 아닌 아이들 자신이 창조해가는 놀이터를 만들려고 75년경부터 활동을 시작하여 그 성과로 79년에 하네기(羽根木) 플레이파크가 만들어졌습니다. 야고씨는 80년부터 이 플레이파크의 운영에 관여하여 이용자가 창조·운영해가는 것의 기쁨을 느꼈습니다.

또한 81년에 장애자와 비장애자의 구별이 없는 표현의 장 만들기를 목표로 한 「태양의 시장」 워크숍에 나가 그 창조적인 의견 수집방법에 매료 되었습니다.

이와 같은 경험을 거쳐 야고씨는 생활자의 목소리를 살려 참가형으로 물건만들기, 장소만들기를 하기 위한 코디네이트를 하려고 생각했습니다. 85년부터 자주보육활동 등으로 알고 지낸 여성 6인과 함께 연구소 설립을 향한 예비활동을 시작으로 87년에 매일 생활연구소를 발족했습니다. "매일의 생활"이라는 연구소 이름은 생활에 직결된 것을 강조하고 싶어서 지은 것입니다.

◆ 매일 생활연구소 설립까지의 흐름

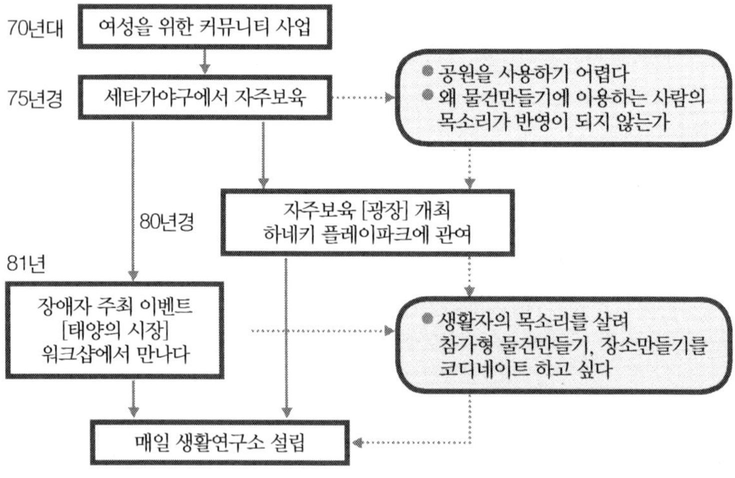

발족 시에 연구소가 하고 싶은 것의 이미지를 전하기 위해 약 160명의 어머니들의 자전거생활을 취재하고 「엄마 자전거로 거리를 가다」라는 책자를 만들었습니다. 그 후 책자를 본 자전거 진흥회에서 일이 들어오는 등 서서히 활동을 넓혀갔습니다.

참가형에 주력하여 진행한 다양한 일

매일 생활연구소에서는 지역이나 참가형에 주력하면서 다음과 같은 폭넓은 일을 하고 있습니다.

- 지역을 기반으로 하는 새로운 마케팅 리서치 코디네이트
- 워크숍에 의한 마케팅
- 참가형 마을만들기

참가형에 주력한다는 것은 예를 들면 마을만들기의 경우, 현지를 걷거나 워크숍에 의해 지역에서 생활하고 있는 사람들 속에 들어가서 조사 · 제안을 하려고 하는 것입니다. 연구소에서는 500명에게 앙케이트를 하는 것 보다 10명에게 진솔한 이야기를 듣는 것이 지역주민의 소리를 파악할 수 있는 방법이라고 생각하여 조사를 의뢰한 사람들에게 제안하고 있습니다.

워크숍 IN 코마츠 모습

구체적으로는 이시가와현 코마쓰시에서의 노력이 있습니다. 1996년, 코마쓰시에 전국에서 200명 이상이 모여 「워크숍 IN 코마쓰」가 열렸습니다. 주최는 시내나 주변의 봉사활동자들이었으나 중심이 된 것은 코마쓰시에 본사를 둔 코마니(주)라는 파티션 제조회사의 커뮤니케이션 디자인 연구실 사람들입니다. 야고씨는 연구실 고문으로 92년부터 연구실 사람들과 함께 다양한 워크숍을 실시하거나 시내 산간지역의 고령자 생활조사 등을 실시해 왔습니다. 그 중에서 지방도시에서도 워크숍이라는 방법을 더 넓히고 마

코가와촌 고시고에 공원. 30~80세가 참여한 옛 놀이 워크숍에서 주민들이 직접 디자인했다. 완성된 후에는 직접 관리하고 있다. (출처 : 코가와촌 경관만들기 매뉴얼)

쓰쿠바시 여성행동계획 책정을 위한 워크숍
(출처: 여자와 남자의 멋진 관계-쓰쿠바시 여성행동계획 책정을 위한 워크숍의 기록)

을만들기나 네트워크만들기의 계기로 삼고 싶다는 것에서 워크숍 IN 코마쓰 개최를 전국적으로 실시한 것입니다.

또한 미야자키현이나 야마구치현, 사이타마현 등에서 민간 컨설턴트와 팀을 짜서 공원만들기나 생활만들기 워크숍을 개최했습니다.

마을만들기뿐만 아니라 여성이나 육아를 테마로 한 지자체의 사회교육이나 공무원연수센터, 여성센터 등에서의 강좌나 제안하기 등도 다양한 지역에서 실시하고 있습니다.

96년에는 쓰쿠바시의 여성행동계획 책정을 위하여 5회의 워크숍을 실시했습니다.

매일 생활연구소 조직운영

매일 생활연구소는 당초 7인의 여성들로 시작했으나 다른 사람들이 민간 기업에서 일을 받는 것에 반발하여 2년째부터 야고씨 혼자서 하고 있습니다. 필요할 때에는 외부 조직사람들과 팀을 만들어 일을 하고 있습니다.

수입은 민간 마케팅회사에서의 의뢰 등으로 초년도부터 수천만 원을 넘고 있다고 합니다.

초기 단계에서는 기획서를 가지고 기업 등을 돌기도 했으나 지금은 많은 일이 들어와서 야고씨의 수입은 일반기업의 남성정도라고 합니다. 일의 의뢰수로는 민간과 행정에서 반반정도이나 수입의 비율로는 민간쪽이 많다고 합니다.

지자체의 일은 사회교육 강좌나 심포지엄 강좌 등으로 정해진 금액의 수입이 아닌 경우가 많지만 다양한 사람과의 만남의 장이 되고 있습니다.

민간일은 마케팅회사에서 오는 일인데 마을만들기 컨설턴트와 같이 팀을 만들어 진행하고 있습니다.

주택을 전용(轉用)한 사무소

사무소는 어느 기업의 비전계획 만들기의 일로 알게 된 건축가 마루타니씨의 우메가오카 아트센터 한편을 빌리고 있습니다. 마루타니씨는 세타가야에서 지역에 녹아있는 갤러리를 만들고 싶다고 생각하여 자신은 월세집으로 옮기고 자택이 있던 곳에 1992년에 아트센터를 만들었습니다. 1층은 갤러리, 2층과 3층은 리빙룸과 같은 회의 공간(원래는 주택용으로 만들었으므로), 4층이 마루타니씨가 주재하는 건축사무소입니다. 리빙룸은 갤러리에 전시한 다양한 분야의 작품이 놓인 아주 근사한 공간입니다. 매일 생활연구소는 아트센터가 만들어진 때부터 월 30만 원으로 빌리고 있습니다. 그 외 지출은 복사, 팩스, 전화비, 월 50만 원 정도의 아르바이트 비용 등이나 혼자서 감당하지 못할 정도는 아니라고 합니다.

정보발신과 사람연결

조직을 운영하기 위해서는 일을 지속하고 넓힐 필요가 있는데, 그러기 위해서는 항상 정보발신을 하는 것이 중요하다고 야고씨는 생각하고 있습니다.

매일 생활연구소에서는 뉴스레터를 만들어 존재를 알리고 있습니다. 당초에는 150사 정도의 기업에 보냈다고 합니다. 지금도 2개월에 1회의 비율로 뉴스를 만들어 여러 시민이나 기업에 보내고 있습니다. 「가만히 있으면 잊혀집니다. 가만히 있지 않는 것이 중요합니다」라고 야고씨는 이야기 합니다.

또 다른 하나 중요한 것은 사람과 고리를 만드는 것입니다. 「뉴스레터는 언제나 가지고 다니다가 만나는 사람에게 주고 있어요. 10명 정도에게만 부탁하면 "다시 한 번 부탁해"라고 해도 다음해에 일로 연결되지 않는 경우가 있어요. 사람과의 연결을 100명으로 확대하면 그 중에서 일이 생기는 경우도 있으니까요」라며 사람과의 연결을 넓혀가는 게 중요하다고 생각하고 있는 것 같습니다.

야고씨는 세타가야구에서의 20년에 걸친 자주보육이나 플레이파크 활동, 다양한 강좌에서 만난 사람들 특히 여성들과의 사이에 폭넓은 네트워크를 구축하고 있습니다.

다양한 활동전개

매일 생활연구소에서는 참가형 물건만들기, 장소만들기를 추진한다는 기본적인 생각은 변함이 없으나, 그것만 한다고 생각하면 일의 지속이 어려우므로 새로운 것에도 적극적으로 도전하도록 하고 있습니다. 야고씨는 매일 생활연구소 10년의 활동을 통해서 비즈니스 찬스는 항상 움직이고 있다는 것을 실감했다고 합니다. 따라서 새로운 분야의 공부도 게을리 하지 않는다고 합니다.

한편, 야고씨는 연구소 일 이외에도 다양한 활동을 전개하고 있습니다.

그 중 하나가 세타가야 마을만들기 펀드에서 95, 96년에 지원을 받아 전개하고 있는 「생활하며 주거만들기 지원하우스」 활동입니다. 우메가오카 지역을 중심으로 사는 사람과 만드는 사람을 잇기 위한 워크숍이나 강습회 등을 개최하고 있습니다. 예를 들면 독거 고령여성자들에게 생울타리의 보수상담을 받은 것이 계기가 되어 지역에 있는 교회의 정원을 제공받아서 누구나 할 수 있는 생울타리 만들기나 가지치기 강좌를 열었습니다. 또한 사는 사람과 만드는 사람의 연결고리가 특히 부족한 주택외관에 대하여 몇 가구의 집에서 구체적으로 코디네이트를 하여 안전, 안심, 그리고 거리를 다니는 사람들을 기쁘게 하는 주택외관을 실현한 것도 있습니다. 지원하우스 활동은 건축가나 환경컨설턴트 등 몇몇 사람들이 자원봉사식으로 전개하고 있으나 장래적으로는 NPO로 할 가능성도 있습니다.

또한 매월 1회, 각 분야에서 활약하고 있는 다양한 사람을 초빙하여 학습 · 교류하는 「21세기 구락부」활동도 아트센터를 거점으로 마루타니씨와 동조자들이 전개하고 있습니다.

앞으로는 개인에서 조직으로

야고씨는 「개인으로서의 일의 방법은 대부분 알고 있으므로 다음은 조직으로서의 일을 하는데 도전해 보고싶다」고 생각하고 있습니다. 이는 하나의 프로젝트 전체를 만지고 싶다는 것이 큰 요인입니다. 또한 혼자서 하기 힘든 분야를 다른 사람과 같이하는 등 공동체를 형성하여 일의 폭을 넓히고 싶다는 것도 요인입니다.

조직형태로는 지금 유한회사를 생각하고 있고, NPO(시민활동법인)도 방법 중의 하나라고 합니다.

어떤 법인형태를 취할지라도 자립된 개인의 힘을 잘 모으는 것이 중요하다고 생각하고 있습니다.

그리고 「즐겁게 일을 하고, 꿈을 함께 이야기 하며, 스트레스를 받지 않는 것이 중요하다」고 야고씨는 말하고 있습니다.

뉴욕 할렘 커뮤니티 가든 만들기
플럼 아줌마의 커뮤니티 가든

칼럼
해외사례

■ 뉴욕 할렘 커뮤니티 가든

뉴욕 할렘이라고 하면 지금은 무서운 슬럼과 같이 생각됩니다. 그러나 그 할렘에도 「마을만들기 피플 : 플럼 아줌마」에 의한 아름다운 커뮤니티 가든이 만들어지고 있습니다.

커뮤니티 가든을 방문했을 때 약간 나이가 있고 아름다운 파란 눈을 한 여성이 부드럽고 밝은 색의 티롤햇과 같은 모자를 가볍게 쓰고 맞이하고 있었습니다. 키가 큰 금속망에 둘러싸인 꽃과 야채와 풀과 나무가 가득한 4~500㎡의 경지가 그녀의 "즐거운 마을, 커뮤니티 가든"이었습니다.

할렘뿐만이 아니라 미국의 빈민가는 빈 땅들 천지입니다. 그녀는 이 빈 땅을 지역의 아이들로부터 고령자까지 모두 꽃과 야채만들기의 즐거운 장소로 만들려는 꿈을 가지고 있었습니다. 자신의 아파트 베란다에서 기른 꽃을 가지고 와서 빈 땅 앞 도로에 심고, 그녀는 자신의 꿈을 지나다니는 사람들에게 꽃과 함께 이야기를 건넨 것입니다. 많은 사람들이 그녀의 꿈에 동참했습니다. 사람들의 지지에 힘을 얻어 그녀는 세금체납으로 빈 땅을 몰수하여 소유한 시청에 이 토지를 빌릴 수 있도록 제안한 것입니다.

■ 커뮤니티 가든에서 펼쳐진 꽃만들기, 야채만들기, 예술만들기

몰수한 빈 땅의 유지관리가 힘들었던 시청은 무상으로 토지를 이용하게 해 주었습니다. "할렘 플럼 아줌마"는 많은 친구들과 "호박 및 다양한 허브 그리고 형형색색의 아름다운 꽃을 기르기 시작했습니다. 부지의 경계에 설치된 벽돌타일의 벽 가득히 젊은 예술가들이 아름답고 즐거운 벽화를 그렸습니다. 그리고 그들은 매주 토요일 오후 아이들이나 부모를 위해 무료로 아트스쿨을 시작했습니다.

아이들의 활동을 말하는 플럼 아줌마

■ 커뮤니티 가든을 유지하기 위해

잔디와 나무그늘에 놓인 하얀 테이블 위에 두꺼운 앨범을 펼치고 플럼 아줌마는 여기에서의 축제와 아이들의 활동에 대해서 이야기해 주었습니다. 「퍼플릭 랜드 트러스트에 어떻게 하면 이 토지를 아이들에게 양도받을 수 있을까 상담하고 있습니다」라고 그녀는 말했습니다. 「여기까지만 하고 중단하면 시청이 주택을 세우게 되겠지요. 그러면 열심히 해온 많은 사람들의 성과가 다시 없어지게 됩니다」.

할렘의 황폐한 커뮤니티 속에서 마음의 작은 오아시스를 만드는 것이 그녀가 진짜 정성을 다하고 싶은 것이었습니다.

정말로 고밀도 콘크리트와 철 그리고 유리의 고층빌딩이 줄지어 서있는 대도시에 아름다운 커뮤니티 가든이 사람들의 손으로 숨을 쉬게 되는 것을 보는 것은 정말 감동적인 일이었습니다.

II-2 풍요롭고 즐거운 주거만들기를 목표로

2–1 주식회사 생활과학 연구소

2–2 쓰쿠바 하우징 연구소

2-1 주식회사 생활과학 연구소

민간 기업에 의한 라이프 하우스/시니어 하우스의 시도

(주)생활과학연구소에서는 종래형 시설과 달리 하우스=가정이라는 개념으로 주거만들기를 해왔습니다. 현재 지역 해방형 시설과 병설하거나 유상 홈헬퍼 파견 사업을 시작하는 등 헬퍼 육성 강좌를 진행하는 것으로 주거만들기에서 지역 살림만들기로 전개하려 하고 있습니다. 향후 주식회사, NPO, 사회복지법인이 연계한 다양한 사업전개를 목표로 하고 있습니다.

코포러티브 주택 (조합식 공동주택)에서 시작한 주거만들기

(주)생활과학연구소는 1983년, 나고야에 임의단체로 탄생하여 여성 · 아이 · 고령자의 시점에서 물질중심의 현대사회를 재고하고 마음 편히 살 수 있으려면 어떻게 하면 좋은 지를 회원과 같이 연구하고, 제안하여 실천해 왔습니다.

활동의 시작은 여성 재취업세미나였으나 고령자의 사는 법을 생각하는 세미나나 강연회 등을 실천하는 사이에 노후도 안심하고 살 수 있는 주택을 건설하고 싶다는 분위기가 고조되었습니다.

이렇게 해서 1985년 일본에서 처음으로 중 · 고령층을 향한 코포러티브 주택이 나고야에 완성되었습니다. 이 실험은 고령화 사회에 대한 적극적인 「함께 살자」형의 시도로 각 방면에서 주목을 받았습니다. 1987년에는 사회적 책임을 명확하게 하기 위하여 주식회사를 설립하고 「라이프 하우스/시니어 하우스」의 기획 · 건설 · 관리 · 운영을 중심으로 사업을 진행하여 현재 전국에 10동의 실적을 올리고 있습니다.

하우스=가정이라는 개념의 주거

라이프 하우스/시니어 하우스는 도시형 집합주택으로 (주)생활과학연구소의 상품명입니다. 입주자는 일괄 지불하는 종신입주금이나 월세를 지불합니다. 고령자를 위한 집합주택에는 「시니어 주택」「케어 하우스」등 비슷한 이름의 주택이 있으나 「시니어 하우스」란 민간 기업에 의한 고령자의 주거입니다. 「시설」이 아닌 「우리 집=하우스」라는 개념으로 살 수 있는 환경을, 이라는 생각으로 이름 지었습니다. 종래의 노인 홈과 같이 지역사회에서 고립하지 않고 공용공간을 지역에 개방하는 것으로 새로운 마을만들기의 중심이 되는 것을 목표로 하고 있습니다.

또한, 입주자 참가형이 원칙으로 입주 후에도 운영스탭과 입주자가 정기적으로 미팅을 갖고 하우스 운영에 관한 다양한 일을 같이 생각해나갑니다. 여기에서는 관리하는 측, 관리되는 측이라는 관계가 아니라 입주자가 참가하여 자신들의 생활을 보다 좋게 하기 위한 운영에 반영시키는 시스템입니다. 이것도 코포러티브 주택의 흐름을 반영한 「하우스」만의 특징입니다.

「라이프 하우스」와 「시니어 하우스」

시니어 하우스
이벤트홀이 병설되어 지역교류도 활발. 애칭 우먼즈 하우스로 여성을 위한 정보발신기지가 되어있다.

라이프 하우스는 배리어프리 대응 건축사양이나 긴급 시 의료대응, 서클활동 등 하드 · 소프트 양면에 배려를 하였습니다. 지금은 건강하게 취미나 일을 즐기고 싶다는 사람이 대상입니다.

시니어 하우스는 개호(介護)설비나 스탭이 완비된 하우스로 안심하고 자신만의 자립한 생활을 영위하기 위한 서비스나 시설을 갖추고 있습니다. 간호사가 상주하고 개호스탭이 24시간 체제로 대응하고 있습니다. 시니어 하우스는 제도적으로 유료 노인 홈의 범위에 들어갑니다.

도시의 자유로운 생활을 즐기는 시니어 하우스의 주인

1990년 12월에 완공한 6동째 시니어 하우스 「에사카(강의 언덕)」는 신오사카역까지 지하철로 두 정거장되는 곳에 있고, 여성을 중심으로 약 10세대가 살고 있습니다.

7층 건물에는 서점, 레스토랑과 입주자에 의해 운영되며 지역에 개방된 여성을 위한 문화학교가 있고 5~7층이 주거공간으로 되어 있습니다.

생활 코디네이터가 24시간 체제로 대응할 뿐만 아니라 근처의 진료소 의사가 출장검진이나 건강 상담을 하며 거실에서의 긴급통보도 관리실이 부재중일 경우에는 가까이에 있는 다른 시니어 하우스에 자동 전송되는 시스템입니다.

이와 같은 긴급 시 대응 체제가 정비된 후에 「에사카」에서는 뜨개질이나 낭독회 등 입주자가 모여서 서로 이해를 돈독히 하고 있습니다. 어떤 것이든 자발적인 모임으로 입주자에 의하면 「모두 같이 합시다, 라고 권유하지 않는 것이 좋은 점」이라고 합니다.

도시형의 입지이고, 통금 등의 규칙으로 속박되는 일도 없으므로 고령자이지만 입주자의 발걸음도 가볍고 시설 내의 문화학교로 인연이 된 동호인들이 부담 없이 방문할 수 있는 환경인 것도 입주자로부터 호평을 받고 있습니다.

클럽하우스에 의한 지역사회와의 공생, 생활지원서비스 제공, 고령자를 지원하는 인재 육성

「클럽하우스 : 놀이 · 친구 · 여유」는 라이프 하우스 '우라와'의 부지 내에 있는 개방형 지역시설로 시니어 하우스 · 라이프 하우스와 함께 지역의 공용스페이스로 문화나 이벤트를 발신하는 것을 목적으로 하고 있습니다. 클럽하우스에는 레스토랑, 찻집, 온천, 집회실, 의료시설이 있습니다.

◆ 클럽하우스에 의한 지역에의 전개

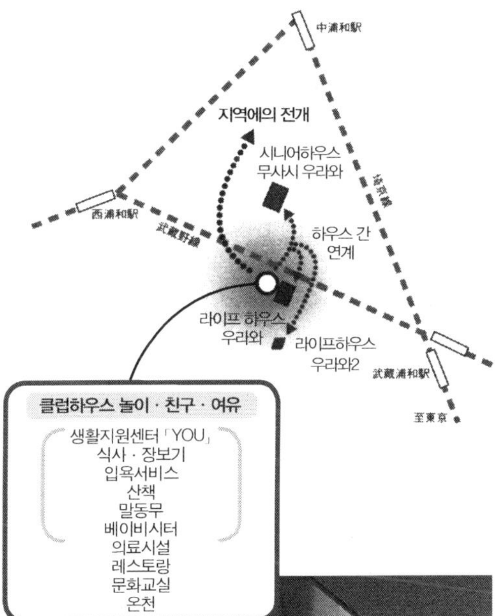

라이프하우스 우라와

클럽하우스 놀이·친구·여유

시니어하우스 무사시 우라와

라이프하우스 우라와2

또한 클럽하우스에 거점을 둔 생활지원센터 「YOU」에서는 지역사회에 다양한 생활지원서비스를 제공하기 위해 유료 헬퍼 파견사업을 하고 있습니다. 「YOU」는 회원제로 시니어 하우스/라이프하우스의 입주자도 참가하고 있으나 대부분은 지역 인재에 의해 운영되고 있습니다.

재택개호 수요가 높고, 파견 요구가 쫓아가지 못하는 상황이지만, 「케어에 필요한 사람이 되고 싶다」는 호응도 높아 「YOU」에서는 2급 홈헬퍼 양성강좌를 실시하고 고령화 사회를 지지하는 인재육성에도 노력하고 있습니다.

클럽하우스와 지역과의 관계에 대해서 생활과학연구소의 생활상담실 실장인 치카야마 케이코씨는 「클럽하우스는 현재, 지역주민이 연회에 사용하거나 입주자의 취미모임에 사용하거나 하는 등 다양한 교류를 하고 있다. 향후에는 좀 더 복지와 의료를 충실히 하기 위해 지역의 네트워크를 넓히고 싶다」고 합니다.

보다 질이 높은 [문화개호]를 제공하기 위한 생활 코디네이터 양성

치카야마씨는 개호서비스의 질에 대해서 「우선은 배설, 식사라는 '생명의 개호' 그리고 살고 싶은 방향으로 산다는 '생활의 개호' 아울러 개인의 취미, 사상, 신조, 가치관을 존중한 지원을 한다는 '문화의 개호'가 있다」고 합니다. 「향후에는 '문화의 개호'에 다다르고 싶다」고 하여 「인간을 대등하게 보고 인권을 이해할 수 있는 개호 스탭이 필요하다. 스탭의 양·질 모두 충실히 하고 질이 높은 개호서비스를 제공하고 싶다」고 합니다.

또한 하우스에는 의식주나 여가, 의료 등 다양한 분야에서 입주자의 생활을 종합적으로 지원하고 지역과의 네트워크를 만드는 「생활 코디네이터」도 있습니다. 하우스는 참가형 운영을 기본으로 하고 있으나 현재 상황에서는 고령자의 참여가 익숙하지 않으므로 참가하는 측의 요구를 어떻게 받아들이면 좋을지가 과제라고 합니다.

따라서 생활 코디네이터 양성강좌에서는 개호론이나 개호기술에 그치지 않고 카운셀링이나 커뮤니티워크 강좌도 채택하여 문화의 개호를 담당할 인재를 양성하고 있습니다. 생활 코디네이터 양성강좌 졸업생 중에는 자신의 지역에서 지역복지 네트워크 만들기를 시작한 사람과 그룹홈 설립운동을 시작한 사람도 있는 듯 하여 인재육성효과는 하우스 활동에 그치지 않고 넓어지고 있습니다.

아직 높은 입주자의 부담 – 행정과의 공생, 제도면에서의 지원이 필요

지역과 공생한 주거만들기와 보다 질이 높은 개호라고 할 수 있는 수준 높은 서비스를 제공하기 위해서는 입주자의 부담이 증가할 수밖에 없습니다. 현재 입주 시 부담금으로 시니어 하우스에는 약 2억 4000만원(20㎡)에서 4억 1000만원(40㎡)이 필요합니다. 그 외 월 부담금으로 관리비 100만원, 식비 50만원, 숙박까지 완전 개호의 경우에는 최대 230만원이 필요한데 이 정도로 부담이 되는 시니어 하우스에 입주할 수 있는 층은 한정되어 있겠지요.

시니어 하우스는 제도상으로는 민간 유료 노인홈이지만, 국가적으로는 신설시설의 출자 등의 규제가 있기에 지원책은 일절 없습니다. 생활과학연구소의 다카하시 사장도 「건강한 노인이 증가하고 있습니다. 공적 노인홈에 없는 세세한 서비스를 제공할 수 있는 민간 파워의 지원이 필요합니다. 민간기업이 독립채산으로 고령자나 여성의 문제를 해결하는 데에는 한계가 있습니다」라고 행정에 의한 효과적인 지원책을 요구하고 있습니다.

향후 시니어 하우스, 라이프 하우스의 전개

생활과학연구소에서는 원래 건강한 노인을 대상으로 사업을 진행해왔으나 입주자의 고령화에 의해 향후에는 완전개호형 「너싱홈」 및 치매성 노인을 대상으로 한 「그룹 홈」을 검토하고 있습니다. 지금 있는 시니어 하우스에서도 입주자의 고령화가 진행되어 고독이나 정신적인 문제를 안고 있는 경우가 많다고 생각됩니다. 따라서 심리치료사를 초대하여 정신면의 케어까지 가능한 체제를 만들려고 하고 있습니다.

또한 하나의 지역에 있어서 마을만들기라는 시점에서 우선적으로 생활지원센터, 클럽하우스, 라이프 하우스, 시니어 하우스가 있는 '우라와'를 모델지구로 전개해가고 싶다고 합니다. 시니어 하우스는 원래 도시형을 기본으로 하지만 입주희망자 중에는 「도내(都内)에서」라는 요구도 높아 지역에서 코포러티브하우스(조합식 공동주택) 만들기를 실시하려고 하는 시민그룹과 연계하여 진행하는 것도 검토하고 있습니다.

주식회사인 생활과학연구소와 공익법인과의 연계가능성

주식회사에는 스스로 자유로운 판단으로 자금조달이나 의사결정을 할 수 있는 장점이 있습니다. 그러나 「주식회사」의 경우, 영리목적으로 보여 이해를 얻기 어려운 측면이 있습니다. 눈에 보이지 않는 개호서비스, 시스템 등의 연구개발은 역시 경영자금면에서 부담이 된다고 합니다. 그러한 부분은 NPO가 부담하는 쪽이 외부와의 협력관계도 구축하기 쉽고 유연하게 사업을 진행할 수 있다고 생각합니다.

또한 행정과의 파트너십이라는 것도 주식회사에는 좀처럼 구축하기 어려운 부분입니다. 한편 개호서비스는 개인부담으로는 할 수 없고 행정의 보조가 필요합니다. 이 부분은 홈헬퍼 파견사업이나 데이서비스사업 등의 사회복지사업을 행정에서 수탁하여 실시하는 쪽이 질 높은 서비스를 낮은 가격으로 제공할 수 있습니다.

그리하여 「NPO적인 전개를 충분히 생각할 수 있다」고 전제하여 치카야마씨는 「생활과학연구소를 임의단체로 출발했습니다. 버블기의 자금조달 증대로의 대응이나 상호부조의 역할을 지지하기 위해 주식회사가 되었습니다. 본래 우리들의 사업은 재단이나 생협사업 쪽이 통하기 쉬우나 재단설립에 필요한 시간이나 비용관계에서 주식회사라는 형태를 취해야 했습니다. 향후 개발과 건설 및 운영은 주식회사 형태에서 하고 조사, 연구, 기획코디네이트, 인재양성은 NPO에서 담당하며 데이서비스나 홈헬퍼의 파견이라는 개호부분은 사회복지법인에서 맡게 되는 사업분담을 생각할 수 있겠지요」라며 다양한 사업주체에 의한 네트워크형 구상을 밝혔습니다.

◆ 생활과학연구소와 NPO를 고려한 향후 활동전개

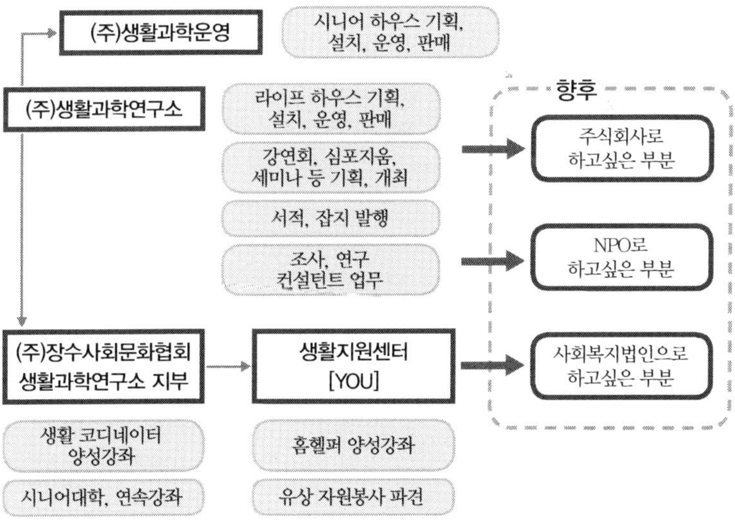

2-2 쓰쿠바 하우징 연구회

쓰쿠바발 NPO에 의한 주택공급 전개

「쓰쿠바 방식」은 정기차지권제도를 이용한 것, 골조와 주거공간을 권리상 분리한 것을 큰 특징으로 한 새로운 공동주택 공급방식입니다. 현재 주거만들기를 검토하고 있는 사람들뿐 아니라 토지소유자나 맨션 디벨로퍼도 큰 주목을 하고 있습니다. 「쓰쿠바 방식」에서는 다액의 초기투자가 불필요하므로 임의 단체인 NPO가 건설주체가 되어 주거만들기에 힘쓰고 있습니다.

구주민, 신주민 모두의 관심을 끌어낸 고령화사회의 주거만들기

건설성 건축연구소 코바야시씨

연구학원도시로 개발된 쓰쿠바시는 대학이나 연구소가 이전해 와서 형성한 연구자 등의 신주민과 지역에 예부터 농업을 하고 있는 구주민이 각각 다른 커뮤니티를 만들어 생활해왔습니다.

1993년, 쓰쿠바시에 있는 건설성 건축연구소의 코바야시 히데키씨는 신주민 주체의 네트워크와 구주민 주체의 단체가 각각 주최하는 2개의 모임에서 「고령화사회의 주거만들기」에 대해서 쓰쿠바 방식의 연구 성과를 근거로 강연을 했습니다. 「장수사회의 주거로 도시의 편리한 곳에서 싸게 삽시다」라는 내용의 호소가 큰 반향을 불러 그 후에도 이 강연은 현지 케이블 TV에서 방영되어 많은 시민이 알게 되고, 시민 및 행정에 폭넓게 영향을 주었습니다.

강연회에서 촉발된 움직임은 시민운동그룹, 현지 매스컴, 쓰쿠바시를 둘러싼 네트워크로 발전하고 있습니다.

쓰쿠바 하우징연구회 발족

시민사이에서 쓰쿠바 방식에의 호소가 반향을 부른 한편 행정측에서도 연구자와 이바라기현의 교류를 도모하려는 흐름이 있었습니다. 1992년에 이바라기현이 중심이 되어 건축사회 회원, 대학교수, 이바라기현 공무원, 건설성 건축연구소 연구자에 의해 구성된 「이바라기 하우징연구회」가 발족되었습니다. 「이바라기 하우징연

◆ 쓰쿠바 방식의 개요

1992년 신차지차가법으로 새롭게 제정된 [건물양도 특약부 차지권]에 근거하고 있습니다.

① 입주 후 30년간 건물은 입주자의 소유입니다. 전매도 가능합니다.

② 31년째 이후는 건물을 지주가 매입하고, 임대계약으로 바뀝니다. 그때 입주자의 거주지속권은 법률로 보장되어 있습니다. 또한 건물의 양도금과 기본 월세를 상쇄하는 계약을 체결하므로 땅값 상당분과 수선비의 지불로 그대로 계속 살 수 있습니다.

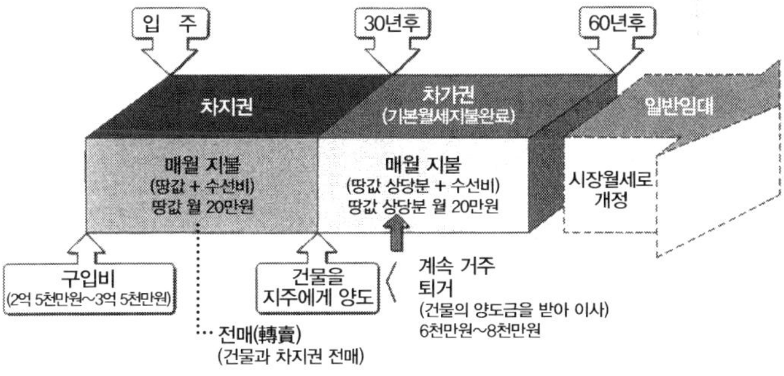

※ 가격은 분양맨션으로 4억 5천만원~5억 5천만원입니다. (전용면적 24~30평, 땅값 평당 1천만원) 금액은 입지와 경제상황에 따라 달라집니다.

구회」는 1992년부터 2년에 걸쳐서 월 1회의 정보교환을 계속했습니다. 정확히 그 때쯤 쓰쿠바시에서는 「정주화의 촉진」이 시의 주택계획으로 자리 잡아, 건설성 건축연구소에서는 「쓰쿠바 방식」의 연구가 진행되고 있었습니다. 이와 같은 움직임 속에서 현과 시의 행정내부에도 「쓰쿠바 방식」은 침투되고 있었습니다.

그런데 「쓰쿠바 방식」(스켈레톤 정기임대)이란 1992년에 창설된 정기차지권제도(定期借地權制度)를 이용한 것, 골조와 주호내부의 권리를 분리하여 땅값과 건물대금을 상쇄한다는 2가지 큰 특징을 가진 새로운 집합주택의 공급방식입니다. 시스템은 언뜻 복잡하지만, 지주는 상속세 부담이 적게 들고, 사는 사람은 도시에 싸게 살 수 있어 쌍방에게 경제적인 이점이 있습니다. 게다가 계획단계에

◆ 〈쓰쿠바 방식〉과 분양 · 임대와의 비용분담 비교

분양맨션의 특징은 구입 시 가격은 높으나 노후의 부담이 가벼우므로 안심할 수 있다는 것입니다. 한편, 임대맨션의 경우 월세는 비교적 싸지만, 노후도 월세를 지불해야 하는 불안이 남아있습니다. 이러한 준(準) 이용권 분양방식 〈쓰쿠바 방식〉에서는 다음 그림과 같이 가격이 싸고, 동시에 노후 부담도 가벼우므로 안심하고 살아갈 수 있습니다. 이런 점에서 주택문제의 해결에 크게 기여할 것으로 기대됩니다.

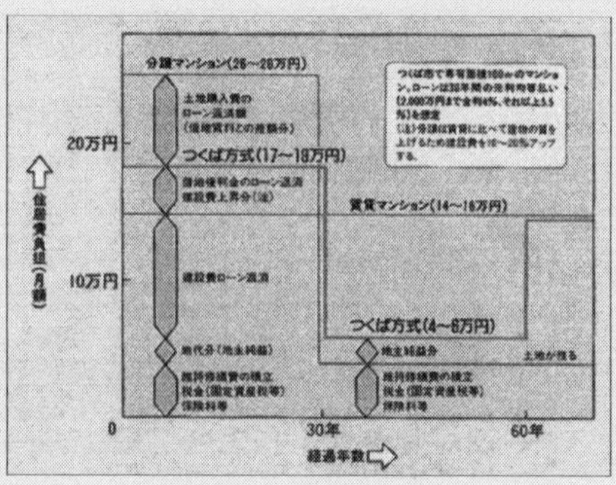

서 입주예정자가 조합을 만들어 주체적으로 참가한다는 것, 주호 내부는 사는 사람이 좋아하는 대로 설계할 수 있다는 것 등에서 코포러티브 주택에서 보여줄 수 있는 양호한 커뮤니티의 형성이 기대됩니다.

이들 시민측과 행정측 쌍방에 걸친 다양한 움직임이 합하여 이바라기현, 쓰쿠바시, 쓰쿠바 시민에 의한 「쓰쿠바 하우징연구회」가 발족되고 우선과제로 쓰쿠바 방식 맨션의 실현에 테마를 정해 활동하게 되었습니다.

쓰쿠바 방식과 NPO

「쓰쿠바 방식」은 이제까지 예가 없던 새로운 방식이므로 민간비즈니스나 기존의 대(大)조직에서는 제1호를 손대기 어려운 상황이

◆ 〈쓰쿠바 방식〉 2가지 포인트

❶ 월세 상쇄계약을 개발한 것

〈쓰쿠바 방식〉에서는 건물양도 특약부 차지권에 의해 31년째부터는 임대맨션이 됩니다. 그때 갑자기 많은 월세를 지불하는 것은 입주자에게 노후가 불안정해집니다. 거기서 월세 상쇄계약을 개발했습니다. 이는 30년째에 건물을 판 돈과 그 후의 월세 일부를 상쇄하는 방식입니다. 이 방식으로 입주자는 싼 월세부담으로 안심하고 살 수 있습니다. 한편 지주도 건물매입 시에 자금을 준비할 필요가 없다는 장점이 있습니다.

입주자
계속해서 싼 임대료로 거주 가능

지주
건물을 매입할 필요가 없음

❷ 골조 건축기술과 조합한 것

건물양도시 가격설정, 월세상쇄 시 수선비부담의 문제 등을 스켈레톤 방식으로 해결했습니다.

었습니다. 주택도시공단이나 이바라기현 주택공급공사에서도 상황을 보자는 의견에 대해서 실패해도 직접 책임을 행정이 지지 않으며 임의단체인 NPO에 의한 시스템일 뿐, 공적주체가 주관해가는 것은 아니라는 것으로 정리되었습니다. 어디까지나 사업주체는 건설조합이며 그것을 지원하는 것이 「쓰쿠바 하우징연구회」이고 행정은 연구회의 회원자격으로 사업을 지원한다는 방식이었습니다.

또한 「쓰쿠바 방식」의 특징으로 사업주체의 리스크가 적다는 것입니다. 만일 입주희망자가 모집되지 않거나 모집되었다가도 해체되는 등의 사태가 일어나도 토지를 구입하는 것이 아니라 지주에게 기다려달라고 하는 것뿐이므로 손실은 적습니다. 즉, 「쓰쿠바 방식」이므로 사업주체에 다액의 초기투자가 필요하지 않고, NPO로서 가능하다는 것입니다.

연구회에 의한 지주탐색

쓰쿠바 방식 맨션 실현을 위해서는 우선 지주를 찾아야 합니다. 쓰쿠바시에서는 연구회의 활동을 HOPE추진사업으로 자리매김했습니다. 행정의 지원을 받아 연구회가 지주에게 설명하여 제1호 실현이 결정되었습니다.

이에 대해서 코바야시씨는 「연구자 중심의 신주민과 농가중심의 구주민이 분리되어 있는 상황 하에 지주 탐색의 포인트가 된 것은 농협과 쓰쿠바시를 연결시킨 연구회의 네트워크였다」고 합니다.

◆ 쓰쿠바 방식 맨션 제1호의 특징

쓰쿠바 방식 맨션의 개발과 실천

쓰쿠바 방식 공동 연구 그룹

공동개발 그룹의 구성

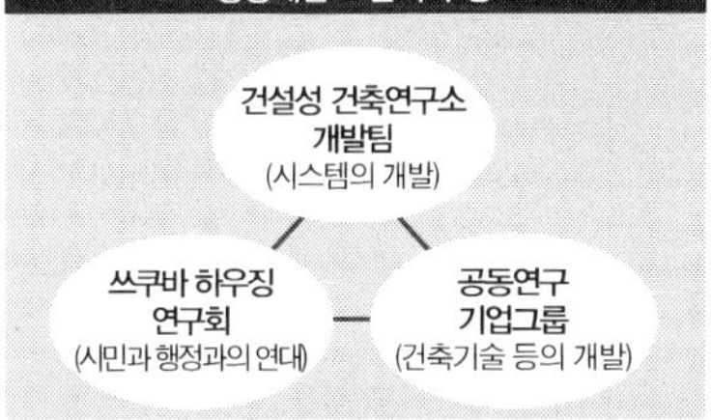

제1호 · 제2호 주택의 추진체제

추진모체 : 쓰쿠바하우징 연구회
건 축 주 : 입주자와 지주의 건설조합
지원체제 : 쓰쿠바시 HOPE 계획추진사업
건설성 건축연구소의 특별연구 프로젝트
건설성 건축연구소의 공동연구 참가기업
주택금융공단에 의한 개인공동주택융자(고규격)
하우징&커뮤니티 재단에 의한 활동조정
국제과학 진흥재단

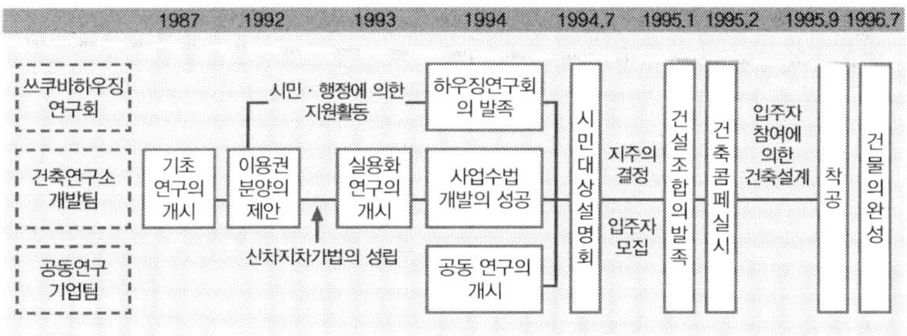

본격적인 NPO의 전개

쓰쿠바 1호는 이와 같은 과정 중에 완성되었고, 같은 지주의 부지 내에 2호도 완성했습니다.

하나의 완성을 계기로 쓰쿠바 하우징 연구회에서는 다음 단계를 향해서 검토를 시작했습니다. 즉, NPO로서 본격적으로 변호사와 건축가 등의 전문가를 조직하는 활동을 진행해가는 것입니다.

쓰쿠바 1, 2호는 연구프로젝트로서의 측면도 있으며, 현재 세타가야구에 계획 중인 도쿄 1호는 보다 NPO적인 전개입니다. 건설조합의 사업비 중에서 「쓰쿠바 하우징 연구회」에 실비분의 사업 코디네이터료가 지불되고 있는 것 외에 건축사무소가 유상으로 건축코디네이트 사무를 실시하고 있습니다. 「건축 코디네이트료는 설계비와는 별도로 명시하는 것이 중요하고 이것이 정착되면 코디네이트 사무가 직업으로 성립하게 되겠지요」라고 코바야시씨는 말합니다.

자금을 당길 수 있는 조직의 필요성

쓰쿠바 하우징 연구회와 같은 NPO가 지속하기 위해서는 사무국경비를 염출하는 것이 필요합니다. 쓰쿠바 방식의 성격상 사업이 세워지기 전의 지주설득이나 입주자 모집 등의 코디네이트 성공률이 1/4이라고 합니다. 사업이 이루어지면 사업경비 중에서 코디네이터료를 얻을 수 있으나 실패한 경우는 사무국 지출이 됩니다. 「이와 같은 경비부담의 파장을 분산하기 위해서는 역시 자금의 축적이 필요합니다」라고 코바야시씨는 말하고 있으나 현행법 제도상 NPO에 법인자격이 없어서 단체 명의로 자금을 축적할 수 없습니다. 그래서 재단법인에 지원을 의뢰하여 기금을 염출할 수 있는 방법을 검토하고 있다고 합니다.

센터기능을 갖는 핵심조직과 지역 건설조합에 의한 쓰쿠바 방식의 추진을 목표로

향후, 쓰쿠바 하우징 연구회에서는 각각의 지역에서 지역에 뿌리를 둔 건설조합에 의한 쓰쿠바 방식의 주거만들기, 마을만들기를 지원하고 싶다고 생각하고 있습니다. 따라서 핵심 조직으로서 노하우를 축적하고 상담 · 지원기능을 충실히 하고 싶다고 합니다.

동시에 각 지역에서 쓰쿠바 방식을 추진하는 코디네이터가 불가피하다는 것에서부터 재단 등이 주최하는 [코디네이터양성 강좌]를 지원하고, 인재의 양성을 도모하고 있습니다. 강좌의 반향은 커서 1997년 1월에 실시된 1회차부터 정원을 넘는 응모가 있어서, 2회차가 실시되게 되었습니다.

◆ 쓰쿠바 방식을 추진하는 프로세스

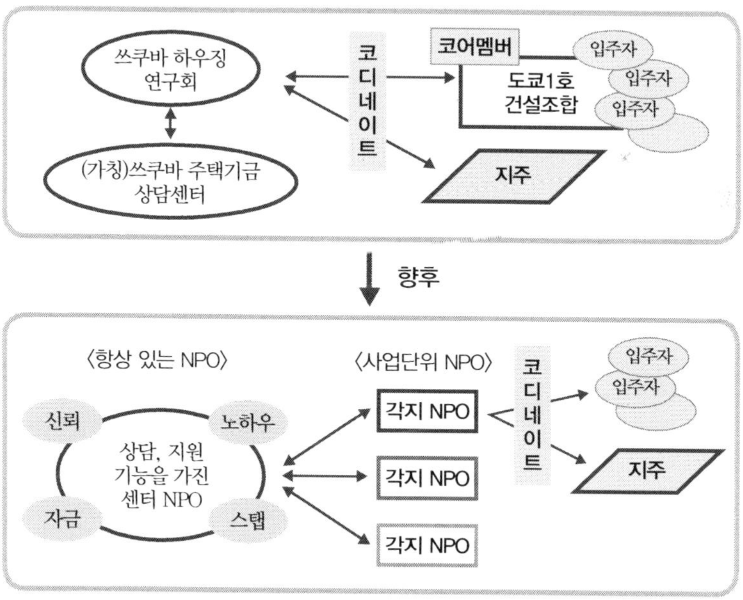

칼럼
해외사례

전미 최대 민간비영리주택 디벨로퍼
브릿지 하우징 코포레이션

■ 1983년에 설립하여 13년 간 약 7,000호의 주택을 건설한 NPO

BRIDGE Housing Corporation(약칭 BRIDGE)은 샌프란시스코에 본부를 둔 비영리주택 디벨로퍼입니다.

BRIDGE설립 경위는 1981년 익명의 66만 달러 기부가 샌프란시스코재단에 들어온 것이 시작입니다. 재단은 「푸른 리본」이라는 이름의 위원회를 조직하여 협의한 결과, 적극적으로 활동을 전개하는 지역의 비영리 디벨로퍼로 BRIDGE를 설립하는 것을 결정한 것입니다. 1983년에는 면세조직으로 NPO인정을 받아 개발활동을 시작했습니다. 이제까지 7,000호가 넘는 주택개발에 관여했고 이 과정에서 투자는 6억 달러(약 7000억 원)를 넘어, NPO로서 처음으로 전미 주택건설 디벨로퍼의 탑 200에 들어가게 되었습니다.

■ 연간예산은 600만 달러를 넘고, 자산은 약 2000만 달러

BRIDGE는 그 설립 경위에서 시나 주, 주택도시개발청(HUD) 및 연방 · 지방의원과 긴밀한 관계를 가지고 있으므로 CDC 펀드를 둘러싼 여건이 엄격해지고 있는 상황에서도 자금조달이 수월한 것이 강점입니다.

1993년 5월부터 1994년 6월에 걸쳐서 총 수입은 6,099,091달러(약 70억 원), 총지출은 5,340,530달러(약 65억 원)이고, 자산총액은 1994년 6월말 현재 19,642,132달러(약 235억 원)입니다.

■ CDC나 영리기업과 파트너십을 구축하여 대규모개발 전개

프로젝트에 따라서는 지역에 뿌리를 둔 복수의 CDC나 영리 디벨로퍼와 조인트 프로젝트를 하는 경우도 있습니다. 지역의 CDC와 하는 경우, BRIDGE는 자금조달이나 경영노하우를 제공하는 등 역할분담이 이루어지고 있습니다.

또한, 영리 디벨로퍼와 연결하는 경우 저소득주택건설에 의한 면세 특전을 영리기업에 양도하는 것으로 주택건설의 기회와 다음 개발을 위한 자금을 얻을 수 있는 것입니다.

■ 앞으로 고용을 창출하기 위한 상업개발과의 혼합, 입주자에의 서비스 충실이 중요

BRIDGE의 향후 활동방향으로 하나는 혼합용도의 개발이 있습니다. 쇼핑센터 등의 상업용도와 혼합하는 것으로 새로운 고용과 비즈니스를 창출하는 것을 목적으로 하고 있습니다. 샌프란시스코 교외에서의 대규모개발에서는 실업률도 높고 저소득자가 많은 지역에 340호의 주택과 함께 600명의 새로운 일자리를 창출했습니다.

다른 하나는 거주자에의 서비스를 충실히 해가는 것입니다. 입주자가 직업을 얻기 위한 카운셀링이나 직업훈련을 시작으로, 성인데이게어 센터를 운영하고 고령자에의 홈헬프 서비스 등을 실시하고 있습니다.

특히 현재 진행 중인 군기지 이전 프로젝트에서는 노후화한 공공주택의 수복(修復)이나 고령자에의 생활지원시설 건설, 주택과 상업개발의 혼합이라는 새로운 형태의 개발에 힘쓰고 있습니다.

II-3 지역을 건강하게 하기 위해

3–1 주식회사 쿠로가베

3–2 사단법인 나라마을만들기 센터

3–3 유한회사 마노코

3-1 주식회사 쿠로가베

민간주도 제3섹터의 지혜로 역사적 가로를 보존 · 활용한 지역의 재생

쿠로가베 스퀘어는 시가현 나가하마시, 비와(琵琶)호에 면한 「코호쿠(湖北)」 지역에 있습니다. 도요토미 히데요시가 이 지역에 성하(城下)마을을 구축하고 그때까지의 「이마하마」를 「나가하마」로 바꿔 현재의 마을 기초를 구축한 것이 나가하마의 시작입니다. 옛날부터 교통의 요충지로 번성했고, 지금도 옛 상가나 가옥이 남아있는 지역입니다.

「쿠로가베」 탄생!

「주식회사 쿠로가베」의 이름이 유래가 되고 또한 그 출발점이 된 제 백삼십(130)은행은 1900년대의 건축물입니다. 일찍이 「쿠로가베 은행」으로 친숙하고 전쟁 후에는 카톨릭교회로 활용되어 온 나가하마 구시가지의 상징적인 건물이었습니다.

이 건물은 키타구니 가도와 나가하마성의 교차점에 있습니다. 1988년 당시 이미 시의 조사에 의해 이 건물의 주변, 특히 키타구니 가도를 따라서 에도(江戸 : 1603~1867)에서 메이지(明治 : 1868~1912)에 걸쳐서 건축된 옛 가옥이 80채 정도 남아있어 실로 나가하마의 역사를 전하는 귀중한 마을인 것이 명확해졌습니다. 그러나 1970년대 중반부터 바이패스(By Pass)에 의한 로드사이드 샵 진출, 교외형 체인점 출점 등으로 구시가지인 쿠로가베 주변은 적막한 상점가가 되고, 이미 그곳의 가옥들 전부가 빈집이 되어 아무도 신경 쓰지 않는 상태였습니다.

그런 상황 속에서 교회의 이전과 더불어 제 백삼십은행 건물이 부동산업자에게 매각된다는 이야기가 나왔습니다. 구상점가의 심볼이고, 활력있는 시대를 상징하는 나가하마의 대표적 건물을 잃게 되는 것에 대해서 현지주민의 위기감이 고조되어 시청에 매입을 의뢰했습니다. 그러나 시에서는 역사자료관 정도로밖에 활용할 수 없을 것이라고 판단한 당시의 교육장은 전 청년회의소 이사장인 사업가 사사하라씨(창고업)에게 협력을 의뢰했습니다. 사사하라씨는 6인의 사업가(섬유업, 신발업, 주류판매업, 건축업, 금속가공업, 호텔업)와 신용금고에 출자를 요청함과 동시에 시청에도 3할의 출자를 촉구했습니다. 이렇게 해서 자본금 1억 3천만 엔(약 13억 원)의 민간주도 제3섹터 「주식회사 쿠로가베」가 설립되어 쿠로가베를 매입한 것입니다. 그 즈음 나가하마시에서는 「박물관도시 구상」을 내걸었습니다. 이는 박물관이 있어야 하는 이유로 「옛것을 모아 그대로 동결한다」는 방식이 아니라 「옛것을 활용하여 거기서 정보를 발신한다」라는 것이었습니다.

쿠로가베 기획만들기

쿠로가베는 현지활성화를 도모하는 입장에서 활동을 시작했습니다. 따라서 우선 콘셉만들기의 기둥으로 다음의 4가지 점, 즉

1) 취급업종이 현지상점과 경쟁하지 않을 것
2) 대기업이 흉내낼 수 없는 것
3) 관람객 증가를 도모하는 임팩트를 가지고 있을 것
4) 나가하마시의 역사 · 예술, 미래지향적인 국제성 등을 만족할 것을 고려했습니다.

이러한 컨셉에 따라 구체적으로 「주식회사 쿠로가베」는 무엇을 사업으로 할지를 생각하고 있었습니다. 옛 마을과 조화하면서 동시에 새로움 · 장래성을 느끼게 하는 산업은 없는가? 「쿠로가베」

를 강력하게 특색지을 수 있는 것은 없는가? 거기서 급부상한 것이 「글라스 공예」라는 아이디어였습니다. 나카다니사장이 이탈리아 여행 때 보고 들은 르네상스기를 중심으로 한 역사적이고 화려한 건조물과 그런 환경에서 자란 베네치안 글라스의 훌륭함. 더불어 세계를 돌아보니 글라스를 만드는 곳에는 사람이 모인다는 나카다니사장의 경험적 직감에서의 발상이었습니다. 나가하마시는 역사적으로 봐도 글라스산업과는 무관했으나 마케팅조사가 실시된 결과 일본에서의 글라스시장은 아직 미성숙하고 수작업 글라스 분야에서는 역사 · 기술이 공히 해외와 비교하여 큰 차이가 있는 것을 알았습니다. 거기에서 쿠로가베가 참여할 기회를 발견한 것입니다. 그렇게 해서 옛 건물을 수복 · 개장하여 도로의 경관을 유지하면서 글라스 공예라는 새로운 산업을 전개해간다는 쿠로가베의 「글라스 가도(街道)」 구상이 시작된 것입니다.

정교한 구상실현의 방법

쿠로가베는 현재, 제 백삼십은행의 건물을 활용한 쿠로가베 1호관을 시작으로 매입 · 임대 등에 의해 관을 늘려 레스토랑이나 글라스 공방, 글라스 갤러리, 글라스 전문점포 등 총 21개 시설에 의해 「쿠로가베 글라스 스퀘어」가 형성되기에 이르렀습니다. 이렇게 구상을 실현하는 데에는 실로 다양한 연구가 있었습니다.

쿠로가베의 각 시설은 전부가 쿠로가베 소유는 아닙니다.

◆ 마을만들기 회사 성립구조 이미지 ①

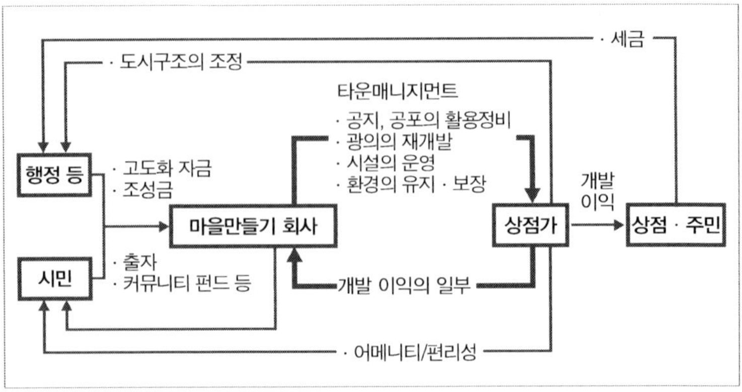

- 취득 후 수복 · 신축하여 직접 운영한다 (직영 쿠로가베 글라스관, 글라스 감상관)
- 일단 취득하고, 물건을 확보한 후에 건물수복을 조건으로 전매한다 (고미술상, 레스토랑은 전매시켜, 양자 모두 쿠로가베 글라스 스퀘어의 한 구역을 이루는 임대사업자로 영업하고 있다)
- 상기 이외에는 집을 빌려 직영 또는 개축하여 「불을 사용하지 않는다, 부시지 않는다」는 특약사항을 근거로 전대(轉貸)하여 주변 환경을 동일하게 유지한다.
- 제휴, 어드바이스에 의해(권리관계) 서로의 상승효과를 도모한다.

이런 방법에 의해 조직의 재정에 부담을 주지 않고 마을을 유지하고 활동을 전개해 가는 것입니다. 취득 시에는 주식을 발행하여, 자금을 조달하고 있습니다. 또한 집을 빌릴 때에는 출자자의 회사 명의로 빌리는 등 많은 현지기업의 경영자를 경영진 · 주주로 참여시키는 강점도 있습니다.

쿠로가베의 운영체제와 재정

쿠로가베는 자본금 13억원 중 10억원으로 토지건물을 매수하고 20억을 더 투자하여 1호관인 「쿠로가베 글라스관」을 정비했습니다. 그 후에 쿠로가베의 개념이 세간에 받아들여져 매년 확실히 수익을 더해가고 있습니다. 초년도인 1989년 매상 12억 3000만원, 추정입장자수도 9.8만 명에서 순조롭게 증가하여 1995년도에는 매상 58억 9000만원, 입장자수 116.2만 명을 넘게 되었습니다. 97년에는 매상 70억 원을 예상하고 있습니다.

또한 쿠로가베는 종업원의 대부분이 여성입니다. 나가하마에는 오사카 등에서 U턴해온 여성이 많아 현지 고학력의 여성에게 직장을 주고, 운영에 여성의 감성과 능력을 활용하려는 것이 목표입니다. 현재 80명의 종업원 중 남성은 4명뿐입니다. 오스트리아의 라

◆ 사업수법과 쿠로가베의 각관(各館) ②

◆ 쿠로가베 주식회사 자금 흐름(추정) ③

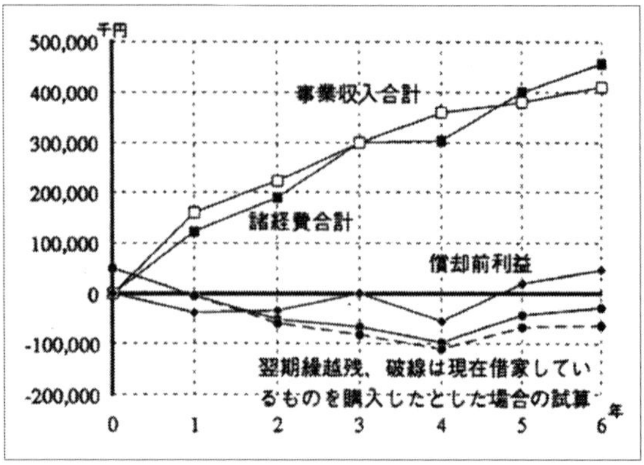

텐베르그시 등 해외에의 글라스제품 판매 등도 여성 스탭에게 맡기고 있다고 합니다. 또한 글라스공예 사업에 취업해오는 청년이나 그 활동에 이끌려 쿠로가베에 취직하는 청년도 있다는 것입니다.

고액인 글라스 공예품은 이를 판매도 하지만, 그 공예품을 미술품으로 쿠로가베의 전시관에 전시하게 하는 등 자금면과 매력만들기 양면을 연구하고 있습니다.

쿠로가베의 경영진은 각각 독립된 현지기업의 경영자가 쿠로가베 임원을 겸하는 형태가 되어 있습니다. 따라서 쿠로가베 경영에 관해서는 전부 무급 자원봉사라는 입장으로 참가하는 것이 가능합니다.

제 3섹터인 것의 이점을 살린 운영이 적극적으로 진행되고 있습니다. 우선 무엇보다도 예산 등이 문제가 되기 쉬운 공공부문이 아니어서 신속함과, 민간에게는 없는 공공성을 활용한 유연한 마을만들기 활동이 가능하게 되어 있습니다. 또한 제 3섹터라는 조건에서 광고는 신문에 의한 보도를 적극적으로 활용하는 것 외에도 시의 광보(広報) 등을 통해서도 이용할 수 있습니다. 한편으로는 마을만들기 회사로서의 다양한 배려도 실시하고 있습니다. 물론,

현지주민과도 공예교실 등의 활동을 통해서 연계를 도모하고 있습니다. 바깥으로는 공익성을 전면으로 내걸고, 안으로는 주식회사로서의 이익도 확실히 올리는 방침으로 운영을 하고 있습니다.

쿠로가베의 현재 모습

설립당초「쿠로가베 글라스관」만 있었던 쿠로가베는 그 후 매상과 입장자 수가 늘어감에 따라 구상 그 자체를 확대해가게 되었습니다. 현재는 21개의 시설로 구성되어 있습니다. 이는 ● 직영방식 ● 임대방식 ● 공동경영방식 ● 컨셉을 같이 공유하는 마을만들기 동료로서의 협력관계로 쿠로가베 ○호점으로 참가시키는 등의 방식에 의해 구성되고 있습니다. 특히 마지막의 상호협력방식은 컨셉을 같이 하는 주변 가게와 연계해 가는 과정에서 생긴 방식입니다.「기타구니 가도(街道)」전체의 정비 · 활성화라는 방향으로 사업의 면적(面的)인 확대를 도모하고 있습니다.

이러한 체제 속에서 글라스를 핵심으로 하면서도 스퀘어 내에는 고미술상도 있고, 나가하마 명물인 표주박 세공공방, 향토요리점 등도 있어 글라스 공예와도 잘 어울리고 있습니다.

사업내용은 점포 등의 상업적 목적뿐만이 아닙니다. 공방에서는 글라스 교실 등의 각종 강좌가 열리고 있습니다. 그 중에서도「글라스대학」이라고 이름 지은 강좌에서는 반년의 강의와 실습으로 독자적인 작품을 내는 기술을 익히는 사람도 있고, 전공과정으로 진행하여 더 심오한 글라스 공예를 습득하려고 하는 사람도 있을 정도입니다. 글라스에 관한 기술적인 연구도 스퀘어 내에서 실시하고 있습니다.

향후 과제와 전망

마을의 활성화와 더불어 땅값, 임차료의 상승 등을 생각하면 장래적으로는 이제까지의 방법으로 「쿠로가베」 구상을 실현해가는 것은 곤란할지도 모릅니다. 또한 이미 임차한 집에 대해서도 불안정한 권리상태에 놓인 「차가권(借家權)」이 어디까지 유효하게 작용할지 아직은 불투명합니다. 향후 이제까지의 방법과는 다른 새로운 방법이 필요하게 될지도 모릅니다.

한편, 최근에는 쿠로가베의 성공을 배우려는 타 지역의 마을만들기 활동가로부터의 문의도 많아 「쿠로가베」 자신도 노하우, 자금 양면의 지원방법에 골몰하고 있습니다. 그중에서도 이와테현의 에사시시와는 이미 제휴를 맺어 노하우 제공 외에 7억 원의 자본금 중 1억 원을 출자했습니다. 「쿠로가베」에서는 전국에 10개소의 제휴처를 찾아 그 토지의 역사적 건축물을 활용하여 글라스 공예에 의해 내장을 꾸민 호텔을 운영하려는 「호텔글라스 가도」의 구상도 하고 있어, 에사시시를 시작으로 향후 전개가 기대되고 있습니다.

◆ 쿠로가베 스퀘어 전경

1호관 쿠로가베 글라스관(본관)
2호관 스튜디오 쿠로가베
3호관 비스트로 · 뮤르노와르
5호관 본 점포(나가하마 토산품, 일본풍 글라스)
6호관 글라스 갤러리 · 마누
7호관 고미술 니시가와
8호관 쯔바사카루(일본식 레스토랑)
9호관 나가하마 정보관광센터
10호관 쿠로가베 글라스 감상관
11호관 스탠드글라스관
12호관 표주박공방관
13호관 스튜디오선라이즈 "쿄코"
14호관 카페레스토랑 양실
15호관 클럽(키친잡화, 포프리)
16호관 분복차실
17호관 라텐베르크관 · 쿠로가베글라스연구실
18호관 P.act (카페)
20호관 쓰지쇼(일본과자)
21호관 로코코

[참고]

1. 지역개발(1996년 7월호)/일본지역개발센터
2. 신도시(1993년 6월호)/재단법인 도시계획협회
3. 닛케이 아키텍쳐(1989년 10월 2일호)/닛케이 BP사
4. 일본건축학회 계획계 논문집 제 467호/일본건축학회
5. 일본경제신문(1997년 1월 26일 일간)

(출처 : ①~③ 일본건축학회 계획계 논문집 No. 467「민간비영리조직(마을만들기 회사)에 의한 개발 ; 그 필요성과 성립조건」(후쿠가와 유이치, 사이고 마리코)

3-2 사단법인 나라 마을만들기 센터

일본판 NPO의 개척자적인 존재로서 현재도「시민에 의한 마을만들기」의 기치를 내걸고 활약하고 있는 단체

나라(奈良) 마을만들기 센터는 일본 NPO의 개척자적 존재입니다. 설립당초부터 회원방식을 도입하여 주민이 지역의 마을만들기에 관여한 조직으로 1984년에 사단법인이 되었습니다. 역사 · 문화 · 자연을 살리고 주민의 자주, 자립의 마을만들기 추진을 통해서 「일본의 마음의 고향」에 적합한 나라(奈良) 만들기를 실시하는 것을 목적으로 하고 있습니다.

어떻게「나라 마을만들기 센터」가 만들어졌는가

나라 마을만들기 센터의 원래 출발점은 창시자인 키하라씨의 고향인 나라의 급격한 개발에 대한 우려였습니다. 키하라씨는 나라에서 마을만들기 활동을 시작하기 위해서 도쿄에서 U턴하여 79년에 14명의 동료와 같이「나라 지역사회연구회」를 발족했습니다. 그러나 그 후 활동 중에 행정의 한계와 주민의식 향상의 필요성을 느끼게 되었습니다. 거기서 처음으로 행정에 의존하지 않고, 주민에 의한 자주 · 자립의 마을만들기를 만드는데 힘쓰기 위해 안심하고 길게 활동할 수 있는 조직의 필요성을 느낀 것입니다.

이렇게 해서 84년에는 사단법인격을 취득하여 조직을 개정하고 그 뜻에 찬동한 회원을 모집하면서「나라 마을만들기 센터」로서의 재출발을 한 것이었습니다. 당시, 일찍이 구시가지를「나라촌」이라고 부르던 것도 시민의 기억에서 없어졌습니다. 그런 중에 나라 마을만들기 센터는 우선 나라촌의 역사 · 문화의 재발견 운동부터 시작하여 차례로 활동을 역사도시의 가로보존 · 재생운동에로 발

전시킨 것입니다.

그래서 전신이 된 「나라 지역사회연구회」의 발족에서 18년이 지난 지금은 활동거점 「나라촌 이야기관」이 있는 나라시 구시가지의 나라촌을 활동의 기반으로 하면서 현내(縣內)뿐 아니라 아시아나 영국에서도 활동 · 교류를 넓히고 있습니다.

◆ 마을만들기 센터의 역할

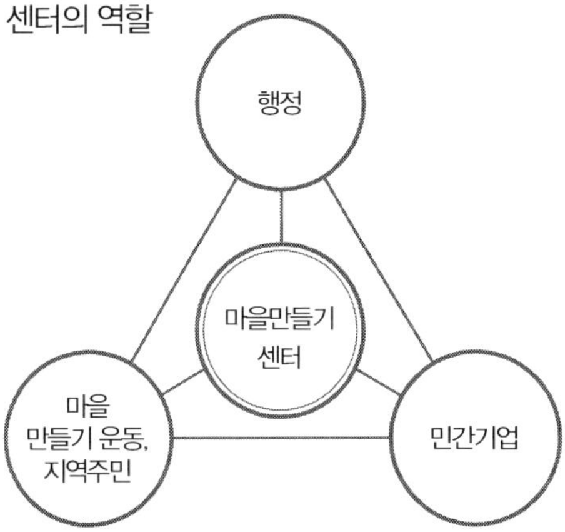

나라 마을만들기 센터 주최 주요 사업

1984년	마을만들기 강좌 개최
1987년	나라 · 미래창조회의 설립
1988년	야마토 100년 프로젝트 개시
1990년	[나라촌 살롱] 재개
1991년	[마을만들기 숙] 개최
	나라 · 역사회랑 릴레이 이벤트 개최
1992년	제1회 [아시아 서태평양 도시보전 네트워크] 회의 참석
1993년	나라촌 이야기관 설립운동 개시
	종합연구개발기구에서 [시민공익활동 기반정비에 관한 조사연구] 수탁
	건설성에서 [100년 후 역사도시 - 나라촌 100년 계획] 프로젝트 수탁
1995년	나라촌 이야기관 오픈
	마을만들기 풀뿌리 국제 심포지엄 IN NARA 개최
1996년	[코우게이 야신] 개최

싱크탱크 기능도 갖춘 NPO활동

주요 사업은 크게 3가지로 나눌 수 있습니다. 첫 번째는 이벤트나 연구회의 회원주체 활동입니다. 다양한 강좌와 세미나, 워크숍 등을 열어 리더를 양성하거나 여러 사람들이 모여 마을만들기에 대해 생각하고 의견을 나눕니다. 두 번째는 센터와 시민과의 연결을 위한 활동입니다. 정기간행물이나 기록 · 책자만들기부터 마을만들기에 흥미를 가진 시민들이 자유롭게 모일 수 있는 살롱 「나라촌 이야기관」의 설립까지 다양한 커뮤니케이션 수법으로 진행하고 있습니다.

마지막으로 나라 마을만들기 센터의 최대 특징이라고도 할 수 있는 「조사연구」활동이 있습니다. 이는 활동 당초부터 센터가 싱크탱

◆ 나라 마을만들기센터 자금원과 추이

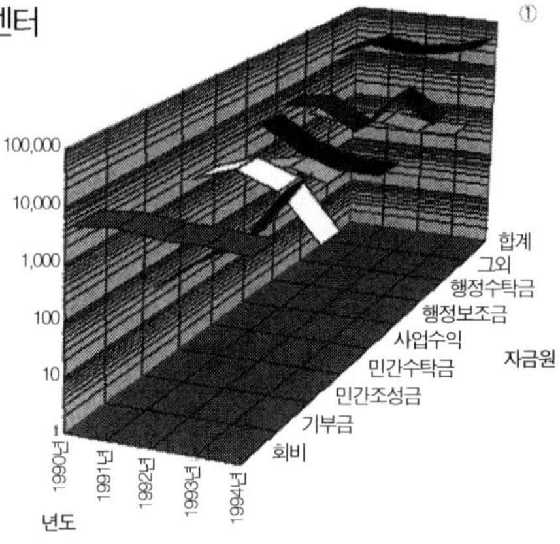

항목 \ 년	1990년 만원	1991년 만원	1992년 만원	1993년 만원	1994년 만원
회 비	3,917	4,744	3,800	3,853	3,150
기 부 금	0	150	544	1,581	19,066
민간조성금	0	5,570	10,566	5,424	663
민간수탁금	0	0	0	0	0
사 업 수 익	3,700	11,713	4,114	2,275	2,315
행정보조금	500	700	400	0	16,400
행정수탁금	5,000	5,528	2,080	13,529	4,678
그 외	1,538	1,198	1,439	1,166	1,214
합 계	14,655	29,603	22,943	27,868	47,486

크로서의 기능을 가지는 것을 목표로 한 것입니다. 이러한 기능을 가지는 것은 행정과 대등한 입장을 유지할 수 있는 무기를 소유하는 것입니다. 이와 같은 활동을 통해서 나라 마을만들기 센터는 행정과 주민과의 틈을 메우는 중간자적인 역할을 하고 있습니다.

나라 마을만들기 센터의 자금원은?

센터의 자금원은 주로 회비, 기부금, 민간조성금, 사업수입, 행정보조금, 행정위탁금 등으로 구성되어 있습니다. 단 행정에서의 보조금에 관해서는 행정으로부터 자주성을 확보하기 위해 사업보조는 경우에 따라서 받아도, 운영보조는 원칙적으로 받지 않는 방침입니다. 회원 수는 1996년 시점에서 162명, 18단체이지만 실제 사정은 역시 어려운 듯합니다. 1995년도의 일반관리비 1억 400만원 중, 스탭 2명의 인건비 3700만원 정도밖에 확보할 수 없었습니다. 또한 그 외 주요 지출에 대해서는,

- 회보 · 출판물 발행 … 약 560만원
- 조사 · 연구사업 … 약 2억 5000만원
- 풍경 · 경관 지키기 운동 … 약 410만원
- 「나라 이야기관」 설립사업 … 약 1억 1000만원입니다.

센터에서는 향후 2~3년에 걸쳐서 새로운 자금원을 개척하고 행정위탁금, 사업수입, 민간위탁금에 의한 자력자금을 늘리고 싶다고 생각하고 있습니다.

나라 마을이야기관 완성

이전부터 나왔던 나라 마을만들기 센터의 활동거점 겸 시민의 집합장소로 1995년 4월에 「나라 마을이야기관」이 완성되었습니다. 빈집이었던 100년 정도 전의 가옥을 빌려서 소유자의 양해를

얻어 센터의 부담으로 전면적으로 개수하고 활동하게 되었습니다. 입구가 좁고 안길이가 깊으며 연자창과 칠흙벽, 기와지붕을 얹은 전형적인 목조 2층 건물입니다. 개수 시에는 현지 아이들을 모아 흙벽을 만드는 활동을 하기도 했습니다. 개수비용 4억원은 건설성 지역목조주택 공급촉진사업의 적용에 의해 정부와 시에서 1억 4000만원의 보조금을 받고 개인으로부터의 기부 4000만원, 찬조

◆ 나라 마을이야기관 평면도와 단면도 ②

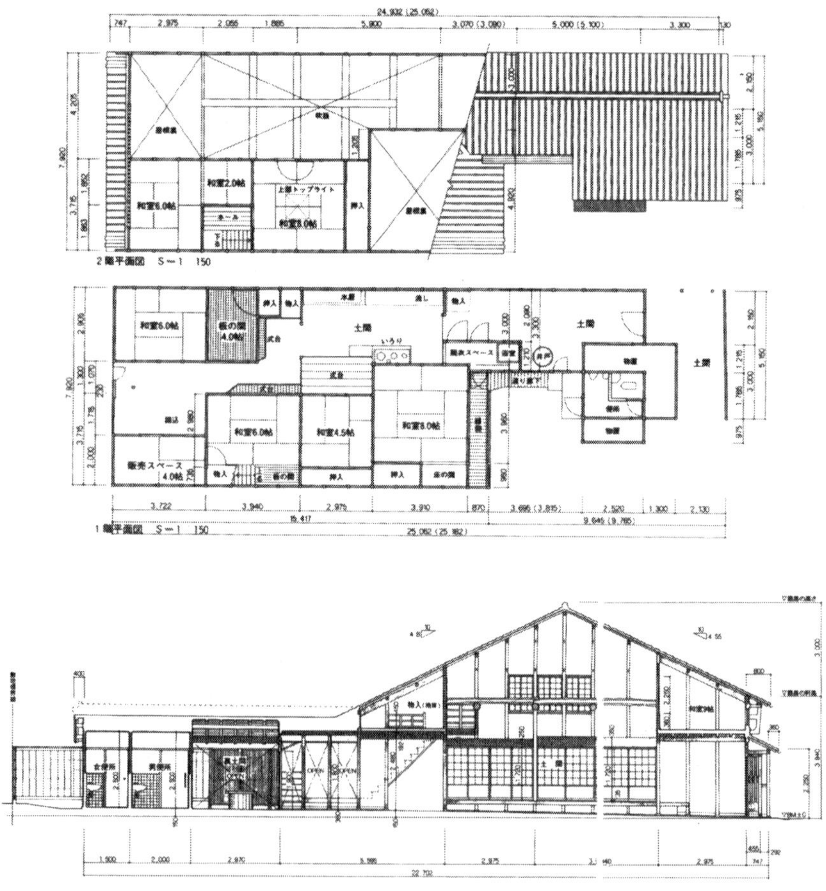

회원인 현지 기업에서 2억 2000만원을 모았습니다. 2층은 사무실, 1층은 연수나 교류를 위한 장소로 이용하고 있습니다. 또한 나무의 생활문화를 전하면서 전통적인 가옥의 개수사례로 「나라 마을이야기관」을 지역주민에게 선보이고, 개수나 개조의 기술적인 어드바이스 등 상담창구로도 활용하고 있습니다.

나라 마을만들기 센터, 미래에의 과제와 도전

센터의 중요한 역할 중 하나로 마을의 보존·재생이 있습니다. 행정측에서도 마을보존을 위해 건축을 허가제로 하는 「도시경관 형성지역」으로 나라마을을 지정했습니다. 그러나 현지 나라 마을에서는 전통적인 가옥의 재생에 대한 시민의 관심은 그 정도로 높다고 할 수 없고 오히려 개인소유의 건물을 자유로이 개수·리모델링할 수 없다는 것에 대한 반발이 있었습니다. 전통적인 마을을 보존하기 위해서는 살고 있는 사람 사이에 「남기고 싶다」고 하는 의식이 필요합니다. 마을만들기 센터에서는 이제부터 이야기관을 통하여 마을의 좋은 점을 어필하고 동시에 마을과 가옥이 자연스럽게 보존되어 가는 시스템을 만들기 위해 물적인 면에서 비용이 싼 재료공급 루트를 만들고, 주민과 전지재점과의 네트워크 만들기에 노력하고 싶다고 생각하고 있습니다.

또한 재정이나 운영면에서는 벌리기만 하는 활동의 재정비도 포함하여 생각이나 뜻, 사명과 자금의 흐름이 잘 순환하는 조직·사업형태를 만들기 위한 구조조정에 도전하고 있습니다.

◆ 나라역 주변지도 ④

나라
마을이야기관③

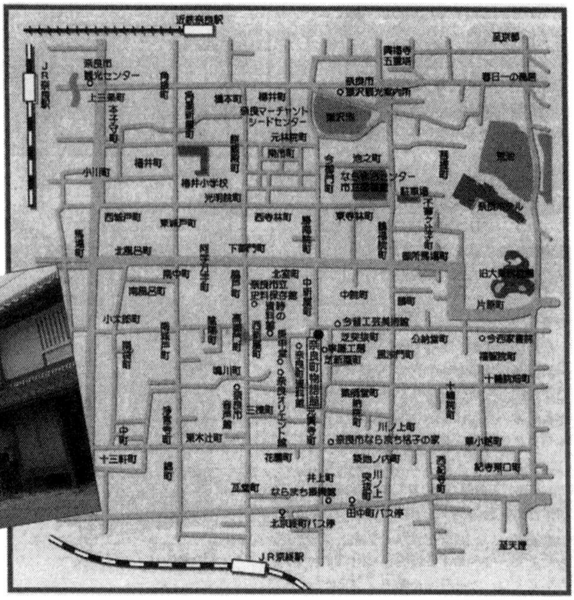

(출처 : ①~④ 조경 NO.3)

[참고]

1. 기록 2탄, 걷기 시작한 나라 마을이야기관 개요/사단법인 나라 마을만들기 센터
2. 조형 No.3/건축자료연구회
3. 닛케이 아키텍쳐 (1995년 11월 6일호)
4. 제13기 (1996년도) 통상총회 자료/사단법인 나라 마을만들기 센터

3-3 유한회사 마노코

주민 마을만들기 활동의 축적을 도와주는 NPO적 유한회사

유한회사 「마노코」는 1995년 11월 1일에 설립됐습니다.

한신 · 아와지 대지진은 이제까지 마을만들기를 진행해온 마노지구에도 거대한 피해를 입혔습니다. 그러나 마노지구는 지진 후 2차 재해방지나 피해자 구조, 복구, 부흥 마을만들기에 그 지역력(地域力)을 유감없이 발휘하여 지속되고 있습니다. 「마노코」는 재해 후의 경험을 발판으로 마노(眞野)지구의 부흥 마을만들기를 전망하고 장래를 대비하는 의미를 갖고 설치했습니다.

설립 경위

1995년 8월 마노지구 내 피난처(주로 초등학교)는 고베시의 방침을 따른 형태로 해제했습니다. 재해 후, 지구 활동의 중추를 담당해온 재해대책본부에서는 해제와 함께, 해산인가 지속인가의 선택을 논의하여 결과적으로 그 역할을 계승하는 조직 「마노지구 부흥 · 마을만들기 사무소」가 생겼습니다.

재해대책본부 사무국은 마을모임의 제안 처리, 피난소 운영 · 관리, 봉사활동, 구조물자 배급, 건물구조대의 파견 등 피해자 지원 활동, 주간뉴스 「마노코 힘내!!」를 발행, 복구 · 부흥을 향한 각종 조사 등을 중점적으로 실시했습니다. 재해 전에도 마을만들기 회관이나 마을만들기 사무소가 있었으나 주민의 호응을 얻을 정도는 아니었다고 합니다. 자연스럽게 피해대책본부 사무국에 24시간 체제가 생겨나서 전화나 복사기 · 인쇄기 등을 자유롭게 사용할 수 있는 환경으로 주민이 빈번하게 출입하고 그것을 봉사자가 서포트

하는, 이른바 마을만들기의 이상적인 사무국의 모습이 거기에 출현했습니다.

마노지구는 또한 마을만들기뿐 아니라 각종 단체에 의한 활동도 활발해서 지역을 망라하는 이벤트도 많이 시행하고 있습니다. 한편, 이를 지역주민의 봉사나 열의만으로 지탱하는 데에는 한계가 있습니다. 지속적으로 지역활동을 전개하기 위해서는 전문종사자가 있는 강력한 사무국 체제를 확립하는 것이 마노지구에 던져진 기본적인 과제였습니다. 10년 전부터 NPO에 대해서도 적극적으로 학습해온 듯합니다. 임의단체인 「마을만들기 추진회」에서는 주차장경영을 실시하는 등 실험적인 노력을 해왔습니다.

재해 시 혼란 속에서 재해대책본부를 초등학교에 두어 공간, 설비기구를 거의 제한 없이 활용해왔으므로 그 만큼 경제적 부담에서 해방되었다고 할 수 있습니다. 재해대책본부가 학교에서 벗어나도 존속할 수 있는지는 주민의 경제적 부담능력의 문제였습니다. 한편, 피해 직후 주민은 모두 같은 마음을 공유하는 피해자였지만 시간이 경과함에 따라 주민들 사이에서도 다양한 의견차이가

◆ 마노지구 재해대책본부 해소 후 체제

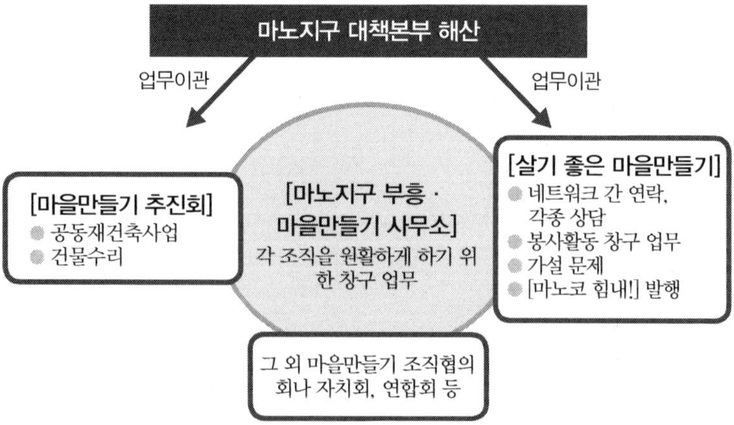

발생하고 재해대책본부에 대한 주민의 기대도 나뉘게 됐습니다. 그리하여 대책본부를 해산하고 재해복구를 향한 「마을만들기 추진회」와 「마을만들기 협의회」가 역할을 분담하고 부흥 · 마을만들기 사무소가 그 사무처리를 맡으면서 재해대책본부의 기능을 계승하게 되었습니다. 부흥 · 마을만들기사무소 운영경비는 마노 지원기금으로 충당하여 출발했으나 한계가 있어 운영기금을 재생산하는 기관의 창출이 요구되었습니다. 유한회사 「마노코」는 이와 같은 배경에서 이런저런 우여곡절을 겪으면서 설립되었다고 합니다.

그때까지 마노지구에서의 부흥지원활동

마노지구는 이전부터 현지 고베 마을만들기 플래너인 미야니시 유지씨와 히로하라 모리아키 교토부립대(京者附立大) 학장 등의 전문가도 모셔 주민주체의 마을만들기 활동을 진행해 온 지구였습니다. 「주민 마을만들기 최첨단 마을」이라고 알려져 관동(關東)지역의 컨설턴트나 도시계획과 마을만들기를 배우는 학생들도 빈번하게 출입해온 장소입니다. 마노에는 이러한 다양한 능력을 가진 사람들이 서로 협력하면서 긴 시간에 걸쳐 쌓아온 마을만들기 실적이 있습니다. 재해 직후부터 마노지구를 향한 다방면의 지원이 있었는데 1억 5000만원을 넘는 구호의원금이 모인 것을 보아도, 그 적극적인 활동의 축적과 폭넓은 네트워크를 엿볼 수 있습니다.

마을만들기회사 설립의 어려움

「마노코」가 유한회사라는 법인격을 선택하기까지는 다양한 이유와 움직임이 있었다고 합니다. 우선 재단법인 · 사단법인은 상당한 기금이 필요하고 수속도 매우 복잡하여 시간이 걸립니다. 재해 후 마노지구에 그런 기반이나 시간이 있을 리 없었고, 이런 종류의 법인격은 그 시점에서 포기해야 했습니다. 고베시와 제 3섹터 방식으로 진행할 수 있지 않을까 하는 제안도 있었으나 주민 역량에 대한 평가도 냉랭하였고, 협상 테이블조차 설정되지 못하여 문전박대 받았다고 합니다. 그 점에서 생협조직은 비교적 만들기 쉽다고는 하나 실제로 조합원 출자나 니즈에 맞춘 재정 · 서비스가 바로 제공될 수는 있을지? 또한 「마을만들기 생협」이 제공하는 재정과 서비스는 어느 정도일지? 게다가 이미지에 관한 문제도 있어서 실천은 곤란했습니다. 이러한 사정을 감안한 후에 미야니시씨, 추진회 대표, 히로하라 학장 등에 의해서 검토가 이루어졌습니다. "주민에게 책임을 끼치지 않는 유한회사 형태의 마을만들기 회사"가 제안되어 마노지원기금의 대표자와의 협의 결과, 출자금으로서의 사용이 승인되어 회사가 설립되었습니다. 이렇게 해서 장래적으로는 「마을만들기 NPO」를 목표로 하면서 출자자에게 무한책임을 묻지 않는 유한회사이고, 실질적 비영리조직으로 「마노코」를 세워 운영하기에 이른 것입니다.

설립, 그 후

유한회사의 설립 후에도 다양한 과제가 표면화되었습니다. 고베시 당국은 「유한회사 형태의 마을만들기 조직」에 현재도 의문을 품고 있어 「마을만들기 회사」를 긍정적으로 평가하고 있지는 않습니다. 또한, 「부흥 · 마을만들기 사무소」활동을 지원하고 있는 봉사자 중에서도 유한회사 형식에 의문을 던지는 목소리도 있습니다. 마을만들기 활동에 있어서 행정의 이해와 연대는 필수불가결한데 「마노코」의 존재가 시와 불협화음의 원인이 되지 않을까 우려하고 있습니다.

그러나 재해부흥활동의 새로운 국면을 맞이한 지금 효고구, 마쓰모토지구에서도 마을만들기 조직, 지원조직을 NPO화하려는 움직임이 나오기 시작하여 시의 태도도 계속 바뀌어가고 있습니다.

「마노코」가 고베시의 이해와 지원을 얻을 경우 심기일전하여 조직을 재편하고 새로운 「마을만들기 회사」로 재출발하는 것도 있을 수 있으나, 어떤 형태이던 앞으로도 「마노코」와 같은 활동이 계속되어가는 것은 틀림없을 것입니다.

자금과 운영형태, 그리고 구체적인 활동

「마노코」는 마노 지원기금의 일부 4500만원과 키시노 대표의 출자금 500만원을 포함한 총 5000만원의 자본금으로 출발했습니다. 현재는 「부흥 · 마을만들기 사무소」를 경제적으로 지원하는 형태가 되었습니다. 유한회사라고 해도 사원은 임원 2명뿐이고 또한 전문직 사무원이 없으므로 마을만들기 추진회 미야니시씨나 주민, 마을만들기 사무소 스탭과 봉사자 중에서 돌아가며 사무작업을 대신하고 있습니다(마을만들기 사무소 활동을 지원하고 있는 봉사스탭에게는 교통비 외 약간의 경비가 지급되고 있습니다). 작년 한 해 실질적으로는 페이퍼 컴퍼니에 근접한 상태였으나 재해 2주년을 기념한 「마노코 힘내!!」 발행을 계기로 회사의 실질적인 수익사업으로 구성하여 활동을 개시했습니다. 언젠가는 개호보험 등의 전개를 하면서 시민공익적인 사업에도 힘쓰고 싶다는 것입니다. 사업수익을 현지에 환원하면서 앞으로는 주민에게서 출자도 받아 재원을 더 안정시키고 싶다고 생각하고 있습니다.

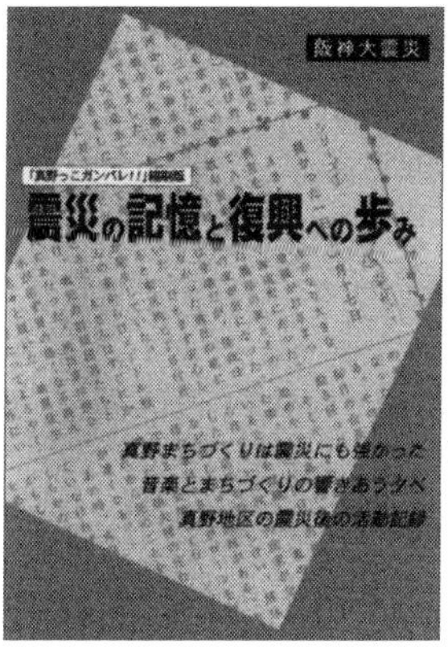

「마노코 힘내!!」

[참고]

1. 재해의 기억과 부흥으로의 발걸음 「마노코 힘내!!」 유한회사 마노코
2. 오사카 요미우리 신문(1996년 3월 23일 석간)

역사적 건축 보전에 의한 도심의 재생
사바나

칼럼
해외사례

조지아주 사바나시는 1733년에 미국에서는 제13번째 영국 식민지로 제임스 오굴토프 장군에 의해 개발된 도시입니다. 여러 광장(스퀘어) 주변에 주택이 둘러싼 아름다운 마을은 당시 런던 플랜을 염두에 두고 설계되었다고 합니다.

「금세기 초두, 이 훌륭한 마을이 무시되고 방치된다는 것은 믿기 어려운 일이다」라고 말한 사람은 레오폴드 아들러 2세였습니다. 그가 사바나시를 오늘의 형태로 이끌고 재생을 위해 최선을 다한 것을 알지 못하는 사람은 없습니다.

사바나시는 1920년대부터 50년대에 걸쳐서 경제 침체와 더불어 인구 교외유출 등에 의해 시의 중심부가 황폐해졌습니다. 뛰어난 건물의 파괴, 방치, 과밀로 질이 나쁜 아파트에의 변환이 줄을 섰습니다. 오늘날 박물관으로 보존되어 전형적인 페데럴 양식으로 이름 높은 데이븐 포트 하우스(1815년부터 20년에 걸쳐서 건축)도, 1955년에는 철거를 기다리기만 했습니다. 이 사태에 대해서 7명의 현지 부인이 보존운동에 나서 「사바나 역사재단(HSF)」을 만든 것입니다.

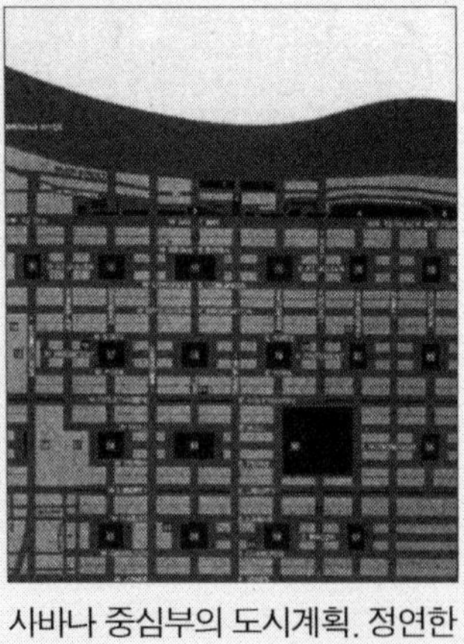

사바나 중심부의 도시계획. 정연한 격자형태의 길의 교차점에 녹지 광장이 설계되어 있다.

이 보존운동은 미국에서 50년대에 일어난 최초 보존운동의 하나입니다.

1950년대 후반, 당시 HSF회장이었던 친구에게 권유받은 아들러씨는 HSF에 참여하게 됩니다. 투자은행가였던 아들러씨는 그 전문지식을 살려 보존을 위해 다양한 자금운영방법을 도입했는데, 그 하나가 오늘날 미국 보존운동에서 일반적인 방법인 회전자금방식입니다.

보존운동의 계기가 되어, 수복 · 재생되어진 데이븐 포트 관저

20만 달러를 기금으로 부서질 위기에 놓인 가치 있는 건물을 구입하여 보존 의사가 있는 사람에게 재판매를 했던 것입니다. 이 방식으로 자산의 매매가 계속되는 한 기금은 항상 보충되고, 다소의 손실도 보정할 수 있었습니다. 「우리들은 이 회전자금방식을 무기로 자산소유자를 설득하였습니다. 가치 있는 건물을 그렇게 간단하게 버리는 것이 아니다, 라고 말이지요. 귀찮은 수속도 모두 떠안았습니다. 마치 끈질긴 개발업자가 되는 것 같았습니다」라고 아들러씨는 회상합니다.

아들러씨를 시작으로 시민의 노력에 의해 소생한 18세기 미국 남부도시의 마을은 약 3.5㎢, 약 1200ha에 이르며, 중심시가지 전체가 국가에 의한 랜드마크 지역이 될 정도로 넓어졌습니다. 이 지정 지역에서는 건축학적으로도 역사적으로도 가치가 있는 1100개의 건축물이 인증받아 보존 · 활용되고 있습니다.

II-4 지역문화를 지키고 육성하기 위해서

4-1 미하루마을 주택연구회

4-2 아리타지역 주택연구회 (HOPE 연구회)

4-1 미하루마을 주택연구회

사업협동조합 설립에 의한 새로운 전개

미하루마을 주택연구회는 1983년 HOPE계획 책정을 계기로 결성되어 현지 건축사나 목수 등의 건축관계자를 중심으로 면사무소와 외부의 연구자가 참가하여 연구회 활동이 이루어져 왔습니다. 1996년 가을 출자금을 모아 사업협동조합이 결성되고, 행정에서의 사업위탁을 연구회에 받게 되는 것 외에, 융자를 받아 모델하우스를 건설하고 회원에게 설계를 맡기는 계획도 있어 새로운 활동이 전개되고 있습니다.

HOPE에서 시작한 연구회 활동

미하루마을은 후쿠시마현에 있는 작은 옛 성곽마을입니다. 이전부터 미하루 사람들은 녹색으로 둘러싸인 작은 마을이라는 이미지를 중요하게 여기며 간직하기 위해 계곡사이 마을을 둘러싼 뒷산의 경관을 지키려고 했습니다.

◆ 사업협동조합, 미하루마을 주택연구회 발자취

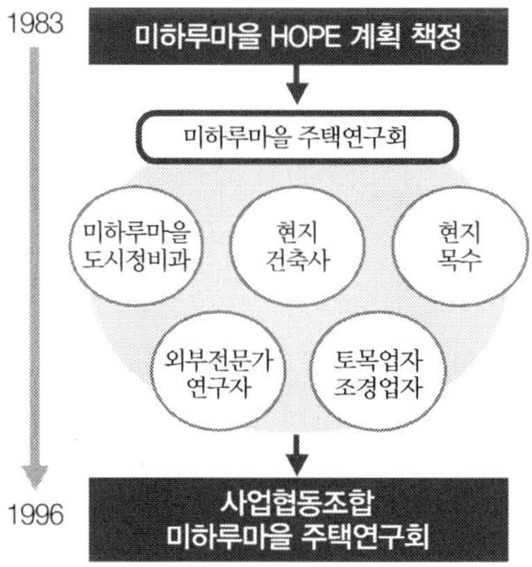

1983년부터 시작한 HOPE계획 책정 시 미하루마을 도시정비과와 미하루마을 주택연구회가 중심이 되어 미하루 주거 만들기에 노력했습니다. 미하루마을 주택연구회는 HOPE계획을 계기로 마을의 요구에 의하여 마을 내 목수, 공무점, 설계사무소, 토목업자 등 건설관계자가 모여 결성된 것입니다.

미하루마을은 전통적으로 솜씨를 자랑하는 장인마을이었습니다. 그러나 개별적으로 행동해 간다면 좋은 마을을 만들 수 없다는 인식이 HOPE계획과 더불어 움트게 되어 힘을 모아 살기 좋은 마을만들기를 하게 되었습니다.

건축상에 응모, 심사로 마을 전체 레벨 업

미하루마을 건축상은 HOPE계획 책정이전인 1982년부터 실시되었습니다. 미하루마을과 조화로운 건축물, 뛰어난 마을 경관에 대해서 건축주, 설계자, 시공사 3자를 표창하는 것입니다. 이 상의 특

◆ 미하루마을 주택연구회에 위탁한 사업

미하루마을 건물조사	1983년
미하루댐 민가이전조사	1985년
[미하루 주거매뉴얼] 작성	1985년
미하루마을 점포공용주택군 정비계획제안서	1986년
공영주택 [가쓰기바시 단지] 기본설계	1986년
하치시마다이 코포러티브 주택지구 가구설계	1987년
하치시마다이 코포러티브 주택모델설계	1987년
미하루마을 코포러티브 주택건설조사	1988년
신마을동부 코포러티브 주택지구 가구설계	1988년
마을정비촉진사업 [야마토지구] 기초조사	1989년
미하루마을 마을정비촉진사업 정비방침책정	1989년
미하루마을 후카다와 주택단지 건축협정작성	1991년
미하루마을 후카다와 주택단지 녹화협정작성	1991년
미하루마을 주택건설 비용저감대책 지침책정업무	1995년
미하루마을 주택건설 비용저감실천 업무위탁	1996년

징은 누구나 응모할 수 있는 것이고, 아마추어 현지인들이 심사를 하는 것입니다. 심사위원 자신이 심사를 받게 되는 경우도 있습니다. 설계, 시행에 관계된 사람들만이 아니라 현지인 모두가 좋은 건축이란 무엇인가에 대해서 공부하는 기회가 되고 미하루 전체의 건축을 레벨 업으로 계기가 되었습니다. 이 활동은 마을만들기나 경관정비로 연계되어 주민참가에 의한 마을만들기의 기본이 되고, 미하루 주택연구회의 밑바탕이 되었습니다.

미하루마을 주택연구회 발족에서 1년간은 매월 테마를 정하여 월례회를 열게 되었습니다. 그 결과「마을만들기를 행정에 맡기기만 하지 않고 어떻게 하면 이 조직이 자립하여 [마을만들기]를 민간이라는 입장에서 실시할 수 있는가」를 목표로 활동을 시작했습니다.

코포러티브 주택의 설계 · 시공

미하루마을 주택연구회에서는 연구활동의 일환으로 코포러티브 주택을 2개소 건축했습니다. 그 중의 하나인「사쿠라가오카 코포러티브 하우스」는 국도(國道) 바이패스 공사를 위해 구획정리사업을 실시한 곳의 보류지에 있습니다. 부지는 북향 경사지로 그다지 조건이 좋지 않습니다. 미하루마을 주택연구회는 이를 단순히 외관상 좋게 하는 것만이 아니라 입주자가 직접 주택지 계획단계에서 주체성을 가지고 참가하는 방식을 생각했습니다. 참가과정에서 서로 이해하다보면 커뮤니티 만들기가 가능하게 된다는 점도 중요합니다. 연구회는 보류지(保留地)를 이용한 택지분양계획에 코포러티브 주택을 제안한 것입니다.

여기서 연구회가 생각한 것은 어떻게 입주자에게 주거만들기에 빠른 단계에 참가시킬 것인가 입니다. 조성단계부터 공동설명회를 실시하거나 참가자들의 교류를 도모하기 위해서 떡만들기 대회를 실시했습니다. 1988년에 계획이 시작되어서 1989년에 8구획이 분양되어 순차적으로 완성시켜 나갔습니다. 이 주택지는 지금 단지 내에서도 가장 환경이 좋고 커뮤니티의 결속도 강하여 단지전체를 리드하고 있다고 합니다.

주택연구회는 분양 시 조건으로 설계시공은 회원이 직접 실시한다는 항목을 덧붙였습니다.

코포러티브 주택이나 마을 경관 등을 연구하여온 회원이 주택계획에 관한 지식을 제공하고 설계상 유의점 등에 대해서 정리하여

◆ 코포러티브 하우스 사쿠라가오카 건설관계자 상호관계

기획 · 코디네이터 : 미하루마을 주택연구회
설계자 : 미하루마을 주택연구회
사용조직 : 코포러티브 하우스 사쿠라가오카 건설관리조합

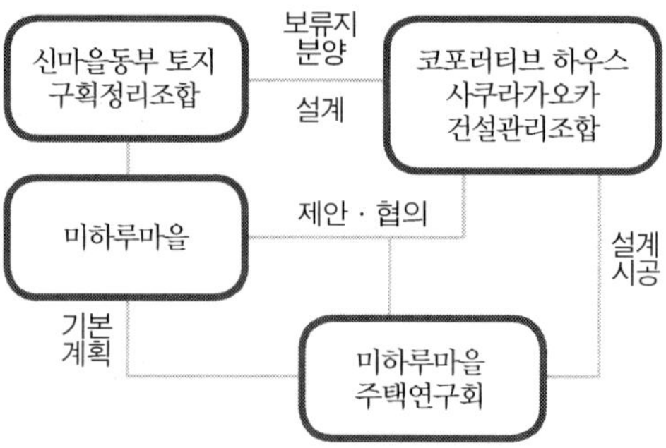

◆ 미하루마을 주택연구회 1995

수입 합계 11,083,460원

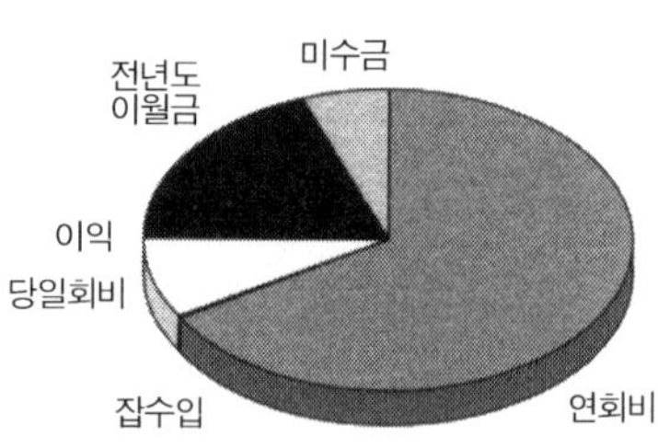

지출 합계 10,888,450원

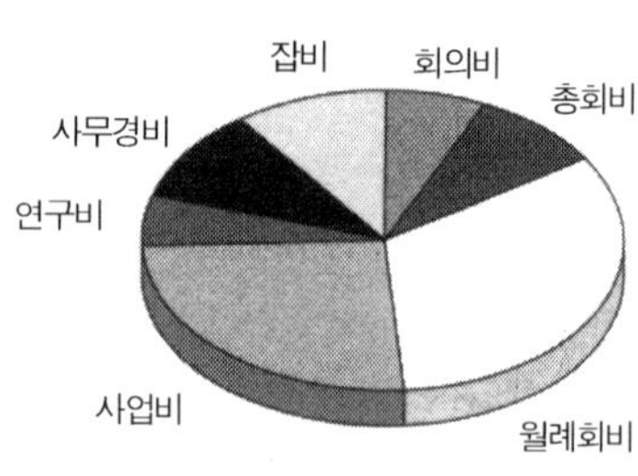

제시하는 것에 의해 거주자 자신이 주체적으로 관여할 수 있게 했습니다. 그 결과 주택지로서의 좋은 자료도 생기게 되었습니다. 또한 주택연구회 정보 네트워크 정비, 지역에서 활동하는 설계자와 시공자의 연대 등에 의해 질이 높은 목조주택을 적절한 가격으로 건설할 수 있는 체제도 정비됐습니다.

연구회 활동에서 회원이 얻은 것

이 활동에 행정으로 관여해 온 미하루마루 요시다씨는 주택연구회 멤버가 일련의 활동에서 얻은 것은 「단순히 직업으로서의 건축의 틀을 넘어 주거만들기를 어떻게 해 가는지를 몸소 실천하고, 그 방법을 스스로 체득해 온 것」이라고 했습니다. 또한 「단지 부지단위에서만 계획을 생각하는 것이 아니라, 인근지역이나 마을 전체를 생각하면서 계획한다는 당연한 것이면서도 좀처럼 실행하기 어려운 것이 몸에 익숙해지게 되었다」고 이야기하고 있습니다.

◆ 사업협동조합 자금계획

수입	출자금	50,000,000
	사입급	3,000,000,000
지출	모델주택 건설비	160,000,000
	조합사무소 건설비	98,000,000
	비품 등	5,000,000
	가불 땅값 2년치	10,800,000
	사업비	76,200,000
지출 합계(원)		350,000,000

◆ 사업협동조합 설립취지서

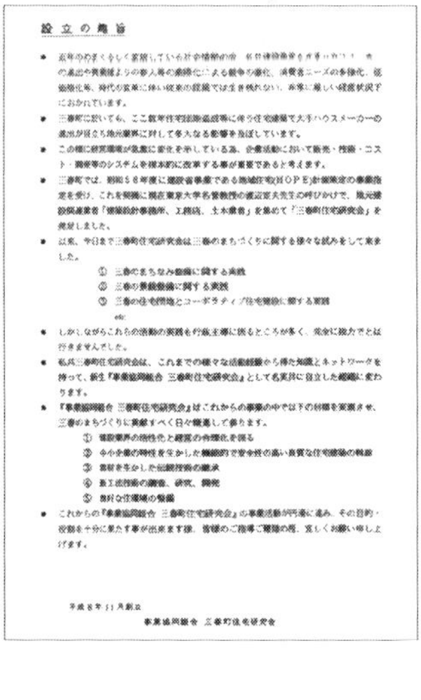

독립된 활동을 전개하기 위해 사업협동조합 설립

연구회는 15년간, 미하루마을에서 위탁받아 다양한 사업을 실시해왔습니다. 그러나 연구회는 임의단체이므로 직접 사업위탁을 받을 수 없습니다. 따라서 사업마다 연구회 멤버가 담당하고, 그것을 연구회의 주요 멤버가 의논하거나 도움을 주는 형태로 실시해왔습니다.

그러나 연구회가 보다 주체적으로 자립된 활동을 전개하기 위해서는 법인자격을 받고 연구회가 직접위탁사업을 수탁할 수 있도록 하는 것이 필요합니다. 그리하여 행정의 도움에 의존하기만 했던 활동을 독립적으로 하기 위해 1996년 11월 「사업협동조합」을 설립하게 되었습니다.

사업협동조합의 활동계획

사업협동조합 초년도인 1996년도 사업계획서에는 협동조합 특유의 활동계획이 기재되어 있습니다.

마을만들기 컨설턴트 사무 공동수탁으로 96년도에는 「주택비용저감 책정보고서」를 작성하는 것이 예정되어 있습니다. 또한, 「조합원의 사업을 위한 조사 · 연구 · 개발」로 공법, 기능, 자재 등의 조사연구를 실시하고 미하루마을에 맞는 주택의 자체연구를 실시할 수 있게 되었고 연구회의의 진행도 예정되어 있습니다.

그 외에 조합원의 본업과 밀접한 관계를 가진 사업으로 주택상담회 개최와 함께 고객의 요청이 있다면 조합원들 중에 설계 및 시행사를 소개하거나 조합원이 필요로 하는 자재를 공동구매하는 활동도 있습니다. 협동조합으로 이들 활동에서 수수료 수입을 얻는다는 항목도 있어 사업협동조합의 수입안정화를 도모하고 있습니다.

또한 사업협동조합의 사업으로 「공동전시장 설치 및 운영관리」라는 항목이 있습니다. 이는 조합에서 연구개발한 모델주택을 건설하여 전시장 겸 주택상담회의 장소로 이용하는 한편 조합사무소로, 또한 조합원의 사무소로 이용한다는 것입니다.

사업협동조합이 된 연구회의 향후 활동으로 「각 업종이 일체가 되어 지역만들기에 적극적으로 참여한다」는 내용이 있습니다. 단순한 참여가 아니라 각 회원의 본업을 통한 「참여」를 전면으로 내세우고 있는 것이 미하루마을 주택연구회의 특색이라고 할 수 있겠지요.

◆ 사업협동조합 활동 이미지

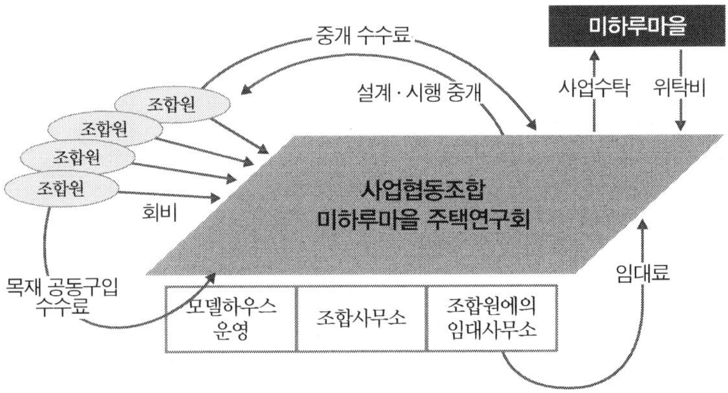

[참고]

1. 이와다 쓰토무(건설성 건축연구소) [조경 No.5] pp54~62, 1996년 10월 1일, 건축자료연구사 발행
2. 요시다 이와오(미하루마을) [미하루 목수의 손에 의한 마을만들기] [십촌십색 ~HOPE계획 10년~] pp58~65, 1994년 3월 21일 (재)베터리빙 발행

4-2 아리타지역 주택연구회 (HOPE 연구회)

아리타다운 주거만들기, 마을만들기를 목표로

아리타 굽기로 유명한 아리타 마을에서는 HOPE계획 책정을 계기로 지역의 건축관계자가 연구회를 만들어, 지역의 문화를 존중한 [아리타다운 주거만들기, 마을만들기]활동을 실시하고 있습니다. 전통적인 민가를 조사하고, 그 특징을 정리한 경관 카탈로그 작성이나 마을의 광보지에 연재를 통하여 마을 사람들의 지지를 받게 되었습니다. 마을보존과 연동한 경관 그리고 거주성을 배려한 주거만들기 활동은 아리타 전체의 건축물 레벨 업으로 이어졌습니다.

아리타마을 마을만들기

아리타마을은 큐슈 사가현에 위치하며, 일본의 도자기 발상지로 세계적으로 유명합니다. 그리고 현재도 아리타마을 전산업 중 6할이 도요촌에 관계되어 있습니다. 아리타마을에는 도자기와 관련된 것을 알 수 있는 옛 거리가 남아있고, 시대에 따라서 변화의 영향을 받으면서도 도자기의 제조 · 판매가 이 마을의 얼굴이 되고 있다는 것을 엿볼 수 있습니다.

아리타마을에서는 1984년도부터 아리타지역 주택계획(통칭 HOPE계획)의 책정을 시작했습니다. HOPE계획을 최대한으로 살리기 위해 지역 설계사무소, 공무점 등과 네트워크를 만들게 되었습니다. 아리타마을과 HOPE계획을 책정한 (주)알세드건축연구소 미쓰이소씨(시바우라공업대학 교수)와 동료들이 아리타마을 내에서 주택건설에 종사하는 설계사무소나 공무점 관계자들에게 호소하여 그룹을 발족했습니다.

아리타 주택계획 체크리스트 작성

그룹은 월 1회 연구회에서 이제까지 건축주와 주거에 어떤 바람을 가지고 있는가, 그에 대해서 자신들이 어떻게 대응해 왔는가하는 실례를 가지고 「아리타마을에 적합한 주거」에 대해서 협의를 했습니다. 그래서 얻어진 포인트를 정리하여 「아리타 주택계획 체크리스트」를 작성했습니다. 멤버는 리스트 작성을 통해서 「한 사람이 하는 것 이상의 역량이 발휘되었다, 연구회의에서의 토론의 결과로 레벨이 높아졌다」고 평가하고 있습니다. 이 리스트는 주민에게도 배포되어 연구회의 활동이 널리 알려지는 계기가 되었습니다.

◆ 아리타지역 주택연구회 활동역사

연도	주요활동
1984	그룹발족 아리타주택계획 체크리스트 작성
1985	연구회 발족 굳리빙쇼에 패널 출연
1986	아리타우치야마지구 마을보존 조사보고회 개최 아리타지역 적합형 주택사양 작성
1987	지역만들기 세미나 개최 아리타 우체국 재축계획 검토
1988	[광보 아리타] 집만들기 기사기고
1989~91	심포지엄 [우리집 · 우리마을 · 우리도자기] 개최 민가재생 공사감리, 시공체험
1990	주택상담창구 개설
1991~92	민가재생세미나 개최 아리타우치야마지구 보존가옥 청취조사
1992~93	아리타우치야마지구 마을경관 카탈로그 외부편 작성
1992~93	아리타우치야마지구 마을경관 카탈로그 내부편 작성

주거만들기 · 마을만들기를 생각한 아리타지역 연구회 발족

이렇게 모인 전문가들의 연구회에서 아리타지역 주택연구회가 발족되고 아리타마을 대부분의 설계사무소 · 공무점, 도자기점 2개사, 마을행정측 5명이 참가하게 되었습니다. 도자기점의 참가자는 자칫하면 생산자측에 치우칠 수 있는 토론에서 소비자측 관점에서의 주의를 환기시키는 중요한 역할을 했습니다. 또한 마을행정측 참가자는 연구회와 마을행정과의 파이프역할로 행정과 연결되도록 하는 자연적인 의사소통 역할을 하고 있다고 말하고 있습니다.

회원제 활동에 의한 마을행정과의 파트너십

아리타지역 주택연구회는 마을행정측도 포함한 16개 회사 · 단체로 이루어진 34명의 회원에 의해 구성되었습니다. 또한 활동은 근무시간 외에 실시하고 있고 바쁜 일을 피해 하고 있습니다.

연구회의 운영은 원칙적으로 회비에 의해 운영되고 있습니다. 회비에 의한 운영은 「주체적 활동의 증거이고 연구회로서의 주체성을 지탱하는 뿌리부분」이라고 말하고 있습니다. 한편, 아리타지역 주택연구회의 사무국은 면사무소 건축과에 있고, 정례회 회의장은 마을의 시설을 빌려 사용하고 있습니다. 연구회의 성과는 마을 광보지에 게재하도록 의뢰했습니다. 연구회의 성과를 공개하는 것에 의하여 건축 관계자와 마을사람의 교류를 도모하는 것을 목적으로 하는 것입니다. 연구회에서는 매년 하나의 테마를 기본으로 활동을 계속하고, 반드시 그 활동을 어떤 형태로든 남기게 해 왔습니다.

이러한 연구회의 활동자세는 행정측에도 잘 이해되어 대등한 파트너십 관계를 구축하고 있습니다. 따라서 연구회에서 행정측에 대해 활동에 대한 보조금 같은 것을 요구하는 것도 없었고, 행정측에서도 연구회에 활동방향을 강제하는 일도 없었습니다.

그러나 연구회 중에서 검토·발의된 사업 중 행정측에서도 그 의의나 효과가 충분히 있다고 판단하는 것에 대해서는 연구회와의 상담을 거쳐 마을 사업으로 예산화하는 경우도 있었습니다.

예를 들면 1990년 2월에 아리타마을과 아리타지역 주택연구회가 공동주최한 심포지엄은 연구회로서도 작업면의 역할분담뿐 아니라 회비에서 지출도 하고 있으나 HOPE추진사업 (HOPE계획에 근거한 사업으로 국가·현에서 보조금이 교부됨)으로 실시하게 되어 대규모로 개최했습니다.

굳리빙쇼 패널

마을 경관을 고려한 아리타우체국

HOPE연구회의 풍경

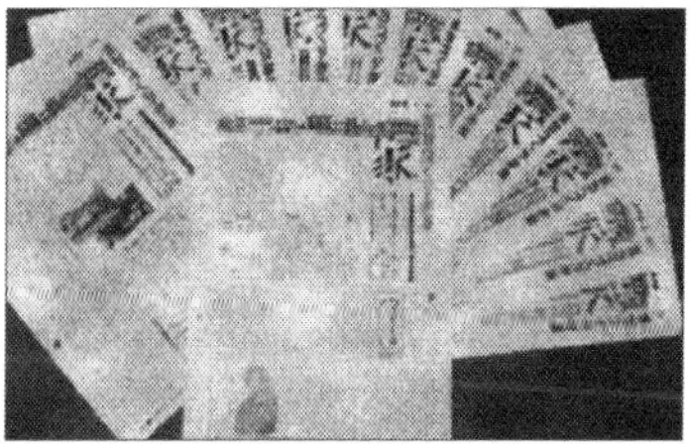

광보 아리타 [마을만들기]에 기고

아리타지역 주택계획 심포지움
[우리집, 우리거리, 우리도자기]

(경관카탈로그) 작성 풍경

출처 : 지역개발 94년 1월호

마을 보존과 연동, 경관과 거주성을 배려한 주거만들기 활동

아리타마을에는 오랫동안 도자기와 깊게 관계 맺어진 거리와 취락이 있습니다. 특히, 우치야마지구는 아리타도자기 창업기부터 작업장과 주거지가 모여서 산지의 중심이 되어 발전해 온 곳입니다. 1978~1980년도에 걸쳐 검토하여 작성된 아리타마을 종합계획 중에서 아리타마을의 문화를 상징하는 우치야마지구 마을보존은 중요하므로, 걸으면서 즐길 수 있는 공간으로 정비해가는 것이 제안되었습니다. 1984년도부터는 문화청의 보조를 받아 우치야마지구 전통적 건조물군 보존조사가 실시되었습니다.

이 흐름을 이어서 아리타지역 주택연구회에서도 1987년에는 우치야마지구에서의 아리타우체국 개축 시에 마을과의 조화방법에 대해서 검토하고, 설계를 하는 큐슈우체국 건축부와도 의견교환을 실시했습니다.

또한, 1987년 2~12월에 걸쳐서 아리타마을이 매월 발행하는 광보지 「아리타」에 「마을만들기 특판」을 돌아가면서 1년간 기고했습니다. 그 중에서 연구회의 마을경관 보존에 대한 자세를 「연구회에서는 문화재 보호차원이 아니고 주택연구의 입장에서 마을경관 보존을 권장하고 있습니다. 그러나 역사가 있는 마을에서는 함께 융합하는 부분이 발생합니다. 즉, '경관' 이라는 부분입니다. 물론, 마을경관의 보존계획도 문화재나 가로의 경관뿐만이 아닙니다. '거주성' 이라는 가장 중요한 과제도 고민하고 있습니다」라고 말하고 있습니다.

또한 동시리즈 중에서 연구회 회원인 후지카와씨는 「우리들이 유후인이나 쓰와노 등에 『무언가를 기대하고 있다』는 것은 일상과 다른 체험을 하려는 생각에서 나온 것이 틀림없다. 반대로 그런 사람들을 맞이할 때 그 체험장이 되는 도자기 점에서는 『와서 좋았다』고 말할 수 있는 가게를 생각하고 싶다」고 언급하고 있습니다.

동 시리즈에서 같은 연구회 회원인 이치마루씨는 「아리타 도자기의 완성도는 마을이 가지는 분위기에도 나타나고 있다. 그리고 작업장이 있는 집을 레이아웃할 때 도자기 작업공정이나 상품의 반출, 상점일과 가사를 동시에 소화하는 주부의 동선을 생각하여 일과 가정의 접점을 집만들기에 살리고 싶다」고 아리타마을만의 특징을 살린 주택설계에 대한 의지를 표명하고 있습니다.

마을 경관 카탈로그 작성

경관과 거주성 양립을 과제로 한 활동으로 1992년에는 문화청 일본예술문화진흥기금의 조성을 받은 아리타의 전통적 건조물군의 경관요소를 조사하는 일이 아리타마을을 통해서 아리타지역 주택연구회에 들어왔습니다. 연구회로서도 아리타마을에 대해서 조사를 실시하고 싶다고 생각하는 부분도 있었기에, 내부에서 받을까 말까에 대한 토론이 있었다고 합니다. 소규모의 사무소에 소속된 회원의 입장에서 위탁에 상응하는 보고서를 만든다는 것이 제법 부담이 되리라는 것, 책임관계가 불명료한 것 등이 문제가 되었습니다. 그러나 아리타마을 가로보존에 기여하는 의미있는 일로 받아들여 연구회에서 하게 되었습니다.

아리타마을 전통적 건조물군 보존지구로 지정되어 있는 지역 내의 촌락 137건에 대해서 34명의 회원이 5~6그룹을 만들어 실측조사를 하여 경관요소를 추출했습니다. 회원들에게 있어서 아리타의 역사를 되돌아보고 분석하는 것은 일상적으로 지나치고 있는 마을에서 새로운 발견을 가능하게 한 것으로 큰 소득이었습니다. 조사과정에서 「매일 오가는 마을거리임에도 불구하고 눈치 채지 못했던 훌륭한 명소와 재료를 발견하고 흥분하여 설명하고 있다」고 알세드건축연구소 '사가지역(佐賀地域)'의 소장인 시미즈씨는 말하

◆ 아리타의 전통적 주거

1913년경

1930년

1930년

1930년경

출처 : 아리타 우치야마 경관 카탈로그

고 있습니다.

조사는「아리타 우치야마 경관 카탈로그」내부편 · 외부편의 2편으로 정리되어, 각각 사진을 중심으로 설명문과 도면을 첨부한 구성으로 되어 있습니다.

아리타다움을 가진 건축 · 설계기술을 공유하는 네트워크로

아리타지역 주택연구회 활동도 10년이 넘어가고 있습니다. 하나하나의 활동을 쌓아 외부를 향한 발신을 실시하던 중에 회원 각자가 스스로 일의 방법이 변화해온 것을 느끼고 있다고 합니다. 예를 들면, 건물을 마을경관의 구성요소로 취급하자는 모임의 방향성에 근거하여 각각의 회원이 자신의 일을 연결시켜가는 것이 자연적으로 일어나게 되었습니다.

1993년에 창설된 제1회 사가현 '쾌적 건축상' 중에 현지사상은 아리타지역 주택연구회 회원이 3점 모두 독점했습니다. 수상한 작품은 주택만이 아니라 유치원, 점포 등 다양했는데 이것도「긴 시간 지역에 적합한 건축을 추구해온 성과」라고 알세드건축연구소 대표의 미쓰이소씨는 말하고 있습니다.

연구회는 향후에도 현지 전문가 집단의 자주적인 활동을 통해서 아리타 도자기의 중심지로 거리를 만들어내는 것에 힘쓰고 싶다고 하고 있습니다.

[참고]

1. 시미즈 코이치로(알세드건축연구소)「조경 No.5」pp32~37, 1996년 10월 1일, 건축자료연구사 발행
2. 미쓰이소 기요하루(알세드건축연구소) [민간활동을 살린 아리타마을 HOPE계획]「10촌 10색 ~HOPE계획 10년~」pp178~184, 1994년 3월 21일 (재)베터리빙 발행
3. 시미즈 코이치로 · 스가하라 마코토(알세드건축연구소),「지역개발」1994년 1월호, pp43~53, (재)일본지역개발센터 발행
4. [마을만들기 특판]『아리타 1987년 2월~12월』아리타시 광보, 1987년 2~12월

지역에 뿌리내린 마을만들기와 커뮤니티 아키텍트

칼럼

오부세 마을만들기

■「오부세다운」 마을만들기

나가노현 오부세마을은 인구 1만 2천명이 안되는 작은 마을이지만 마을에 유서 깊은 가쓰시카 호쿠사이의 작품을 전시했습니다. 또한, 미술관「호쿠사이관」의 건설(1976년), 지역주택계획(통칭 HOPE계획)의 책정(1988년), 마을만들기 조례 제정(1990년), 민관일체가 되어 실시한 마을의 경관만들기 등 지역의 특성을 살린 마을만들기 프로세스와 그 실천이 쌓여왔습니다.

이 중에서 오부세마을에 인접한 스사카시 출신의 건축가 미야모토씨의 설계사무소는 오부세 중학교와 호쿠사이관 설계, HOPE계획 책정에의 참가 등 오부세의 마을만들기에 관여하게 되었습니다.

■「정감있는 아름다운 마을만들기 조례」와 「마을만들기 디자인 위원회」,「주거만들기 상담」

HOPE계획을 살려 제정된「오부세마을 정감있는 아름다운 마을만들기 조례」에는 이 조례를 실효성 있는 것으로 하기 위해서 마을만들기 지침을 정리한「환경디자인 협력기준」이나 촌장이 임명한 위원에 의해 구성되는「마을만들기 디자인 위원회」를 설치하는 것이 명기되어 있습니다.

디자인 위원회는 지역의 주택건설이나 점포 개축 등 다양한 마을만들기에 관하여 조사나 심사, 조언을 합니다. 위원은 건축등의 전문가나 마을만들기 단체의 대표자, 마을의회 의원, 마을행정의 책임자 등입니다.

미야모토씨는 위원 선거로 뽑히는 디자인 위원회의 회장을 6년 이상 연임하였습니다. 또한「주거만들기 상담실」에서 주민의 주거만들기 상담을 받음과 동시에 마을만들기의 방법을 설명하고 관계자와의 조정을 도모하는 등 오부세 마을만들기 전반에 주요한 역할을 담당하고 있습니다.

오부세마을의 경관 (거리경관 조성사업구역)

한편 마을에서는 디자인 위원회 심사에 근거하여 마을만들기에 공헌한 건축물 등에 표창이나 비용의 일부를 지원하고 있습니다. 더불어 「주거만들기 매뉴얼」 (발행 : 오부세마을, 감수 : 미야모토 외) 등에 의한 마을만들기 방법을 주민에게 보급하고 있습니다.

■ 밖은 모두의 것, 안은 자신들의 것이라는 철학과 커뮤니티 아키텍트의 역할

오부세 마을만들기의 기본적인 생각은 마을에 사는 사람과 방문하는 사람들의 눈에 보이는 것은 그 사람들 모두의 것이다(한편, 주택 등의 내부는 당연히 개개 소유자의 것)라는 철학–밖은 모두의 것, 안은 자신의 것–입니다.

전문가의 입장에서 관청이나 주민, 사업자와 적극적으로 관여하고, 객관적인 입장에서 장기간에 걸쳐 일관되게 지역의 마을만들기에 대해서 조언이나 조정을 하는 커뮤니티 아키텍트는 향후 지역에 뿌리내린 마을만들기를 진행함에 있어 매우 중요합니다.

오부세마을에서는 이것이 유효하게 작동하여 매력적인 마을만들기가 진행되고 있습니다.

II-5 지역에서 모두가 살기 위해서

5–1 케어센터 나루세
5–2 복지맨션 연구회
5–3 히노시 지역케어연구소

5-1 케어센터 나루세

지역 봉사자 그룹에서 발전한 사회복지 법인에 의한 케어센터

케어센터 나루세 건설의 계기는 「지역을 돕는 모임을 만들고 싶다」는 어느 의사의 목소리로부터였습니다. 그것은 많은 지역주민을 돕게 하는 움직임으로 발전하고 시유지에 지역의 복지 · 교류거점 건설이라는 주민의 바람에서 「케어센터 나루세」가 건설되었습니다. 설계단계도 주민참여로 실시되는 한편, 시설 운영 · 관리도 주민의 모임을 모체로 하여 설립된 사회복지 법인에 의해 담당하고 있으며 현재도 지역주민에 의한 자발적인 봉사활동이 활발하게 진행되고 있습니다.

신흥주택지에 들어오는 고령화의 파도

마치다시 나루세다이는 1960년대 후반에 대규모로 개발된 지역입니다. 신 주민이 살기 시작하여 20년이 흘러 주민에게도 고령화의 파도가 밀려오고 있습니다.

니시지마 아키코 의사

니시지마 아키코씨는 이 분양지의 일각에 「니시지마 의원」을 개업한 내과의사입니다. 지역 홈닥터로 많은 환자, 가정을 방문하고 가족만으로는 지탱할 수 없는 고령자 개호 현실을 접해 왔습니다. 또한 자신의 부친의 간호경험을 살린 저서 중에서 「지금, 고령자 개호는 필요할 때 필요한 기간 이용할 수 있는 다양한 서비스와 인간다운 생활 그 자체를 유지할 수 있는 지원을 요구하고 있습니다. 그것도 맨파워로 혈연을 넘어

많은 사람이 관여하고 그 네트워크 중에 의료가 들어갈 때 겨우 의사로서의 책임을 다하는 것이 아닌가」라고 기술하고 있습니다.

의사 그리고 봉사그룹과 케어센터

1989년, 니시지마씨의 환자를 중심으로 한 10여명의 그룹이 모여 지역 봉사활동 그룹 「따뜻한 집의 모임」이 발족되었습니다. 따뜻한 집의 모임은 「고령화 사회를 살아가는 방법 세미나」 개최, 식사서비스, 입욕도움, 대화상대서비스, 일일 돌봄 등의 활동을 했습니다. 어느 회원이 누워 지내는 94세 할머니 곁에서 대화상대서비스를 하려고 방문했을 때, 그녀는 「자신이 이야기 상대를 해주고 있다」고 생각하고 방문하는 회원에 맞춰서 대화의 내용을 바꿔서 이야기했다고 합니다. 「이와 같은 접촉을 통해서 멤버는 건강한 쪽이 일방적으로 케어하고 있는 것이 아니라 오히려 케어받고 있다, 가르침을 받고 있다는 것을 느끼고 있다」라고 니시지마씨에게 말했습니다.

따뜻한 집의 모임이 발족하고 나서 반년 후, 니시지마씨는 지역 사람들이 자금을 모아 지역의 건축가에게 설계를 의뢰하고 의사를 공모하여 만든 영국의 호스피스 제도를 보고, 신선한 충격을 받았습니다. 그리고 이 사례가 향후 지역 케어의 가야할 방향성을 보여주고 있는 것이라고 느꼈다고 합니다.

1992년, 따뜻한 집의 모임은 지역주민과 일체가 되어 4,498명의 서명을 모아 「나루세다이에 고령화 사회를 함께 살아가기 위한 커뮤니티 센터 건설을 요구하는 진정서」를 마치다시장에게 제출했습니다. 이 진정은 「치매를 포함한 노화나 병 문제를 생각할 때 중학교구(中学校区)에 하나 정도는 다양한 기능(상담, 단기체류, 입욕, 식사서비스, 긴급통보, 서비스팀 파견)을 갖춘 센터가 필요하다는 것」 「거기서는 지역을 중심으로 다양한 이벤트가 개최되어 남녀노

소와 건강한 사람, 병이나 장애가 있는 사람, 전체 지역주민이 모일 수 있고, 자신과 관계된 일이나 놀이, 봉사활동을 발견하고 교류하는 커뮤니티 센터로서의 역할을 다할 것」이 필요하다고 호소하여 「이 부지(나루세다이 시유지)에 고령자 시설의 돌파구가 되는 모델케이스로서의 주민참여형 센터」의 건설을 요청했습니다.

기본구상에 명기된 주민참여

진정이 채택되어 마치다시에 「나루세다이 고령자 서비스센터 건설 기본구상 프로젝트 위원회」가 발족되었습니다. 니시지마씨를 비롯하여 따뜻한 집의 모임, 나루세다이 자치회관계자, 도쿄도 공무원, 마치다시 공무원으로 이루어진 멤버에 의해 기본구상이 검토되어 1993년 3월에 「주민참여 · 다세대 교류형 지역고령자 서비스 센터」의 구상이 정리되었습니다.

◆ 케어센터 나루세 개소까지의 지원 흐름

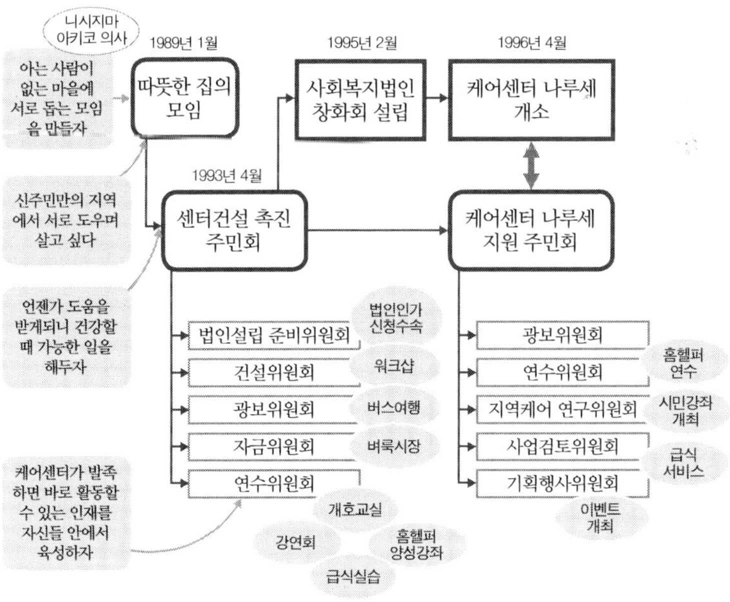

구상에서는 주민참여의 구체적 형태로

① 근린에 거주하는 일반주민이 서비스를 이용한다,

② 일반 고령자가 서비스를 이용한다,

③ 이용하는 것뿐 아니라 서비스를 제공한다,

라는 3가지가 자리매김 되었고, 주민참여의 다양한 형태와 그것을 코디네이트하는 전문공무원의 필요성도 호소했습니다.

행정과의 관계에 대해서 니시지마씨는 「건물을 세워달라는 단순한 요구가 아니라 앞으로의 운영이 문제라고 주장한 것, 마을만들기에서의 거점시설로서 역할을 호소한 것이 포인트가 되었다」고 합니다.

따뜻한 집의 모임 활동에서 건설준비를 향한 준비회의 멤버가 모였다

1993년 3월에 「나루세다이 고령자 서비스 센터 건설 기본구상 프로젝트 위원회」에서 「기본구상」이 책정되었을 때 주민 설명회가 열렸습니다. 54명의 주민이 참가하고 그 자리에서 센터 건설을 촉진하기 위한 주민회의 사무국 멤버가 모집되어 그 중 12명의 주민이 응모하여, 본격적인 준비가 시작되었습니다. 멤버 중 한 명은 「따뜻한 집의 모임분들이 지역에서 활약하고 있는 것을 알고 있었으므로 무언가 도울 수 없을까하는 마음이 있었기에 무리 없이 (주민회에) 들어갈 수 있었다고 생각합니다」라고 말하고 있습니다.

자금위원회 주최 프리마켓 ①

그 후 센터 건설을 향한 준비기간 이벤트로 영화회를 개최했습니다. 주민회 멤버가 열심히 티켓을 판 결과, 자금원이 되었을 뿐 아니라 마치다시민홀을 꽉 채운 관객에 대해서도 정보를 발신하는 것이 가능하게 되었다고 말합니다. 그 후도 주민회는 강연회나 프리마켓(벼룩시장) 등 다양한 이벤트를 개최하고 자금모금과 더불어 홍보활동도 하였습니다.

「센터 건설촉진주민회」 발족

1993년 11월, 먼저 결성된 사무국 멤버가 중심이 되어 「센터 건설촉진주민회」가 설립되었습니다. 5개 전문위원회를 만들고 각 위원을 모집하여 위원총수는 80명에 도달하고, 회원은 1500명을 넘었습니다.

사회복지법인 설립의 필요성

케어센터 설립을 위해서 건설 · 운영자금의 대부분을 행정에서의 보조금과 재단 등에서 차입금에 의해 마련했습니다. 현재의 법제도에서는 그 교부신청 수속과 자금의 수령에 대해서 법률상 자격이 있는 법인격이 필요하다고 합니다.

또한 사회복지사업법에서 정하는 사회복지시설을 운영하기 위해서는 사회복지법인인 것이 필요하다고 합니다.

따라서 케어센터의 건설 · 운영을 주민주체로 실시하기 위해서는 임의단체인 「센터 건설촉진주민회」에서 법인자격을 가진 사회복지법인 조직을 설립할 필요가 있습니다. 이런 경위를 거쳐 창립된 「창화회(創和會)」는 지역주민에 의해 창립된 사회복지법인이 되었습니다.

◆ 사회복지법인 창화회 기본재산

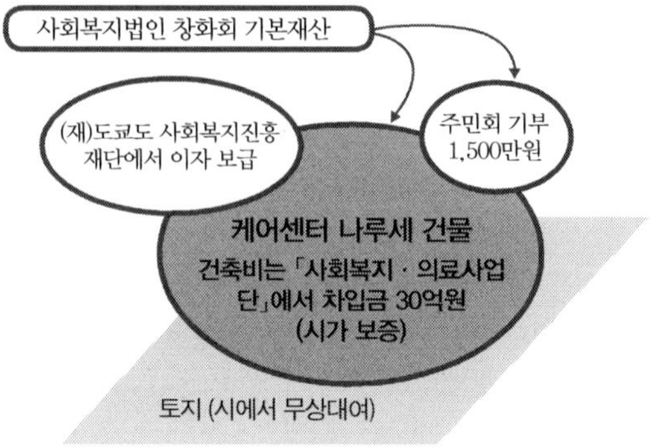

사회복지법인의 인가

그런데 일반적으로 사회복지법인의 설립을 위해서는 수십억 원이 필요하지만 사회복지법인 「창화회」 설립에 있어서 주민회가 준비한 기본재산은 주민회가 기부한 1500만원뿐이었습니다. 이를 가능하게 한 것은 다음의 2가지 점입니다.

첫 번째로, 특별양호노인홈 등 장기간 시설에 체류하는 타입의 시설의 운영은 1종사업이라고 하여 큰 금액의 기본재산이 필요하게 됩니다. 그러나 케어센터의 사업은 장기 입소를 필요로 하지 않는 2종사업으로 분류되는 이용자를 통해오는 타입의 사업이므로 입소형 시설에 비하면 다액의 재산이 필요할 이유가 없었습니다. 또한 법인의 사업목적을 한정하여 창화회가 통소형(通所型) 사업을 목적으로 하는 것을 표방하므로 법인의 정관에는 「마치다시의 사업 위탁에서 벗어나면 법인은 해산한다」는 항목이 들어가 있습니다.

두 번째로, 케어센터의 건물을 법인의 기본재산으로 등기하도록 되었다는 점입니다. 또한 마치다시는 장애자 복지 선진지역으로서의 역사가 있기에 이러한 주민주체의 방법에 행정측도 익숙해져 있었을지도 모릅니다.

이렇게 해서 1995년 2월 「창화회」에 사회복지법인으로서의 인가가 내려졌습니다.

「사회복지 · 의료사업단」에서의 30억 원의 융자는 시가 보증, 차입금 금리는 면제, 부지는 시유지 약 2,100㎡가 무상으로 대여되고, 제2종 사회복지사업으로서의 노인 데이서비스센터 「케어센터 나루세」의 운영과 개호지원 등을 마치다시의 위탁사업으로 실시하게 되었습니다.

센터 설계에의 주민참여

주민회(主民会)는 센터의 기본설계이전에 보조금신청을 위한 도면작성과 주민의 생각을 건축으로 연결하면서 설계 방향을 검토해가기 위해서 지역의 마을만들기를 생각하는 건축가를 불러 상담을 했습니다.

센터의 기본설계는 시에 의해 설계자가 정해진 단계에서 행정과 주민, 전문가에 의한 프로젝트팀이 발족되어 주민과 다양한 전문가들의 거듭된 미팅에 의해 정리되어 왔습니다.

케어센터 나루세의 외관 ②

촬영 : 다카기 시게요시

또한 주민회의 건설위원회에는 고령자 시설만들기 경험을 가진 컨설턴트, 간호사, 신체장애자의 가족을 가진 입장에서 협력하고 싶다는 주부, 장애자 본인, 식사 서비스 자원봉사를 하는 사람 등 다양한 사람이 모였습니다. 월 1~3회의 회합을 갖고 의견을 반영하기 위해 몇 번씩 설계도면을 다시 고쳤습니다. 실시설계 이후에도 설계의 요소요소에 3회의 주민집회에 의한 검토가 이루어졌습니다. 그 중에는 실제 치수의 모형을 이용하여 체험형 워크숍을 열어 고령자, 장애자의 의견을 반영하기 위한 다양한 연구가 실시되었습니다.

인재육성에 따른 주민에 의한 운영에의 준비

조리 봉사자 실습 ③

주민회(主民会)의 「연수위원회」는 센터가 열면 바로라도 활동할 수 있는 인재를 자신들 중에서 키운다는 발상으로 만들어졌습니다.

또한 케어센터 건설 후에 해보고 싶은 자원봉사는 어떤 것일까, 라는 앙케이트 조사로 담당할 봉사자의 요구를 조사했습니다.

강연회 개최나 개호실습, 개호헬퍼 양성강좌 등을 통해서 실천에 도움이 되는 개호헬퍼 양성을 실시하여 60명의 유자격 헬퍼가 탄생했습니다. 또한 센터 개소 전부터 가능한 일은 바로 하자는 것으로, 급식서비스를 실시했습니다.

이러한 인재육성을 통해서 장래에는 헬퍼 스테이션으로서의 기능을 하는 것을 목표로 하고 있습니다.

◆ 나루세다이 지역주민에 대한 앙케이트 조사결과
– 케어센터 건설 후에 해보고 싶은 자원봉사

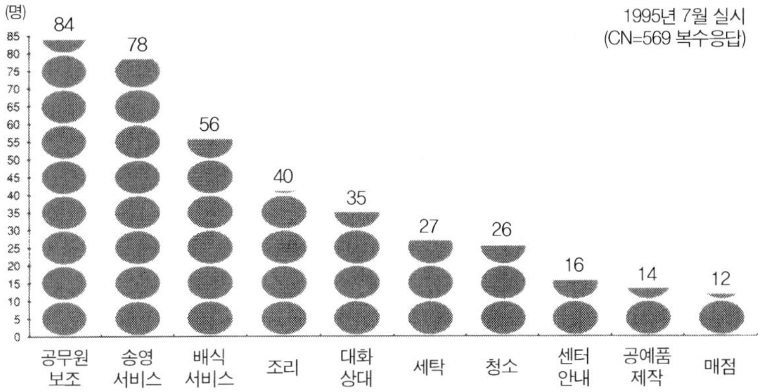

오픈 후에도 계속되는 주민참여

1996년 4월, 케어센터 나루세는 개소했습니다. 센터 건설촉진주민회는 「케어센터 나루세 지원주민회」로 이름을 바꾸고, 센터의 운영을 지원하는 주민조직으로 새로운 활동을 전개하고 있습니다.

케어센터에는 단기체류가 가능한 시설이 있어 제1호 이용자였던 남성은 서예를 잘하던 사람이었으므로 지금은 케어센터에서 이벤트가 있으면 서예사원봉사를 하고 있나고 합니다. 케어센터 나루세에서는 「따뜻한 집의 모임」이래 배양된 네트워크에 의해 고정적인 역할이 아닌 다자간 역할분담이 이루어지고 있습니다. 일방적인 케어를 받는 것이 아니라 한명의 자립된 인간으로서의 사회적인 역할의식을 기른다고 합니다.

현재 「지원주민회」 회원은 1,800명을 넘고 약 300명이 상시 자원봉사자로 활동하고 있습니다.

그 외에도 이벤트 시에 실행위원회를 만드는 등 다양한 형태로 많은 사람들이 센터에 관여하고 있습니다.

◆ 케어센터 나루세 지원주민회에서 현재 활동하고 있는 자원봉사 · 취미회

● 조리 (레스토랑)	● 시네마테라피 연구회 (영화 상영)	● 데이 서비스 도우미
● 조리 (티룸)	● 나루세 사과모임 (자원 회수)	● 송영(送迎)
● 바둑	● 안내	● 이미용
● 원예	● 대화상대	● 음악연주 (당케 뮤직 모임)
● 청소	● 신문 · 팜플렛 배포	

원예봉사에 의해 조성된 케어센터 정원

케어센터 1층 주민회 사무국

케어센터 식당에서의 조리 봉사활동

[참고]

1. 케어센터 나루세 건설촉진주민회 「사과마크 가로만들기」
(출처 : ①~③ 사과마크 가로만들기)

5-2 복지맨션 연구회

「시니어 리브인」 방식을 살린 고령자의 생활을 지원하기 위한 주거만들기

특정우량 임대주택 요코하마 고령자판 「시니어 리브인」 제1호는 복지맨션 연구회가 중심이 되어 건강한 고령자 생활을 지원하는 주거만들기를 목적으로 계획한 「라 크라세 니시데라오」 입니다. 계획단계에서의 연구회의 성과는 배리어프리 사양 등 하드한 정비를 살린 것 외에 자치회 설립, 워커즈 컬렉티브나 진료소 운영 등 입주 후의 생활을 지원하는 소프트면에도 기여하고 있습니다.

시니어 리브인 제도를 활용한 복지 맨션

「시니어 리브인」은 민간 토지소유자가 건설하는 임대주택을 요코하마시 주택공급공사가 빌려 정부의 특정우량 임대주택제도에 근거하여 월세보조를 하는 「요코하마 리브인」 제도의 고령자판입니다. 월세 보조 및 상담원 파견과 긴급 시의 대응에 의한 생활지원이 포함되는 제도입니다.

1991년에 창설된 이 제도를 이용한 제1호 프로젝트가 복지맨션 「라크라세 니시데라오」로, 건설에 있어서 「복지맨션 연구회」가 중심이 되어 추진해왔습니다. 완성은 3번째였지만, 인정은 제1호로 1992년 10월에 시와 공동으로 기자회견도 했습니다. 대지는 요코하마시 가나가와구에 녹음 가득한 가미노키공원에 인접한 약간 높은 구릉위에 있습니다. 완성은 1995년 9월, 같은 해 10월에 입주가 시작되었습니다. 복지맨션은 「라 크라세 니시데라오」로 명명되었습니다. 「라 크라세」란 스페인어로 높은, 클래식, 클래스, 학급, 교실을 의미한다고 합니다. 총 주택 수는 135호, 그 중 43호가 고령자전용 주택이고 약 70명의 고령자가 생활하고 있습니다.

복지맨션 연구회의 모체가 된 OI연구소

「복지맨션 연구회」를 태동시킨 것은 「헬시 시티즈 플랜 · OI연구소」입니다. OI연구소는 1992년 건축가 오다케씨와 침구사로 동양의학을 전문으로 하는 이시가와씨가 중심이 되어 각 전문분야에 있어서 고령화, 도시계획, 의료, 복지 등의 시점을 유기적으로 결합한 연구실천을 실시하기 위해 설립되었습니다. OI연구소 자체도 NPO로 활동하고 있으나 이제까지의 활동 중에 복지맨션 연구회 외에 국제교류 · 문화교육활동을 하는 NPO를 설립해왔습니다. 중국유학생 원조를 위한 중국어 교실인 「중국유학생 지원회」나 중국의과대학에 의한 일본인을 위한 약선(藥膳)교육 시스템만들기 등을 하는 「약선통신교육 · 산동중의대학의 모임」 등의 활동 외에 지역살리기 컨설팅 사업이나 워커즈 컬렉티브 등의 시민활동에의 지원활동도 하고 있습니다.

지주와의 만남, 행정에서의 지원, 지역의 참여

1989년 말, 지주인 히라타씨와 건강 마을만들기를 테마로 활동하고 있던 OI연구소의 건축가 오다케씨, 침구사 이시가와씨가 의기투합하여 고령자가 실제로 건강하게 살 수 있는 주거만들기에 힘쓰게 되었습니다.

이시가와씨들은 「『시니어 리브인』 제도에 의한 고령자의 생활면에의 대응은 지도원의 파견과 긴급 시 대응에 한정되어 있어, 고령자가 실제로 건강하게 살 수 있는 시스템은 준비되어 있지 않다. 고령자나 장애자가 분리되어 생활하는 것이 아니라 일반사람과 '보통으로' 살 수 있는 것이 노멀라이제이션의 기본조건이다」라고 생각하여 하드 · 소프트를 겸비한 복지맨션 「라 크라세 니시데라오」를 건설하게 되었습니다.

시니어 리브인 「라 크라세 니시데라오」

(출처 : 조경 No.3)

히라타씨와 OI연구소가 불러 1991년 12월에 「복지맨션 연구회」(이하, 연구회로 약칭)가 발족되었습니다. 구성멤버는 지주, 건축가, 복지전문가, 교사, 행정공무원, 의료관계자 등 약 20명입니다. 멤버 중에는 시민활동의 경력이 오래된 사람이 많아서 「네트워킹뿐 아니라 NPO활동 원리나 룰을 받아들이는 것도 빠르고 시민활동에서 흔히 있는 의사소통의 문제나 토의의 공회전도 없이 순행되었다. 건축이나 의료, 복지 각 분야에 전문가가 있던 것은 복지맨션 건설추진의 큰 힘이 되었다」고 이시가와씨는 연구회의 초동기를 회상합니다.

연구회의 연구 성과가 하드한 정비로 살아나다

「라 크라세 니시데라오」에서는 연구회의 성과를 살려 고령자용 주택과 일반 패밀리층 지향의 주택이 혼재되어 배치되어 있습니다. 또한 주거 내에 사용하기 쉬운 주방, 화장실, 욕조 등을 설치하면서 주택 외 공용부분에 대해서도 단차가 없는 배리어프리 사양으로 했습니다.

연구회에서 전부 고령자 위주의 사양으로 해야 한다고 주장했으나 예산상의 제약도 있어서 배리어프리 설계와 휠체어로도 사용할 수 있는 주방설치만이 적용되었습니다. 특히 주방에 대해서는 민간 주택설비 메이커와의 공동연구를 통해서 휠체어 사용 시에도 이용가능하며 같은 기능을 가진 종래 제품에 비해서 저렴한 가격의 것을 개발했습니다.

공용부분에는 고령자의 필요한 서비스가 제공되고 또한 그 서비스가 거주자뿐 아니라 주변주민도 포함하여 누구나 이용하고 참가할 수 있도록 지역개방형 시설을 포함하여 설치했습니다. 진료소, 침구원을 시설 내에 설치하고, 워커즈 컬렉티브가 운영하는 고령자 지향의 개호용품 점포도 설치했습니다. 진료소에서는 「포괄적 의학」으로 불리는 가능한 한 주사나 약을 사용하지 않고 자연의 치유력을 살린 치료가 실시되고 있는 한편, 침구원에서는 이시가와씨와 진료소 스탭이 치료를 하고 있습니다. 또한, 한신 아와지 대지진급 지진을 상정하여 긴급용 물확보를 위한 우물이 만들어진 것도 특기해야 할 사항입니다.

◆ 복지맨션 연구회와 라 크라세 니시데라오의 관계

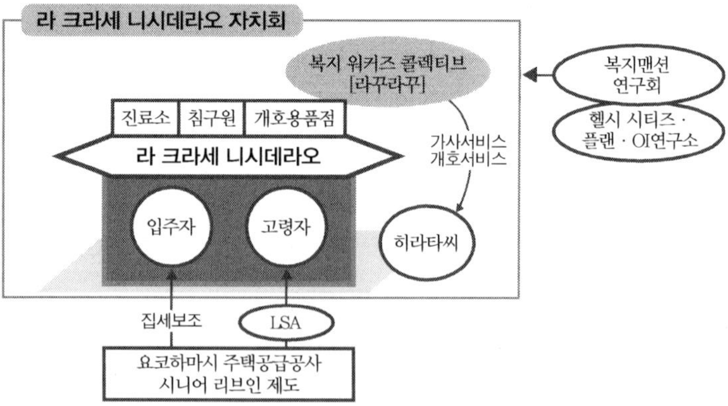

복지맨션의 기반이 되는 자치회 설립

「라 크라세 니시데라오」를 명실상부하게 「복지맨션」으로 하는 것은 오로지 「자치회 결성여부에 달려있다고 해도 좋다」라고 이시가와씨는 말합니다. 그러나 입주자는 추첨에 의해 결정되므로 연구회 멤버는 한명도 입주할 수 없었습니다. 거기서 맨션 내에 임대로 입주하고 있는 진료소, 침구원, 복지 샵 및 맨션 소유자인 히라타씨가 발기인이 되어 자치회 결성을 호소했습니다. 제1회째 총회는 이시가와씨에 의하면 「말하자면 쿠데타적으로」 실시되었다고 하지만 복지맨션 연구회에서는 자치회가 성공하지 않으면 복지맨션도 성공하지 못한다고 생각하여 총회에서는 히라타씨를 자치회장으로 선출했습니다. 당초부터 복지맨션 연구회는 자치회가 이루어져서 맨션의 운영이 궤도에 오르게 되면 해산할 예정이었던 것입니다.

연구회의 성과를 살린 자치회 운영

자치회 규약도 행정이 준비한 관리규약이 아니라 「복지맨션 연구회」의 초안을 기초로 이사회나 전문위원회에서 검토를 한 후에 정했습니다. 규약에는 「~를 해서는 안 된다」 「~를 금시한다」는 조항을 강력히 배제하고 있습니다. 그 이유로 이시가와씨는 「금지조항을 많이 만들어내는 것은 간단하지만, 그것은 스스로의 목을 매는 일이 될지도 모른다. 스트레스 재생산으로 연결되고 결과적으로 건강하지 못한 생활이 되어버린다」고 말하고 있습니다.

또한 통상 자치회는 어린이회, 노인회 등의 계층별로 나뉜 조직으로 되는 경우가 많으나 「라 크라세 니시데라오」에서는 전부 하나의 조직으로 하고 있습니다. 젊은 입주자와 고령자의 교류를 도모하는 것이 목적으로 이제까지 칠석날 행사나 여름의 맥주마시기

대회, 바자회 등을 하고 있습니다. 특히 크리스마스에는 고령자가 산타클로스역이 되어서 아이들이 있는 세대를 방문하여 선물을 주는 것으로 선물을 받는 아이들뿐 아니라 산타역을 하는 고령자도 「이렇게 재미있으니 내년에도 합시다」라고 대호평이었다고 합니다.

하우징 앤드 커뮤니티재단의 조성과 연구회의 활동

연구회에서는 1994년과 1995년도의 2년간에 걸쳐 하우징 앤드 커뮤니티재단의 활동지원을 받았습니다. 모임은 재단에서의 지원금을 다음 활동으로 연결시키는 「자립을 위한 자금」으로의 활용을 목표로 사용했습니다.

NPO활동과 LSA와의 연대가 과제로 되어 있다

또한 입주와 동시에 라 크라세 니시데라오의 집회소를 거점으로 한 복지 워커즈 코렉티브 「라꾸라꾸」가 결성되었습니다. 결성 후 얼마 되지 않아 회원을 모집하는 단계에는 도달하지 못했으나 개호용품점 운영과 맨션 청소를 수탁하고 있으며 청소를 하는 중에 고령자에게 말 걸기 운동을 하고 있습니다.

시니어 리브인에는 「라이프 서포트 어드바이저(LSA)」로 불리는 생활원조원이 파견되는 시스템으로 되어 있습니다. LSA는 10시부터 16시까지 주휴2일제로 근무하게 되어 있습니다. 복지맨션 연구회로서는 LSA도 멤버 중에서 뽑길 희망하였으나 행정에서 허가가 나오지 않아 결국 근처 지구센터에서 데이서비스를 수탁하고 있는 사회복지법인에서 LSA가 파견되었습니다. LSA 임무로는 매일 고령자와 이야기를 나누는 업무가 있으며 파견 LSA와 복지 워커즈의 활동은 중복되는 부분이 있지만, 이시가와씨에 의하면 「행정의 종적관계에서 파견제도가 운용되므로 워커즈 컬렉티브와 같은 NPO 활동과의 연계에는 한계가 있다」고 합니다. 진료소와 LSA와의 사이에는 정보교환이 실시되고 있는바 「현재는 건강한 고령자가 많으나 5년이 지나면 고령화가 진행하여 개호가 필요한 사람도 증가하게 될 것이다. 그때까지 생활을 서포트하는 조직 만들기를 실천해야하므로 NPO가 힘내서 행정의 이해를 얻어내야 한다」고 이시가와씨는 말하고 있습니다.

인근에도 복지맨션 건설예정, 복지마을에의 전개

라 크라세 니시데라오의 인접 지주가 복지맨션에 흥미를 가지게 되어 현재 복지맨션과 동일한 규모의 복지맨션이 완성될 예정입니다. 향후 전망에 대해서 「여기에는 진료소 · 침구원 · 개호용품점이 있다. 그쪽에는 노래방 · 집회실 · 미용실 · 취사장 · 카운터가 있는 공용 스페이스를 만든다. 자치회를 하나로 하여 양쪽에서 하나의 복지가 기능하도록 하고 싶다. 5, 6년에 걸쳐 이곳이 복지촌으로 커졌으면 좋겠다. 그때까지 복지를 후원하는 맨파워가 어느 정도 자랄 지가 포인트다」라고 이시가와씨는 말했습니다.

◆ 복지맨션 연구회 활동

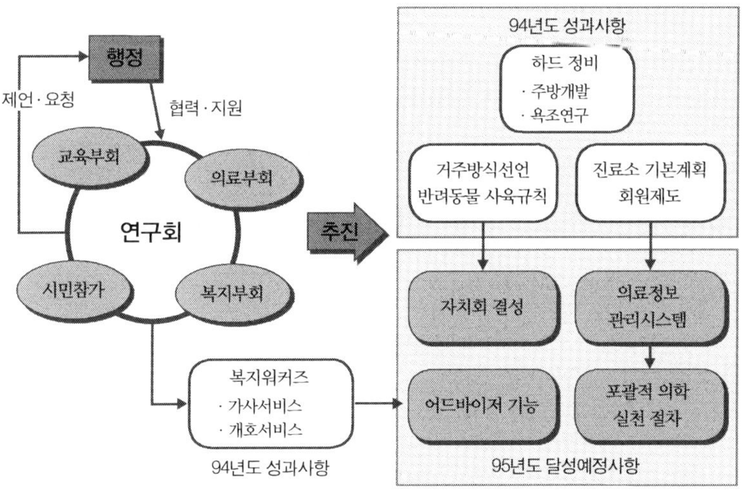

◆ 복지맨션 연구회의 회계내역

인건비	2,038,440	외부 강사료, 알바비, 통신비, 회의장 임대료, 소프트비
사업비	6,756,390	팜플렛류 등
교통비	7,026,620	879명분
기자재 비품비	3,741,430	컴퓨터 주변기기, 통신기기 등
연구비	1,625,100	개호강좌 수강료, 도서비용
자료비	501,120	복사비 등
합계(원)	21,689,100	

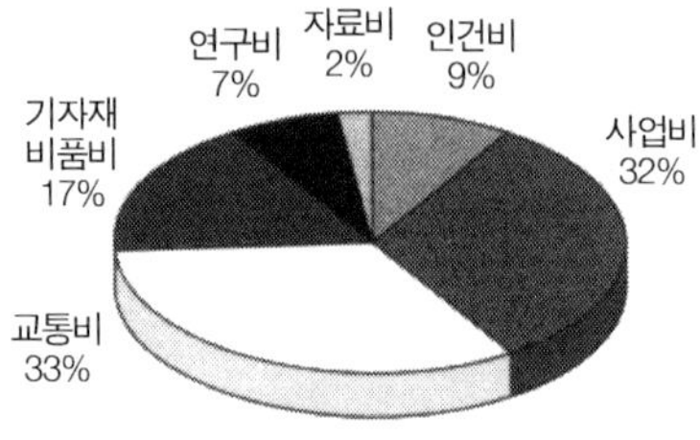

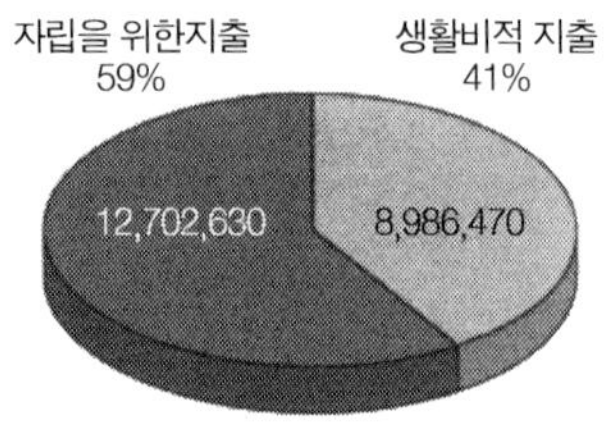

[참고]

1. 히라타 요시하루(라 크라세 니시데라오 자치회 회장), 이시다 이에아키(Healthy Cities Plan 이연구소)「조경 No. 3」pp84~85, 1996년 6월 1일, 건축자료연구사 발행
2. 다치하라 도오루(프리라이터) [시민에 의한 주거만들기, 마을만들기 주택관련 NPO에 대해서],「연금과 주택」pp19~22, 1996년 6월 (재)연금주택복지협회 발행

5-3 히노시 지역케어 연구소

지역주민에 의한 재택케어 도전

난치병환자 부모로서의 경험에서 병원과 가정의 중간적인 케어의 필요성을 실감하고, 히노시주재(住在)의 이시가와씨가 자택을 개축하여 설립한 것이 「히노시 지역케어 연구소」입니다. 홈헬프나 연구소 시설에서의 단기체류 등 지역케어 서비스를 지역의 NPO로서 제공하고 있습니다. 장래는 행정이나 의사회와의 네트워크를 살려 지역 자원봉사 코디네이트 조직으로서 활동해가는 구상을 하고 있습니다.

지역 케어시스템을 생각하는 네트워크

히노시 지역케어 연구소 창설자 이시가와씨의 장남은 근(根)지스트로피라는 진행성 난치병 환자였습니다. 성장함에 따라 병이 진행되고, 항상 누운 채이므로 생활 전체에 개호가 필요한 상태가 되었으나 「지역에서 살아가고 싶다」는 본인과 가족의 의지로 가정에서의 생활이 선택되었습니다. 히노시 의사회는 새댁케어를 지지하는 의사를 파견하고 보건소에서는 보건사, 병원에서는 간호사가 파견되어 재택생활을 지원하기 위한 의사 · 간호사 · 행정공무원 · 지역 자원봉사자로 이루어진 재택 케어팀이 결성되었습니다. 「결과적으로 아들은 한평생 중 40일만 입원생활을 했습니다」라고 이시가와씨는 회상했습니다. 이와 같이 이시가와씨의 경우 각 방면에서의 지원에 의해 재택생활이 이루어졌으나, 낮은 물론 야간의 개호보조는 가족에게 부담이 커서 재택케어의 과제로 떠오르게 되었습니다.

히노시 지역케어 연구소

중간적인 케어시설의 설립을 목표로

장남의 타계 후에도 팀은 재택케어에 대해서 검토를 거듭하여 다른 난치병환자의 케어를 지원하는 일도 있었습니다. 그중에서 개호자가 쓰러지는 경우에는 난치병환자는 입원도 못하고 장애자 시설에도 들어가지 못하는 상황에 처해지므로 이시가와씨의 자택에서 지내는 경우도 있었습니다. 이시가와씨는 「난치병환자를 지지하는 가족들은 밤낮을 가리지 않는 개호로 피곤합니다. 만약 가족이 쓰러지면 환자는 어떻게 되는가? 낮에도 개호를 대신해주는 시스템과 긴급 시에 환자를 케어할 수 있는 『병원과 가정의 중간적인 시설』이 필요하다」고 주장하고 중간시설의 설립을 결의하였습니다.

이시가와씨와 케어팀 멤버들은 이시가와씨의 자택을 개축하여 연구소로 만들기 위해 3년간에 걸쳐 연구회를 열었고, 시설의 구상을 검토하여 설계 · 연구를 거듭했습니다. 1980년대 후반 봄, 자택 겸 연구소 건물완공에 맞추어 연구소에 조사 · 연구 실천 활동을 담당하는 애린사(愛隣舍)의 모임을 발족했습니다.

히노시 지역케어 연구소에서는 고령자, 장애자, 난치병환자, 요양자 등 개호를 필요로 하는 모든 사람을 대상으로 의료, 보건, 복지 각 분야의 횡단적인 연계를 기초로 지역 속에서 케어시스템의 가능성에 대해서 조사 · 연구를 실시하고 있습니다.

◆ 지역케어 4가지 목표

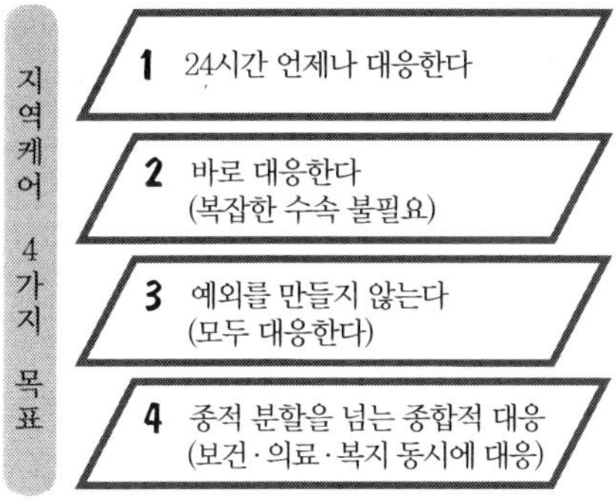

한편 애린사의 모임에서는 히노시 지역케어 연구소의 실천부문으로 주로 지역사람들의 회원조직으로 운영되고 있습니다. 모임을 지지하는 중심은 지역의 자원봉사자들입니다. 가정적인 분위기 속에서 신체에 장애를 가진 사람(이용자)을 돌봐주고 있습니다.

◆ 히로시 지역케어 연구소, 애린사 시스템

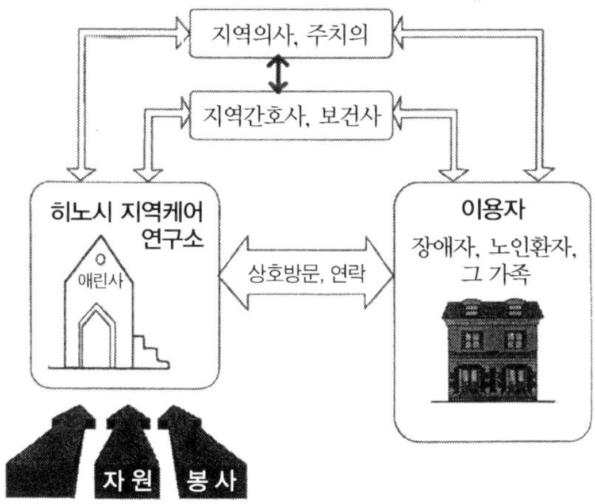

모두 같은 회원입니다. 누구나 회원이 될 수 있습니다.

회원제로 가능하게 된 매우 세세한 서포트

연구소 · 애린사의 모임은 회원제 조직으로 운영은 회비로 충당하고 있습니다. 이용자도 자원봉사자도 같은 회원으로 모두 같이 지원하는 시스템을 만들고 있습니다. 연구소에는 입욕이나 급식, 단기체류 등의 서비스를 제공할 수 있는 설비가 있고 이들 서비스를 이용하는 경우에는 이용자에게 이용료를 받고 있습니다.

회원제로 하여 병력이나 상용약 등 세세한 상황이 확인 가능하다는 이점이 있습니다. 평상시 계속 알고 지내지 않는다면 개호나 지원이 필요하게 될 때에 대응할 수 없습니다. 「일상적으로 관계를 만들기 위해서는 회원제로 할 필요가 있다」고 이시가와씨는 말하고 있습니다.

그리고 회원제로 하는 또 다른 이유는 「지역케어 연구소는 사회복지사업에 규정된 복지시설이 아니므로 불특정 다수의 이용자에 대해서 먹고, 자고, 씻는 서비스를 제공하는 경우 식품위생법, 여관업법, 공중욕장법 등 기존 법률의 요건을 만족해야 합니다. 그러한 이유로 특정 다수의 회원제로 하게 된 것입니다」라고 이시가와씨는 언급합니다. 이 모임을 회원제로 한 후에 현재 전국 각지에서 실시되고 있는 헬퍼 파견이나 급식서비스회 등의 자원봉사 그룹이 회원제의 조직으로 보급되어진 것 같습니다.

◆ 애린사 활동 내용

● 한번의 만남에서 여러가지 기억이 남는 길이 열립니다.
● 21세기 지역케어 시스템의 꽃을 히노시 곳곳에 피웁시다!!

행정은 할 수 없는 지역 NPO만의 케어 제공

이시가와씨는 히노시 사회복지협의회의 지역복지활동계획 책정 위원회에 참가하는 등 행정에 관여할 기회가 많아지면서 자신들이 행정보다 뒤떨어지는 부분을 지역의 NPO로 담당할 수 있다는 것을 깨달았습니다. 「행정은 노인, 장애자, 난치병으로 각각의 시행책이 나눠져 있습니다. 보건, 의료, 복지는 또한 다른 조직으로 되어 있어서 아무래도 빠지는 부분이 생깁니다. 어떻게 하면 그 부분을 메울 수 있는 지가 시민의 과제입니다. 주민의 입장에서 행정이 움직이게 하도록 정책에 참가해야 합니다」라고 말하며 생활자의 관점에서 지역복지활동의 4가지 목표를 들고 있습니다.

◆ 히로시 지역케어 연구소, 애린사 시스템 95년 회원수

◆ 히로시 지역케어 연구소, 애린사회 구상

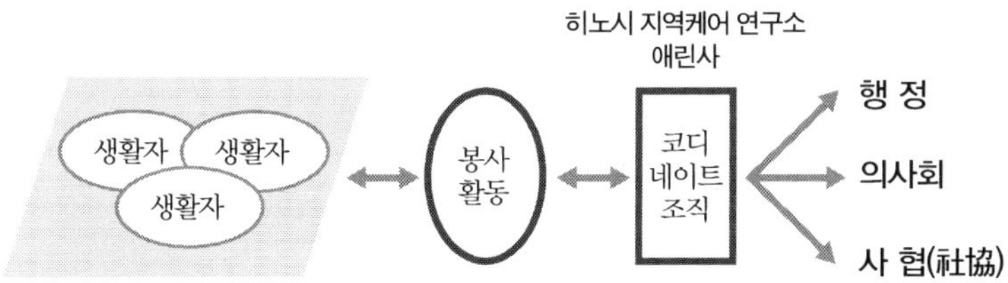

지역케어연구소 게시판

이시가와씨에 의하면 NPO의 활동으로 필요한 것은「생활자에게 열린 창구가 있고, 언제나 연결되는 전화가 있으며, 어느 어느 곳에 가라고 알려주는 사무소」가 중요하다고 합니다. 덧붙여서「이러한 조건을 보장하는 NPO법이 필요하다. 법인격을 명하는 이상 지속성 · 안정성이 중요할 것이다」라고 합니다.

또한「현장에서 활동하고 있는 사람이 보면 조직대표자, 활동의 리더를 어떻게 지원하는가, 행정과 의사회를 대등하게 연결시키는 존재가 될 수 있는가」라는 것이 NPO법에 기대하는 것이라고 말합니다.

한편 모든 자원봉사 활동이 NPO가 될 필요가 없다는 입장에서 지역케어 연구소는 자원봉사활동으로 행정이나 의사회 등의 기존조직을 연결시키는 코디네이트 기능을 충실히 하고 싶다고 강조합니다.

◆ 히로시 지역케어 연구소 · 애린사회 수지 (1995년도)

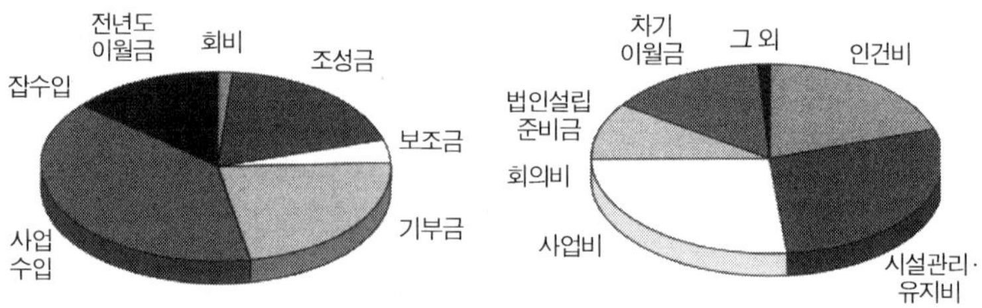

II-6 자연환경을 지키기 위해서

6–1 트러스트 살룬 구시로
6–2 환경시민
6–3 프렌즈 오브 세미나(FOS)

6-1 트러스트 살룬 구시로

구시로(釧路) 습원을 지키기 위해 기부금을 모아 토지의 취득 등 보전활동을 계속하는 조직

트러스트 살룬 구시로는 1987년에 구시로 습원이 국립공원으로 지정되어 관광개발압력이 높아진 것을 우려한 지역주민들에 의해 88년 1월에 발족했습니다.
구시로 습원의 자연환경을 지키기 위해 약 8년간의 활동으로 2억원의 기부금을 모아 20ha의 토지를 취득했습니다. 또한 습원에의 수목관리와 환경조사 등을 하고 있습니다. 현재는 법인격 취득을 시도하고 있습니다.

「트러스트 살룬 구시로」는 구시로 습원의 생 명을 지키는 수맥이나 호수를 지키기 위해 토지를 사는 것을 주목적으로 88년 1월에 발족되었습니다. 「살룬」은 아이누어로 습원을 의미합니다.

계기는 87년에 구시로 습원이 국립공원이 된 것입니다. 구시로 습원은 두루미 생식지로 국가의 천연기념물이 되어있는 습원으로 약 5,000ha를 중심으로 특별보호지구, 특별지역, 보통지역으로 구분하여 보전하고 있습니다. 공원면적은 약 27,000ha로 구시로시,

구시로 습원(습지) (출처 : 살룬 소식 1993년 봄호)

◆ 위기에 놓인 구시로 습원

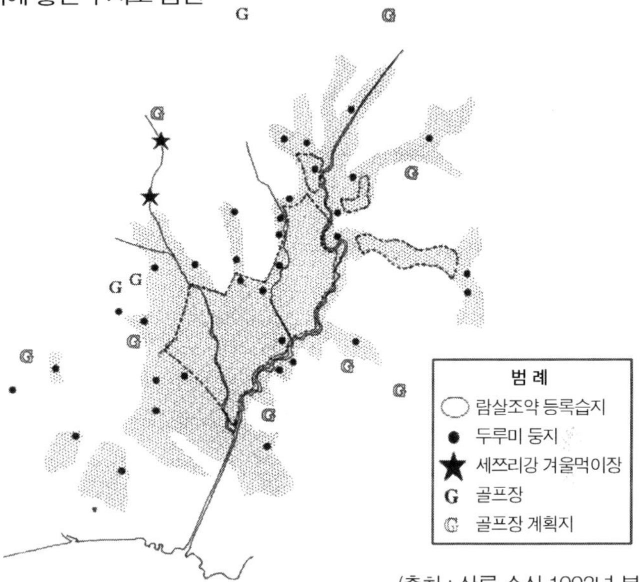

(출처 : 살룬 소식 1993년 봄호)

구시로마을, 시베차마을에 걸쳐서 지정되었습니다.

그러나 국립공원으로 지정된 87년도에 구시로 습원의 공원구역과 그 주변에서 골프장이나 리조트 등 관광개발을 시도하는 토지매매가 눈에 띄게 되었습니다. 신고가 필요한 1ha이상 거래에 대해서도 전년도의 2배 가까운 1,000ha를 넘었습니다. 공원지정이 관광이라는 개발의 흐름을 따르게 된 것입니다.

습원은 수계의 미묘한 균형 위에 성립되어 있습니다. 국립공원의 경계는 이에 대해서 도로 등으로 알기 쉽게 나뉘므로 경계수계나 귀중한 식물군락이 있어도 지정에서 빠지는 장소가 있습니다. 환경청 지침에 의하면 공원의 약 7할의 구역에서는 벌채도 건축도 상관없다는 것이고 실제로 공원구역 외에서는 개발에 대해서 아무런 대응수단도 없는 상황이었습니다. 「이런 운동이 습원과 그 주변개발의 억제로 연결되면」이라고 생각하여 조직이 발족되었습니다.

사무국장은 습원가이드 스기사와씨

사무국장인 스기사와씨는 시베차마을에서 태어나 도쿄에서 대학생활을 하고 취업했으나 81년경 U턴했습니다. 풍부한 자연을 사랑하여 자연가이드를 직업으로 택한 것입니다. 트러스트 살룬을 결성하기 전인 몇 년간 두루미나 흰꼬리수리 등 서식지에서 자취를 감춘 야생동물이 적지 않았습니다. 국립공원으로 지정되어도 계속되는 개발에, 트러스트 살룬 결성에 한목소리를 내게 된 것입니다.

스기사와씨 외에 현지인으로 「국립공원으로 지정되었지만 뭔가 이상하다」고 생각한 3~4명이 중심이 되어 습원의 보호운동에 힘써온 사람과 삿포로, 도쿄에서 참가한 30명을 회원으로 시작했습니다.

8년간 모은 2억 원 기부금으로 20ha를 취득 중

트러스트 살룬의 활동의 중심은 토지의 취득, 지주들과 자연보호계약을 맺는 등 습원이나 수원지의 삼림, 임야를 지키는 것입니다. 8년간 약 2억 원의 기부금을 모아 취득한 토지는 약 20ha입니다.

처음에 습원의 물항아리 중 하나인 다코부 호수주변의 임간도로에 면한 경사면지 약 1ha를 건물을 포함하여 지주와 자연보호계약을 맺어 취득했습니다. 두루미 등의 먹이 주는 곳의 용수지나 습원을 이 사면이 지키고 있었으나 토지소유자가 「매각」의 간판을 냈으므로 토지소유자에게 협력을 구한 것입니다.

그 후에도 둘레 120킬로의 구시로 습원을 점차적으로 취득하고 있습니다.

토지의 기부도 대환영

또한 스기사와씨는 「낭만적으로 습원이나 그 주변을 산 외지사람들도 반드시 자연보호 지주가 되면 좋겠다」고 호소했는데 이에 대응하여 감동적인 사연도 있었습니다.

「내 토지를 습지보전에 도움이 되도록」이라며 시즈오카현에서 몸이 불편한 노인이 93년 6월에 구시로에서 열린 람살 조약회의에 스스로 신체장애자용 와곤차를 운전하여 온 것입니다. 이 사람은 시미즈시에 살고 있는 카미가와씨(당시 68세)로 회의장에서 트러스트 살룬의 사람들에게 토지 권리증을 직접 건넸습니다.

가미가와씨는 구시로 습원 내는 아니지만 구시로 마을 등에 토지를 가지고 있고 「토지를 매각하여 내셔널 트러스트의 비용으로 사용하면 좋겠다. 토지는 작지만 기부도 가능하다고 하여 도움을 드리게 됐다」고 합니다.

트러스트 활동

토지 취득 등 외에도 트러스트 살룬은 다음과 같은 활동을 하고 있습니다.

- 습원보전을 위한 식목 → 취득 등을 시행한 것은 물론 그렇지 않은 곳에도 도토리 등을 심고 있습니다.
- 환경보전을 위한 기초조사
- 법적 규제를 강화하기 위한 행정에의 로비활동
- 뉴스 발행 (연 3회 정도)

湿原の新聞
釧路湿原の未登録湖沼
達古武沼をラムサール条約登録湿地に！

살룬 소식 제29호 1996년 9월 발행

황폐지에 식수작업을 하는 트러스트 살룬 구시로 사람들

기금은 2억 원, 연간운영비는 600만원

트러스트 살룬의 기본적인 자금은 1인당 10만 원의 습원보호기금과 운영자금으로서 연회비 20,000원입니다. 기금은 당초 목표인 1억 원을 웃돌아 약 2억 원이 모였습니다. 회비는 연 600만 원 정도입니다. 그 외에 정상적(定常的)인 것은 아니지만 환경보전에 관한 조사비로 (재)이온그룹 환경재단이나 환경사업단의 지구환경기금에서 후원을 받았습니다.

주요 지출은 통신비와 뉴스 인쇄비라고 합니다.

회원은 기금회원 약 450명, 회비회원 약 300명으로 모두 약 750명 정도입니다.

운영은 운영위원장 1명을 포함하여 운영위원 5명으로 실시되고 있습니다.

매스컴 보도가 도움이 된 기금모으기

습원보호기금은 당초 목표를 웃도는 액수를 모았으나 그 비결에 대해서 스기사와씨는 「특별한 비결은 없습니다. 토지를 산다는 영국의 내셔날 트러스트 활동이 신기하여 매스컴에 보도된 것이 기부에 도움을 줬습니다. 우리들 활동의 첫 번째 목적은 구시로 습원의 현 상황과 문제점을 호소하는 것이었으므로 그런 점에서 매스컴에 보도되는 것은 좋았다고 생각합니다」라고 말합니다.

지방에서는 사람의 인맥을 넓히는 것이 어렵다

트러스트 살룬에서는 회원에게 호소하여 식수를 하고 있으나 그 때에 습원까지 가는 차를 확보하는 것도 어려웠다고 합니다. 스기사와씨에 의하면 「조금 더 사람의 인맥을 넓히고 싶지만 일손이 부족하여 조직적으로 하지 못했습니다. 도쿄에서 10명의 자원봉사자를 모으는 것은 간단할지도 모르지만 구시로에서는 그런 경우에 인구비례로 보더라도 1명을 모으기도 힘듭니다. 어쨌든 지방에서는 인재확보가 어렵습니다」라고 말합니다.

법인화에 도전

트러스트 살룬은 임의단체이므로 법인자격을 취득하고 싶다고 생각하고 있습니다. 주된 이유는 토지를 소유하고 있기 때문입니다. 현재, 취득한 토지는 운영위원의 명의로 되어있으나 그중 1명이 구시로를 떠나게 되어 문제가 되었습니다. 그 위원의 명의를 다른 위원으로 대체하면 증여세가 발생할 위험이 있기 때문입니다.

거기서 트러스트 살룬은 법인으로 하는 것을 검토하게 됩니다.

스기사와씨는 「재단법인 등 공익법인은 장벽이 높아 인가받기가 어려워 시도하지 않는 편이 좋다고 여러 사람에게 들었습니다. 그래도 우리에게는 돈은 없지만 토지라는 부동산이 있다. 재단법인으로 하기 위해서는 기금의 이자로 조직을 운영할 수 있을 정도의 재산이 있어야 하므로 소유하고 있는 토지의 평가액인 수억 원으로는 모자랄지도 모릅니다. 안 될지도 모르지만 왜 안 되는지 문제를 명확히 하기 위해서 도전하고 싶다고 생각했습니다」라고 말합니다. 또한 NPO법안에 대해서는 「기대하고 있으나 우리 같은 자연환경을 보전하기 위해 토지를 사는 활동은 대상외인 듯합니다. 종적 행정에 의한 업무기피가 아니겠느냐」라고 촉구하고 있습니다.

회의가 가능한 활동거점을 확보하고 싶다

트러스트 살룬의 다른 하나의 목표는 회의가 가능한 활동 거점을 확보한다는 것입니다. 현재는 아파트의 방 하나로 만든 스기사와씨의 사무소가 거점입니다. 그러나 사람이 자유롭게 드나들 수 있는 분위기도 아니고 회의 등도 하기 어렵다는 것입니다. 습원 속에는 작은 공간이 마련되어 있으나 멀기 때문에 시내에 월세 4~50만 원 정도의 장소를 확보하고 싶다고 생각하고 있습니다.

한편, 연간 운영비가 그 정도로 많지 않으므로 거점비용을 어떻게 마련할지도 과제가 됩니다. 주변에서는 상품을 만들어 팔면 어떨까하는 말도 있었으나 그러기 위해서는 사람이 필요하므로 매우 어려운 상황입니다.

행정에서의 자립의 의의는 크다

시민활동조직 트러스트 살룬이 일본을 대표하는 구시로 습원의 자연을 지키는 의의를 스기사와씨는 다음과 같이 생각합니다. 「요즈음, 아웃도어 붐이지만 저는 자주 "아웃도어가 자연파괴의 주범이다"라고 말합니다. 왜냐하면 아웃도어를 즐기는 사람들은 쓰레기를 버려도 행정이 해결해준다. 그것이 당연하다며 행정에 의존하고 있기 때문입니다. 그러나 아닙니다. 자립한 개인으로 자연에 접해야 합니다. 그러므로 구시로 습원의 보전에 대해서도 행정이 해야 한다라기 보다는 시민이 자립하여 노력하는 것이 중요하다고 생각합니다.」

6-2 환경시민

교토(京都)를 거점으로 「누구라도 참여 가능한 환경NGO」를 지향하는 활동

교토를 거점으로 활동하고 있는 환경NGO 「환경시민」은 1992년 환경문제에 대한 다양한 행동, 조사연구, 제안을 종합적으로 실시하려고 발족했습니다. 현재 700명의 회원을 갖게 되었고, 그 규모나 활동영역 그리고 활동내용 등에서 일본의 환경NGO 중에서도 매우 존재감이 있는 단체가 되어 있습니다.

환경문제에의 다양한 노력

「환경시민」은 폭넓은 영역에서 활동을 전개하고 있습니다. 기후변화 등의 문제, 자연환경에의 노력, 쓰레기 문제나 의식주에서 마을만들기까지 다양한 분야에 대해서 환경의 시점에서 조사연구 활동, 세미나와 심포지엄, 워크숍이나 필드워크 등을 실시하고 있습니다.

구체적인 활동이나 운영을 지지하고 있는 중심적인 존재는 약 100명의 자원봉사자들입니다. 각 방면의 전문가, 시민, 학생, 행정공무원 등 다양한 사람들이 각각의 능력이나 흥미를 가지고 기획, 운영을 하고 있습니다.

자주적 동시다발적인 그룹 활동

환경시민활동의 특징은 사무국에 의한 심포지엄이나 워크숍, 타단체와의 교류 외에 13개의 자원봉사자 그룹이 각각 자주적인 활동을 실시하고 있다는 점입니다. 이러한 활동을 유지하고 지원하는 것이 모임의 정기적인 활성화로 연결되는 것입니다. 다음으로 몇 가지 봉사활동 그룹을 소개하고자 합니다.

「에코팜」

농원(農園)을 주최하고 농작업이나 다양한 필드워크를 실시하면서 밭을 통한 환경교육프로그램 만들기 등을 진행하고 있습니다.

「자연환경에서 배우자」

환경입문강좌로 사토야마(里山), 호수의 자연보호, 해외 환경문제, 농약문제 등을 테마로 한 강연회나 교토사찰에서의 자연관찰회를 실시하고 있습니다.

환경입문

「에코시티 연구회」

「딱 좋은 소금과 매실」을 키워드로 환경에의 부하가 적고 거주자가 주체가 되는 쾌적한 마을만들기에의 제안과 실시를 목표로

◆ **환경시민의 활동테마** – 환경시민은 다음과 같은 활동을 하고 있습니다

환경공유 환경에 대해서 느낄 수 있는 필드, 오리지널 환경공유 프로그램 — 체험
삼림필드 환경공유 프로그램 개발, 자연체험 연수
녹색학

학습

지역과 경제 지자체 · 기업에 발의, 환경을 생각한 경제 · 사회시스템 실현이 목표
지자체 · 기업환경 활동지원 에코타운기획 환경감사
아시아 환경문제 — 연계

녹색생활자 환경에 좋은 삶을 조사 · 연구하고 구체적인 제안 실시 — 활동
그린컨슈머 연구 에코팜 에코투어

창조

네트워크 국내외 환경그룹과의 적극적인 교류. 출판이나 강연회를 통한 성과 발표
국제 NGO 교류, 국내 NGO 교류, 학생활동 지원, 봉사 · 코디네이트
출판 강연 이벤트 싱크탱크 설립 — 즐김

하여 1996년 4월에 발족했습니다. 아이치현 미하마마을 시찰이나 교토의 길 연구를 통하여 「에코시티」의 방법을 찾고 있습니다.

「에코투어 연구회」

종래의 배낭투어에 대한 「새로운 여행 스타일」의 제안이 에코투어입니다. 실제로 투어 기획과 실천을 통해서 「여행」의 가능성을 찾고 있습니다. 발단은 「패턴화된 배낭투어로 진짜 「체험」이 가능한가?」라는 관광도시 교토시민으로서의 의문에서 나왔습니다. 환경시민은 「에코투어」란 단순히 「대자연 속으로 가는 것」이 아니라고 생각하고 있습니다. 거기서 자연도 포함한 환경전체에 대해서 사람과 환경과의 보다 좋은 관계를 만들기 위한 다양한 메뉴를 투어 속에 준비하고 참가자 각자가 흥미에 따라서 자주적으로 선택하고 참여한다는 형태를 취하고 있습니다. 그 체험을 통해서 각각 무언가를 느끼고 생각하기 위한 재료가 되면 좋겠다고 하는 것입니다. 국내뿐 아니라 해외에의 투어도 실시하고 있습니다.

특히 수학여행에 관해서는 구체적으로 여행대리점을 통해서 환경을 배우는 프로그램 만들기 등 새로운 여행 스타일의 제안을 전국의 중학교 · 고등학교를 대상으로 실시하고 있습니다.

에코투어

지금까지 환경시민에서는 조사 · 연구 활동은 기본적으로 마이너스 결산이 정석이었습니다. 그러나 에코투어 연구회에서는 이 활동에서 사업수익을 얻을 가능성과 그 방법을 연구 테마의 하나로 하고 있습니다. 환경시민의 새로운 수입원으로도 기대되고 있습니다.

체제 만들기

환경시민에는 3명의 대표와 20명의 이사, 16명의 평의원, 2명의 감사를 두고 있습니다. 1996년 독립된 사무소에 이사하여, 사무국원 2명을 전문적인 스탭으로 두었습니다.

최고 결정기관은 회원에 의한 총회입니다. 또한 그 총회의 근본 운영에 책임을 가진 것이 이사회입니다. 아울러 1997년에 운영회의를 설치하고 회원확대의 구체적 추진과 단시간의 판단을 요하는 것에 대해서는 거기서 대응하도록 했습니다. 운영회의에서의 검토사항은 이사회에서 사후승인을 받도록 결정했습니다.

◆ 조직체제

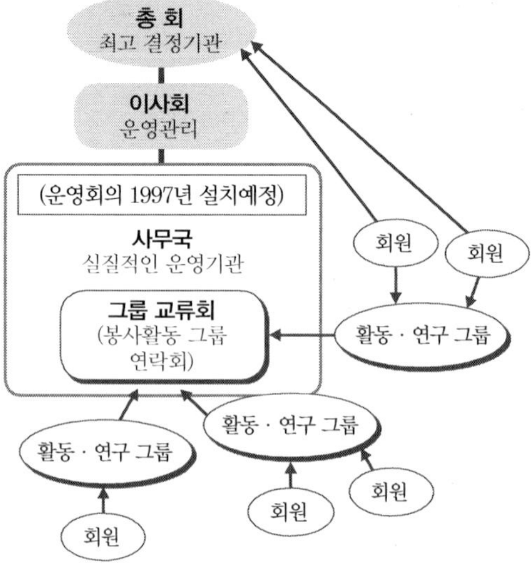

운영을 위한 재정기반 만들기

기금은 기본적으로 회원에서의 회비로 만들고 있습니다. 또한 기부 및 기업과의 프로젝트나 국가 · 지자체와의 협동에 의한 활동(파트너십 활동)에서의 수입을 더해 재정의 안정화를 도모하고 있습니다. 이들의 자금원에 의해 1996년 결산시점에서 회비에 의한 수입이 연간 약 3300만원, 기부에 의한 수입이 약 3300만원이 되었습니다. 한편 자원봉사 그룹의 프로젝트 중에는 토요타재단이나 이온환경재단 등에서 후원금을 받고 있는 활동도 있습니다.

기금을 포함한 연간예산은 1996년도에는 약 2억 8000만원이었습니다. 「환경시민」도 다른 많은 민간 비영리단체와 마찬가지로 재정적으로 결코 충분한 상태라고는 할 수 없습니다. 기부에 의해서 운영자금은 확보했으나 실제로 단기년도에서는 적자결산입니다. 향후, 보다 활동의 폭을 넓혀 안정시키기 위해서도 자금면에서의 안정은 점점 중요하게 되었습니다. 그런 노력의 하나로 1998년까지 회비와 통상적인 기부, 사업에 의한 수입으로 재정적인 자립을 도모하도록 1995년부터 3년간 기간한정으로 유지(維持)회원제도(연회비 100만원)를 시행하고 있습니다.

또한 그 외에도 일반적인 개인회원 회비보다 연회비를 고액으로 책정한 조성회원(연회비 10만원), 특별조성회원제(연회비 50만원)를 신설하여 기초적 재정 확립을 도모하는 등 재정적인 자립을 목표로 하는 프로그램을 실시 중입니다.

자원봉사 그룹의 활동자금

「환경시민」에서는 다양한 봉사활동 그룹이 자주적으로 활동하고 있는 것은 앞서 말했으나 거기에서의 활동자금은 어떤 시스템으로 조달되고 있는 것인가.

봉사그룹 활동은 기본적으로 각각 독립된 재정계획으로 실시되어 ±0을 목표로 하고 있습니다. 기금을 잘 사용하도록 연구 중입니다.

각 그룹 모두 이벤트 등의 경우에는 일반참가자, 회원 모두에게 실비를 모으거나 또는 재단 등의 후원금 제도를 활용하는 등 다양한 방법으로 활동자금을 조달하고 있습니다. 어떻게 해도 적자가 나는 경우에는 본부에서 자금의 지원을 받을 수 있으나 가능한 자력으로 충당하는 것이 원칙으로 되어 있습니다.

정보발신에서 네트워크만들기로

매월 발행되어 1996년 12월에 43호를 맞는 회보 「녹색 뉴스레터」는 환경의 최전선을 보고하거나 환경에 관한 다양한 칼럼이나 에세이 이외에 환경시민이 기획 · 운영하는 심포지엄이나 워크숍, 에코투어, 연구회 등의 공지가 게재되고 있습니다. 또한 인터넷 홈페이지에 의한 정보제공, 메일링 리스트에서의 정보교환 등도 실시하고 있습니다. 「환경시민」 소개용 슬라이드도 음성을 포함하여 완성하는 등 홍보 · 보급활동도 충실히 해왔습니다. 동시에 교토 이외의 타지에 사는 회원들을 위하여 타 지역에서의 네트워크만들기도 진행되고 있습니다. 1995년에는 키타오사카 네트워크를 발족하고 활동을 시작했습니다. 또한 그 외 환경단체 등과도 교류를 하고 정보교환을 통하여 네트워크를 넓히고 있습니다.

아울러 기업과의 프로젝트, 행정에의 강사파견 등도 실시하고 있습니다. 마을만들기 계획책정과 실시를 향해서 「환경시민」과 구체적인 협력관계를 구축해가는 마을도 있습니다.

봉사 리더 양성이 과제

활동의 대부분은 자원봉사에 의한 그룹에 의해 운영되고 있습니다. 그러나 발족에서 5년이 지난 지금, 초기의 봉사자 중에는 여러 가지 이유로 활동을 하지 않게 된 사람도 있는 한편 새로운 자원봉사자도 늘어가는 등 봉사진영의 신진대사가 진행되고 있습니다. 또한 활동이 발전함에 따라 봉사 리더들에게도 코디네이트나 기획 등의 능력향상, 학습이 필요하게 되었습니다. 이러한 연유로 리더력 향상과 새롭게 봉사활동을 하려는 사람들을 위한 강좌를 워크숍형식으로 실시하고 있습니다. 수강생 중에는 새로운 자원봉사자도 나타나고 있습니다.

◆ [환경시민]을 아우르는 네트워크에는 다양한 활동단체가 참가하고 있습니다

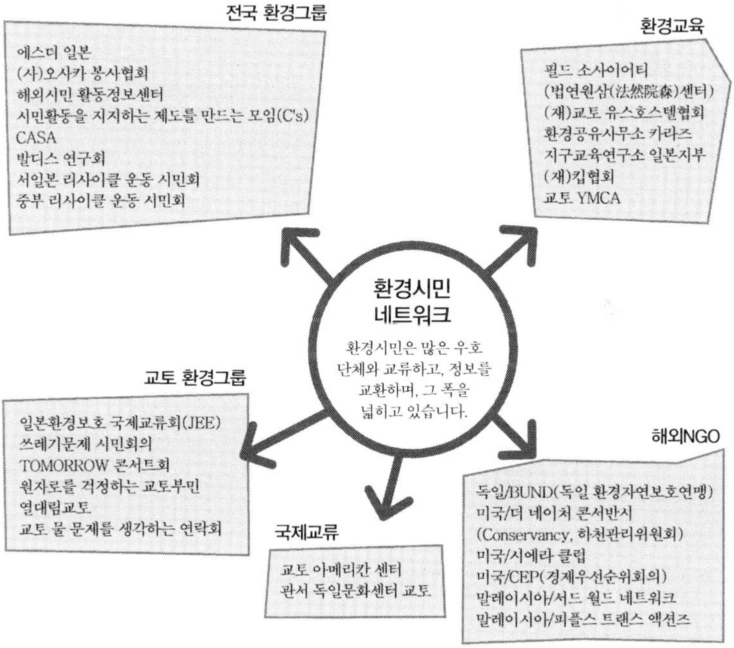

[참고]

1. 제5회 환경시민총회 자료/환경시민
2. 녹색 뉴스레터 제41~43호/환경시민

6-3 프렌즈 오브 세미나

얹혀살기 활동이 구축되는 네트워크

「프렌즈 오브 세미나」는 (재)세타가야 트러스트 협회 등이 공동주최한 「다마가와 환경세미나」의 공모에 의한 운영위원을 역임한 사람들이 세미나 후에도 자연환경의 중요함을 호소하는 활동을 계속하도록 발족한 임의단체입니다. 활동의 특징은 "얹혀살기" 방식을 취하고 있는 것으로 다른 그룹의 이벤트 기획, 운영에 협력하여 네트워크를 넓히고 있습니다.

다마가와 환경세미나가 계기

다마가와나 고쿠분지 등 세타가야에는 중요한 자연이 있습니다. 또한 한편에서는 도시속의 자연을 어떻게 복원해가는가 하는 중요한 과제가 있습니다. 「자연을 살린 마을만들기」를 테마로 활동을 계속하고 있는 프렌즈 오브 세미나(이하 「FOS」라고 한다)는 「다마가와 환경세미나」를 계기로 생겼습니다.

다마가와 환경세미나는 1992년 다마가와 사케(연어)회, 세타가야구청 물 · 산림담당과와 (재)세타가야 트러스트 협회 3자가 협력하여 다마가와를 통해서 자연을 생각하기 위해 기획된 것입니다. 그 운영위원이 세타가야 트러스트 협회의 회보에서 공모하여 현재 FOS 사무국에서 근무하는 에노모토씨를 시작으로 15명 정도의 사람이 모였습니다. 강사를 초대하여 다마가와를 통해 자연환경을 공부하는 총 10차례의 세미나였습니다.

원래 1년간의 세미나였으나 운영위원들은 종료 후에도 활동을 계속하고 싶다고 생각하여 모임을 지속했습니다.

세타가야 마을만들기 펀드 보고회

그러나 자신들만으로 활동을 계속해가는 것은 운영자금이나 활동장소의 문제가 있었습니다. 정확하게 그 즈음, 「세타가야 마을만들기 펀드」 제1회 조성사업 모집이 실시되었습니다(93년 5월). 에노모토씨들은 이에 응모하여 80만원의 조성금을 얻을 수 있었습니다.

모임은 다마가와 환경세미나를 통해서 모인 멤버 등으로 영어번역으로 프렌즈 오브 세미나로 명칭을 결정했습니다. 아이들도 포함하여 많은 사람들에게 자연이나 환경의 중요성을 알리고 체험을 통한 다양한 활동을 전개해 가게 되었습니다.

자연을 살린 마을만들기

FOS 활동은 인도어 세미나와 아웃도어 세미나 2개로 나뉘었습니

인도어 세미나

아웃도어 세미나

다. 인도어 세미나란 강사를 초빙하여 학습회를 하는 것이고 아웃도어 세미나란 주로 자연관찰회입니다. 「자연을 살린 마을만들기」라는 테마는 다마가와 환경세미나때부터 일관되게 해 왔으나 FOS에서는 다마가와에 국한하지 않고 예를 들면, 도시속의 자연을 어떻게 할까의 문제에 대해서도 적극적으로 노력하고 있습니다.

얹혀살기 작전

세타가야 마을만들기 펀드에서의 조성금은 강사료에 주로 쓰였으나 그 외의 잡비등도 당연히 필요했습니다. 또한 FOS 독자적으로 활동하는 경우는 회의장의 준비에서 강사구하기, 팜플렛 발송까지 사무국의 작업은 전부 자신들이 해야 했기에 부담이 매우 커졌습니다. 거기서 생각한 것이 얹혀살기 활동입니다.

◆ 프렌즈 오브 세미나가 개최하고 있는 [얹혀살기 학교]
"메구로강을 걷자!"의 마을 팜플렛

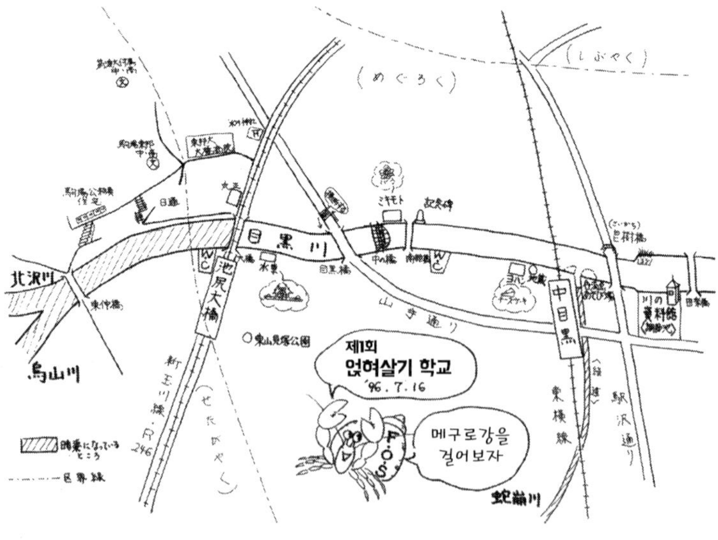

얹혀살기 활동이란 집을 빌린다는 의미로 다른 모임의 활동에 편승해서 더불어 활동하는 것입니다. FOS 팜플렛의 문장을 인용하면 「환경이나 마을만들기를 생각하는 그룹의 이벤트 기획, 운영에 참가·협력해서 공동 주최하여 네트워크를 넓혀간다」는 것입니다.

세타가야 트러스트 협회와의 관계

얹혀살기 활동은 세타가야 트러스트 협회와 강하게 연결되어 있습니다. 트러스트 협회에서는 자원봉사 그룹 육성을 도모하고 있고 FOS 멤버는 이 자원봉사도 겸하고 있습니다. 협회는 FOS를 자원봉사에서 자주적으로 발생한 그룹으로 자리매김하고 있다고 합니다. 따라서 물품, 복사기 사용이나 공간대여 등 협력을 얻기도 하고 협회 이벤트에 FOS로 부스를 내거나 FOS활동을 후원받는 등 협력관계에 있습니다.

필드라는 집을 빌려서

1995년도는 세타가야 트러스트 협회의 숙소(장소)를 빌린 얹혀살기대학(인도어 세미나)이 중심이 되었으므로, 96년에는 더 바깥으로 나가자는 것이 되었습니다. 필드를 집으로 하여 지역에서 활동을 하고 있는 그룹의 현장을 방문한다는 활동입니다.

예를 들면 여름에는 메구로강을 무대로 한 이벤트를 실시했습니다. 강사로는 「메구로강을 풍요로운 생활환경으로 만드는 모임」의 아베 마사코씨를 초청하여 메구로강을 걷고 메구로 구립 「하천 자료관」을 견학했습니다. 이때는 세타가야 마을만들기 펀드의 "마을만들기 시작 한발짝 조성" 그룹인 「물의 모임」과 공동주최했습니다.

메구로강 하류의 메구로구측은 행정과 지역이 협력하여 하천 환경의 정비가 실시되고, 세타가야구측은 암거(暗渠)가 되어 있습니니다. 메구로구측의 저수지를 이용한 「강 자료관」은 메구로강에 대해서 다양한 정보를 소개하고 있고, 강사인 아베씨는 자료관을 만들 때 건설준비위원을 했다고 합니다. 그때의 이야기를 하면서 메구로강과 사람과의 관계를 이야기하고 있습니다.

일보 진화한 얹혀살기 활동의 형태

FOS 중심 멤버는 대표자인 야나기다씨와 사무국의 에노모토씨 2명입니다. 에노모토씨는 FOS를 「야나기타씨라는 주인과 나라는 지배인의 개인상점. 2인 3각으로 지탱해왔다」고 말합니다. 그리고 다른 그룹의 집을 빌리면서 진행해온 활동에도 일보 진화한 형태가 보여진다고 합니다.

그것은 주인인 야나기다씨와 에노모토씨가 다른 그룹의 간사나 어드바이저 등을 받게 된 것입니다. 이미 얹혀살기가 아니라 완전히 다른 그룹에 들어가 기반을 만들고 있는 상태라고 할 수 있습니다. 또한 다른 모임에 강사를 파견하여 강사료를 FOS활동자금으로 충당하기도 합니다.

얹혀살기도 처음은 개인의 만남에서

얹혀살기 활동그룹과의 관계에는 크게 3가지 패턴이 있다고 합니다. 하나는 상대 그룹에 들어가서 스스로 주요멤버가 되는 패턴, 두 번째는 어디까지나 공동주최라는 패턴, 세 번째는 완전 얹혀가는 식으로 이름만 올려놓는 패턴입니다.

어느 패턴에서도 중요한 것은 사람과의 연결, 개인적 네트워크라는 것입니다. 사람과 사람과의 만남이 있고 그것이 활동으로 연결된다는 것입니다.

활동자금 회계

FOS 활동자금은 세타가야 마을만들기 펀드 조성금(96년도는 250만원)과 강사파견료로 이루어지고 있습니다. 지출은 주로 초청한 강사의 사례비로 사용하고 있다고 합니다. 강사로 초청할 때에는 친구이므로 무료라는 것이 아니라 상대 그룹의 활동자금으로 사용하도록 강사료를 지불하게 되어 있습니다. 그 외에는 자료비나 인쇄비, 우편발송 비용 등입니다.

또한 최근에는 관찰을 위한 도구로 쌍안경이나 휴대형 현미경 등을 구입하여 조금씩 비품도 갖춰지고 있다고 합니다.

개인상점의 미래는?

에노모토씨는 얽혀살기 활동을 통해서 여러 모임과 연결되어 활동 폭이 넓어졌으므로 지금은 별로 FOS 형태에 연연하지 않는다고 합니다. 현재는 독자적으로 모임을 개최하는 형식은 그다지 취하지 않는다고 합니다.

「각 그룹에서 뛰어난 분야가 있으므로 그런 것을 잘 빌려간다. 그것은 시민그룹, 공공기관, 기업 어느 것이든 좋다」라고 말하고 있습니다.

「개인상점」의 향후 존재방법으로 물과 녹색모임 네트워크 만들기가 있습니다. 환경보호 단체끼리는 옆으로의 연결이 약하므로 어딘가 모체가 되는 곳이 있어 그곳을 중심으로 큰 테두리를 넓혀 가려고 생각합니다.

에노모토씨는 「그런 연결고리가 가능해지면 향후 그 모체를 돕는 것을 메인으로 활동하고 싶다. FOS와 같은 개인상점이 네트워크를 만들어가기 위해서는 한계가 있다고 생각합니다. 제대로 된 조직이 있어 전문 종사직원이 있는 곳이 중심이 되어 네트워크의 테두리를 넓혀갔으면 하며 그렇게 협력하고 싶다」고 말하고 있습니다.

NPO의 횡적 연결에도 종적 분할구조가 반영되고 있다

행정의 종적 분할구조의 폐단이 계속 지적되고 있으며, 그 외곽단체에도 폐해의 영향은 나타나고 있습니다. 예를 들면 재단법인 세타가야 트러스트 협회와 세타가야 마을만들기 센터는 이제까지 상호교류는 약했다고 할 수 있습니다. 게다가 그것은 시민단체에도 영향을 미치고 있습니다. 활동내용에 따라 관련 공공기관의 담당부서가 다르므로 시민단체끼리의 연결도 종적분할이 되어있다는 것입니다. 그런 까닭에 환경보호단체와 마을만들기 단체의 교류는 적었다고 할 수 있습니다.

에노모토씨는 종적 분할의 영향을 뛰어넘을 수 있는 것으로 「세타가야 마을만들기 펀드」의 존재를 평가할 수 있다고 합니다. 에노모토씨는 스스로 초기의 펀드신청은 마을만들기 단체가 다수를 점하므로 위화감을 받았다고 합니다. 그래도 교류하는 동안 결국 하려는 일은 같다는 느낌이 들었다고 합니다. 세타가야 마을만들기 펀드를 둘러싼 교류 성과는 크다고 할 수 있을 것입니다.

FOS활동으로는 세타가야 마을만들기 펀드에서 후원을 받고 있는 단체와의 얽혀살기 활동을 중요하게 생각하고 있다고 합니다.

세계각지의 스터디 투어 전개

글로벌 익스체인지

칼럼
해외사례

■ 글로벌 익스체인지란

글로벌 익스체인지(Global Exchange, 약칭 GEX)는 미국 샌프란시스코에 있는 NPO입니다. 선진국에 의한 불공정한 수출입거래(unfair trade)를 시정하고 공정한 경제기회가 보장되는 세계를 목표로 활동하는 것을 기본이념으로 하고 있습니다. 국제협력 · 경제개발 관련의 사회인을 위한 교육이나 개발도상국에의 스터디투어(교육목적 여행), 페어 트레이드 샵(공정한 거래에 의해 개발도상국에서 수입한 상품을 판매하는 가게) 등을 기획 · 운영하고 있습니다.

■ 리얼리티 투어란

리얼리티 투어(Reality Tours)란 GEX 활동이념에 근거하여 참가자가 현지를 보고 사람의 이야기를 듣는 것으로 거기서 무언가 문제가 되는 것이 있는가, 어떻게 하면 그 문제를 해결할 수 있는가에 대해서 실체험의 기회를 제공하는 스터디 투어입니다. 투어에서는 현지 농민이나 인권, 평화, 종교, 환경 등의 분야에서 활동하고 있는 사람을 시작으로 정부 공무원이나 반대의견을 가진 사람의 이야기노 들어봅니다.

GEX에서는 이제까지 멕시코, 쿠바 등 아메리카대륙뿐 아니라 남아프리카 공화국과 베트남, 필리핀 등 아시아를 포함하는 여러 나라에서 투어를 실시해왔습니다.

■ 참가자끼리 문제의식을 높여가는 리얼리티 투어

1996년 여름 GEX에서 인턴을 한 안도 미쓰요(게이오대학 경제학부 3학년생)씨는 캘리포니아주 남부 스트로베리 필드에서 실시한 리얼리티 투어에 참가했습니다. 안도씨는 「내가 참가한 투어는 1박 2일의 주말투어였습니다. 참가자는 25명 정도. 젊은 사람부터 노인까지로 직업도 학생, 신문기자, 교사, 의사 등 다양했으나 참가자들의 환경문제에 대한 관심은 공통적으로 높았고 그들의 문제의식 수준에 놀랐습니다. 현지를 보고 환경문제를 중심으로 하여 그 근저에 있는 문제에 대해서 다양한 사람들의 이야기를 듣는다는 내용이었습니다. 이동 중 버스 안에서 참가자끼리 토론을 하며 짧은 시간이지만 각각의 입장에서 서로가 현실을 바라볼 수 있었다고 생각합니다」라고 투어에 의한 교육효과를 평가하고 있습니다.

또한, 딸기밭을 주제로 한 환경문제에 대해서는「캘리포니아 딸기에서 파생된 환경문제를 해결하기 위해서는 단지 농약이나 화학비료를 사용하지 않으면 되는 것이 아닙니다. '농약병에 담긴 경고문을 이해하지 못하고, 사용법을 오역하여 자신들의 건강을 해치게 된다' 라는 환경문제의 배경에는 교육과 경제라고 하는 사회적인 문제가 기저에 있습니다. 이런 문제는 현지 사람들만의 힘으로는 해결할 수 없는 것으로 여러 입장의 사람들이 문제의식을 가지고 적극적으로 행동해 갈 필요가 있다고 생각합니다」라고 투어체험에 근거한 감상을 말했습니다.

II-7 시민의 네트워크를 만들기 위해

7–1 마을만들기 정보센터 가나가와 (통칭 : 아리스센터)

7–2 한신 대지진 부흥 시민 마을만들기 지원 네트워크

7-1 마을만들기 정보센터 가나가와「통칭 : 아리스센터」

다양한 시민활동을 폭넓게 백업하는 "서포트센터"

마을만들기 정보센터 가나가와, 통칭 아리스센터는 마을만들기나 생활에 관계된 다양한 분야의 시민활동에 대한 정보제공·교환과 활동의 노하우 등 서포트를 목적으로 1987년에 설립된 민간비영리 단체입니다. 같은 해 세워진 컴퓨터 통신 네트워크「원더랜드 가나가와」가 최초의 활동이었습니다.「시민이 주역인 세상만들기를 지원합니다」를 개념으로 창설멤버인 츠치야씨, 가와사키씨를 중심으로 열정적인 활동을 전개하고 있습니다.

3개의 목적, 3개의 기능

센터에서는 활동의 개념으로「3개의 목적」을, 센터가 담당하는 구체적인 움직임으로「3개의 기능」을 들고 가나가와현을 중심으로

◆ 활동개념과 구체적 활동

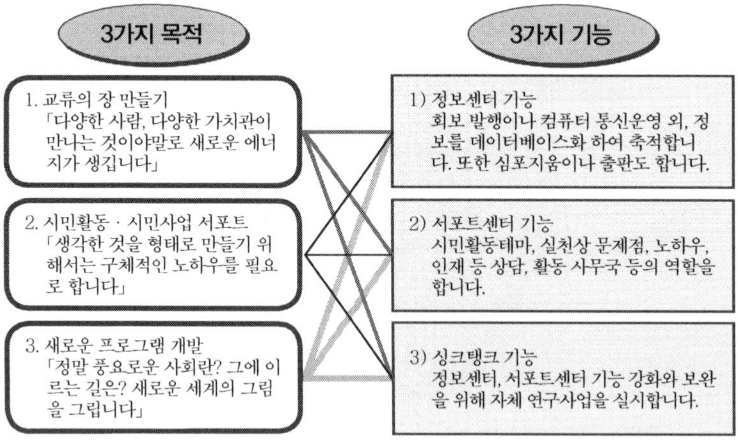

시민이나 시민단체, 연구자의 네트워크를 기반으로 활동을 전개하고 있습니다. 마을만들기나 생활에 관련된 것, 특히 리사이클이나 환경문제, 지역정보의 제공, 시민참가 등의 분야를 통해서 마을만들기에 힘쓰고 있습니다.

정보 · 서포트 분야는 다종다양

아리스센터의 활동대상은 매우 다양합니다. 1995년의 내용을 정리해보았습니다.

시민활동의 상담

95년도부터 들어온 상담의 주요 사항을 시트에 기입하여 정리를 했는데 1년간 약 50건의 상담이 있었습니다. 그 중 약 절반이 시민단체에서의 활동노하우나 행정정보를 구하는 문의이고, 다음으로 많은 것이 행정 공무원으로부터의 시민활동 상황이나 지원책의 상담입니다. 또한, 시민개인으로부터는 각 활동에의 참가 방법 등이고, 컨설턴트에서는 수탁연구 등과 관련하여 센터나 시민생활의 상황을 문의해오는 경우도 있는 것 같습니다.

「래빗통신」 발행

「래빗통신」은 아리스센터의 회보입니다. 아리스센터의 근래 상황보고나 스탭의 기획 · 취재에 의한 특집기사를 게재하는 한편, 현내의 시민활동 그룹이나 행정이 주최하는 이벤트 정보 등도 소개하고 있습니다.

활동 사무국을 담당

주민과 복지활동의 실천을 통해 향후 마을만들기의 형태를 생각하는 「나카무라 지구의 마을과 생활을 생각하는 모임」의 사무국의 역할도 하고 있습니다. 이 모임에서는 히어링이나 학습회를 실시하고 있습니다. 또한 장애자와 그 관계자에 의해 운영되고 있는 「피어넷」의 사무국도 담당하고 있습니다. 「피어넷」은 장애에 대해서 생각하고 장애자의 사회참가나 취직과 같이 넓은 커뮤니케이션의 테두리를 만들어가는 활동을 하고 있는 컴퓨터 네트워크입니다. 그 외에도 섬유 리사이클활동 「파이버 리사이클 네트워크」 사무국 등 일상 업무 외에 다양한 시민활동의 사무국으로서의 역할을 맡고 있습니다.

수탁사업

1995년에는 포럼 요코하마 「시민활동 응원강좌」의 기획협력 등 수탁사업도 실시했습니다.

◆ 1995년도 활동실적 일람

구분	사업실적 일람	정보	서포트	싱크탱크
일상업무	1) 시민활동 상담업무	○	○	
	2) 래빗통신 발행	○	○	
사무국업무	3) 파이버 리사이클 네트워크		○	
	4) 나카무라 지구 마을과 생활을 생각하는 모임		○	
	5) 피어넷	○	○	○
수탁업무	6) 수향 수도 전국회의 (사무국 업무)		○	
	7) 포럼 요코하마 [시민활동 응원강좌] (기획협력)		○	
자체사업	8) 북렛 [시민참가 마을만들기] (가칭) 편집	○	○	○
	9) 시민 이용시설 운영을 생각한다 (준비회 · 버스투어)		○	○
자체사업	10) 현민(縣民)활동 서포트센터에 관한 정보수집, 의견교환		○	
	11) NPO 법안에 대한 정보수집, 정보제공	○		○
	12) 시민단체 움직임 모색			○
	13) 포럼 [비영리단체 서포트센터란] 개최	○	○	
	14) 강사, 위원회에의 참가	○	○	

또한 북렛의 발행준비 등 독자적 사업외에 「시민활동을 지지하는 제도를 만드는 모임」의 회원이 되어 NPO법안에 관한 정보수집이나 법안에 관심을 갖는 현내(縣內)의 타 단체와의 의견과 정보교환을 하거나, 시민단체의 움직임에 대해서 향후 형태를 연구하거나 하여 씽크탱크로서의 활동도 하고 있습니다.

아리스센터 재정

아리스센터는 민간비영리단체입니다. 그 재원은 회원으로부터의 회비, 싱크탱크로서의 수탁연구에 의한 수입, 기부금 등입니다. 이 자금의 대부분은 회보 「래빗통신」 발행이나 세미나 등의 강사 사례금, 그 외 사무소를 유지하기 위한 경비 등으로 이용됩니다.

95년도는 연간 수입이 약 5,660만원이었습니다. 이 중 회비에 의한 수입은 약 2,340만원을 차지합니다. 또한 사무국 업무수탁에 의한 수입도 2,000만원을 넘어섰고 그 외에는 기부금이나 발행물 등으로 보충하고 있습니다.

한편 지출로 큰 비율을 점하는 것은 역시 인건비입니다. 아리스센터의 일상 업무, 사무국 업무에 관계되어 지불해야하는 아르바이트비나 교통비 등 95년도는 약 670만원이 필요했습니다.

또한 회보인 래빗통신의 발행비용도 약 2,300만원으로 상당히 고액의 지출이었습니다.

소모품, 수도광열비, 통신비, 임차료등 기본적인 사무국의 유지비가 약 1,540만원이 듭니다. 다만 이에 대해서는 같이 들어와 있는 아리스연구소가 절반을 내고, 95년도는 아리스센터가 3할, 동연구소가 7할을 부담하고 있습니다. 96년부터는 아리스연구소가 전액부담하게 되었습니다.

「아리스연구소」 설립

아리스연구소는 1994년에 아리스센터를 모태로 하여 수탁조사 · 연구 · 기획부문을 법인화한 형태로 설립된 유한회사입니다. 아리스센터에서 얻은 노하우나 경험을 살려 마을만들기에 관한 조사 · 연구, 포럼 · 워크숍 등의 기획 · 개최, 정보지, 지역맵 등의 출판물 발행, 마을만들기 수법의 개발 · 제안을 주업무로 사업을 전개하고 있습니다. 이에 의해 임의단체에서는 곤란했던 행정으로부터의 사업위탁이 가능하게 되었습니다. 아리스연구소 직원은 아리스센터의 전문종사 스탭이 중심이 되어 구성되어 있습니다. 설립 당초는 생활클럽 생협이 부담하고 있던 사무국 스탭의 인건비도 현재는 아리스연구소가 급여를 주게 되어 스탭의 복리후생 개선으로 연결되고 있습니다. 연구소와 센터에서 연계하면서 진행되는 이 업무의 수익에 의해 안정된 수입원이 확보되어 비영리 단체인 아리스센터의 활동기반을 지원하는 재원을 유지해 가는 것이 용이해졌습니다.

◆ 1995년도 수지의 개요

수입		지출	
1) 회비	2,340만원	1) 사무소 유지비	1,540만원
2) 수탁사업수입	2,090만원	2) 아르바이트비	450만원
3) 기부금수입	70만원	3) 수탁사업지출	820만원
4) 잡수입	1,170만원	4) 래빗통신발행비	2,320만원
		5) 원더랜드 가나가와 운영비	50만원
		6) 잡비	630만원

아리스센터, 향후의 과제

강사나 위원회 참가의 의뢰도 증가, 사업을 통한 네트워크의 충실과 노하우 축적이 착실하게 도모되고 있는 반면, 일상 업무나 사무국 업무에 쫓겨 자주적인 연구 등의 사업이 희박하게 되어버리기 일쑤입니다. 향후에는 회원이나 타 단체와의 연대를 기반으로 독자적인 사업을 충실히 해나가야 할 필요가 있습니다.

재정면에서의 과제도 있습니다. 아리스센터의 재정은 현재, 사실상 아리스연구소에 의지하는 형태가 되어 있습니다. 독립적인 재원을 확보하는 방책을 찾을 필요가 있습니다.

아리스센터의 스탭은 여러 가지 워크숍의 퍼실리데이터 (추진역)도 하고 있습니다 (오른쪽 끝이 가와사키씨)

◆ 아리스센터 활동내용

아리스센터의 발자취

87년도
래빗통신 창간
퍼스컴통신 「원더랜드 · 카나가와」 개설

88년도
아리스센터 발대식 · 강연 「시민법인의 가능성」
설립 총회 · 포럼 「지금, 우리들의 마음」

89년도
제2회 총회 · 강연 「뉴 미디어스럽지 못한 CATV」
포럼 「리싸이클이란 정말 도움이 될까?」 (~90년도)
심포지움 「아줌마들의 정치가 가능할까?」

90년도
제3회 총회 · 강연 「자율적 생활권과 네트워킹」
리플렛 「지구를 구하는 127가지 방법 · 일본판」 작성
(어스데이 카나가와 연락회)
「글래스루트 매니지먼트의 개발」 (도요타 재단 조성활동)에 참가

91년도
제4회 총회 · 강연 「유럽의 새로운 사회운동에서 배우는 것」
포럼 「안심하고 노년을 맞이하기 위한 마을만들기」
지역노동문화회관 공개강좌 「마을과 지구의 재발견」 기획 운영

92년도
제5회 총회 · 포럼 「시민활동의 스타일과 매니지먼트」
시민활동 매니지먼트 강좌 「시민활동도 사업으로서 진행해보자」 (~93년도)
지역노동문화회관 공개강좌 「에콜로지 활동교류 세미나」 기획 운영

93년도
제6회 총회 · 포럼 「작은 마을의 커다란 자치」
지역노동문화회관 공개강좌 「도시농업은 어디로 가고 있나?」 기획 운영
「(조금더) 카나가와」 발행 (글래스루트 인 카나가와 프로젝트)
장애자와 애플 · 퍼스컴 통신연구회 발족
「장애자의 퍼스컴 통신 활용의 필요성과 지원시스템에 관한 조사연구」 실시

94년도
제7회 총회 · 강연 「주민 주체의 마을만들기를 지원하는 신시스템의 현황」
(유)아리스연구소 설립 (수탁조사 · 연구 · 기획부문)
포럼 요코하마 「시민활동 응원강좌」 기획협력
지역노동문화회관 공개강좌 「시민참가의 마을만들기란 무엇인가?」 기획 운영
한신 대지진 지원 요코하마 연락회 참가

95년도
제8회 총회 · 활동교류회 「시민 그룹이 자립하여 활동하려면」
피어넷 설립 (장애자와 애플 퍼스컴 통신연구회)
나카무라 지구 마을과 삶을 생각하는 모임 발족
시민네트워킹 사가미가와 발족에 협력
수항 수도 전국회의 사무국 지원
포럼 요코하마 「시민활동 응원강좌」 기획협력
강좌 · 견학회 「시민이용시설의 운영을 생각한다」 (공동개최)
현민(縣民)활동 서포트센터 준비 지원

[참고]

1. 래빗통신/마을만들기 정보센터 카나가와
2. NPO 광장 준비호/일본 NPO센터

7-2 한신 대지진 부흥 시민 마을만들기 지원 네트워크

일상적인 횡적 연결이 긴급 시 신속한 대응을 가능하게 한 지원 네트워크

1995년 1월 17일 미명(未明), 고베 · 한신사이를 위협한 전후 최대의 대지진은 많은 사람의 재산과 목숨을 빼앗고 생활의 터전인 마을에 큰 상처를 남겼습니다.
그때까지도 다양한 형태로 피해지인 고베 마을만들기에 관여한 도시계획가, 건축가, 대학연구자 등은 스스로의 손으로 피해지의 부흥 마을만들기에 도움이 되고 싶다며 지진 후 일주일째부터 서로 연락을 취하고, 10일째인 1월 27일에는 약 50명의 멤버에 의한 네트워크가 생겼습니다. 그것이 「한신 대지진 부흥지원 네트워크」 입니다.

부흥활동 중에서의 자리매김

「한신 대지진 부흥 시민 마을만들기 지원 네트워크」는 고베 시에 거점을 두고 이 지진피해로 목조 사무소가 전파된 마을만들기 회사 (주) 코 · 플랜(CO-OPERATIVE PLANNERS)의 임시사무소를 지진 직후부터 현시사무국으로 활동을 시작했습니다. 코바야시 씨를 중심으로 하는 코 · 플랜은 30년 가까이 고베 · 한신사이의 도시계획, 마을만들기에 관여하여 풍부한 경험과 실적으로 지진피해 지구의 상황을 잘 알고 있었습니다. 또한 도시계획가 고(故) 미즈야씨를 통한 친구나 제자 등이 친밀한 네트워크의 중심이 되는 등, 긴급 시 대응사무국이 되는 조건을 갖추고 있었습니다.

이 네트워크는 활동지역에 의해 고베 동부시가지, 고베 중앙시가지, 고베 서부시가지의 3개 그룹으로 나뉘어 고베시가지 전역을 커버하면서 서로 연계해가며 부흥 마을만들기 지원활동을 진행하고 있습니다. 각지에 사람을 두고 운영 · 총괄을 진행하며 또한 그

밖의 참가멤버들도 곳곳의 담당지역을 배정받아 지원활동을 전개하고 있습니다. 또한 이 지원 네트워크는 동시에 관동(關東)에 활동거점을 두고 전문가들과의 기존 네트워크도 살리고 있습니다.

지진 직후에 만들어진 「시민 마을만들기 지원 네트워크」와 대략 같은 시기에 관동에서도 「도쿄 후방 지원 네트워크」가 형성되고 시민 마을만들기 지원네트워크와 연대하여 지원활동을 전개하기 시작했습니다. 이전부터 고베 · 한신지역 마을만들기 활동에 흥미를 가지거나 현지의 마을만들기에 관여한 관동주재 학습 경험자나 도시계획가, 마을만들기 전문가, 마을만들기 그룹 등이 중심이 되어 운영되고 있습니다. 도쿄네트워크에서는 주로 부흥을 위한 기금과 자원봉사자를 모아 뉴스 「사람 · 마을 · 꽃(人町花)」 발행(1996년 5월 종료)에 의한 정보면에서의 지원, 그 외 수도권에 거점을 둔 마을만들기 활동가, 컨설턴트, 전문가 등에 의한 현지 활동지원 등을 실시하고 있습니다.

「한신 대지진 부흥 시민 마을만들기 지원네트워크」 이름대로 이

「제1회 세계 매축제」 개최

(출처 : 조경 No.7)

네트워크의 활동목적은 시민 마을만들기 활동을 전문가로서 폭넓게 지원해가자는 것으로 특정 주민조직은 참가하지 않습니다. 이러한 지역의 주민조직을 만든 현지 마을만들기 활동 네트워크는 주로 「연락모임」이라는 형태로 조직화되어 있다는 것입니다.

활동의 구체적인 내용은

부흥 시민 마을만들기 지원 네트워크는 지진 직후부터 주로 일반 피해시가지, 말하자면 「백지지역」이라고 하는 구역을 중심으로 활동을 계속하고 있습니다.

많은 도시계획 사업지구에서는 지진 후, 각각의 지구 상황에 따른 마을만들기 협의회가 설립되어 주민과 행정과의 대화에 의한 지구의 부흥이 진행되기 시작했습니다. 또한 유도형 사업이 도입되어 있는 중점부흥지구 중에는 오랫동안 주민에 의한 마을만들기 활동이 쌓여온 지구도 있고, 그런 곳에서는 지진 이전의 「마을만들기 협의회방식」이 작동하고 있던 것 같습니다. 그러나 이러한 중점부흥지역 이외의 피해가 비교적 크지 않은 지역은 이런 부흥 마을만들기 움직임조차 없었습니다. 그것이 「백지지역=피해시가지」입니다.

현지 성보의 상세한 내용과 멤버 각각의 실적뿐만 아니라 그 활동은 매우 신속·유연한데다 또한 다방면에 걸쳐 있습니다. 그 주요 사항은

- 뉴스지 「금목서」 발행
- 한신·아와지 르네상스기금(HAR기금) 현지사무국
- 월 1회 정도 네트워크 연락모임 개최
- 고베 주거·마을만들기 인재센터의 상담협력
- 다양한 심포지엄·축제 등의 개최협력
- 「한신 대지진 부흥 시민 마을만들기」시리즈의 발행

등입니다. 이 활동 중 몇 개를 선정하여 아래에 소개합니다.

뉴스지 「금목서(박달목서)」

「금목서」 창간호가 발행된 것은 네트워크가 형태를 갖추고 나서 약 2주 후인 2월 10일입니다. 기사의 주축이 된 것은 피해지역의 상황보고나 전선 · 후방에서의 지원활동을 하고 있는 전문가나 관련 조직의 움직임, 조사 · 분석보고, 그 외 부흥이벤트 정보 제공 등 피해지역의 복구에 대해서 리얼한 뉴스를 A4로 보기 좋게 4페이지로 정리하여 월 2회, 50호까지 발행할 예정입니다. 매호 약 500부를 발행하고 있으며 전국 도시계획계통의 강좌를 가진 대학교수와 컨설턴트의 FAX네트워크, 도시환경디자인의회(議会) 등의 협력에 의해 발송하고 컴퓨터 네트워크 등에 의해 독자를 늘리고 있습니다.

또한 지면을 통한 현지주민 봉사자 모집, 금목서 지원 네트워크 리스트를 만드는 등 정보지라는 매체를 살려 활동 폭을 넓히고 있습니다.

또한 「금목서」 『사람 · 마을 · 꽃(人町花)』 뿐 아니라 피해지역 각 지구에서도 많은 마을만들기 뉴스가 발행되었습니다. 이들은 주로 각각의 지역을 향해서 발신되고 있었으나 부흥 마을만들기라는 점에서는 공통 과제도 많아 다른 지역이 서로의 경험을 공유하기 위한 방법으로 「한신 대지진 부흥 시민 마을만들기(학예출판사)」라는 책을 1995년 5월 30일에 간행했습니다. 이것은 그 후, 계속 발행되어 시리즈화 되었습니다.

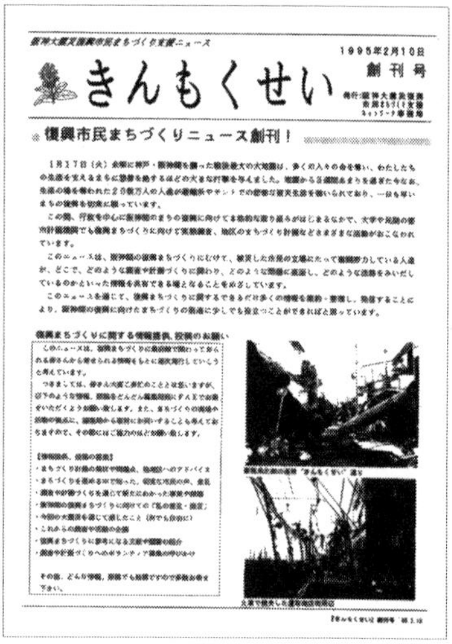
きんもくせい
1995年2月10日
創刊号
復興市民まちづくりニュース創刊！

금목서(박달목서) 창간호

「한신 아와지 르네상스 기금」

「한신 아와지 르네상스 기금」(이하, HAR기금)은 정보, 행정으로부터 독립된 비영리 순수 민간운영으로 개인 베이스 시민 마을만들기 지원기금입니다. (재)마을만들기 시민재단이 모금주체가 되고 그 특별기금으로 설립되었습니다. 한신 대지진 부흥 시민 마을만들기 지원 네트워크는 이 현지사무국이 되었습니다. HAR기금에서는 원칙적으로 앞서 말한 백지지역을 대상으로 부흥 마을만들기에 힘쓴 다양한 현지 활동과 그에 협력하는 전문가 지원을 실시하고 있고, 한신 대지진 부흥 시민 마을만들기 지원 네트워크는 주로 주민 · 행정, 컨설턴트 등의 인적 네트워크를 살려 현지사무국으로서의 역할을 다하고 있습니다.

그 외의 활동

한신 대지진 부흥 시민 마을만들기 지원 네트워크는 또한 이제까지 소개한대로 네트워크 골격을 이루는 활동과는 별개로 몇 개의 특정 프로젝트에도 협력하고 있습니다.

- 건축학회 · 도시계획학회의 지진부흥 도시만들기 특별위원회에 의한 피해실태 긴급조사, 피해정도별 건물분포상황도 작성에의 협력, 그 후 피해지조사교류회 등에의 전개에 협력
- 시가지 녹화재생 프로젝트 「깨진 기와에 꽃을」 운동과 그 후의 랜드스케이프 부흥지원 회의에의 발전 협력
- 컬렉티브 하우징(공동거주형 집합주택)의 실현을 목표로 한 사업추진의 응원 등

미래에의 전개를 위하여

1996년 11월 22~24일 3일간에 걸쳐 나가타구 오오구로 공원을 메인 대회장소로 「부흥 마을만들기 축제/제1회 세계 매의 축제」가 개최되었습니다. 여기에서는 부흥 마을만들기 활동에 관계된 다양한 현지조직, 후방 지원조직이나 많은 마을만들기 네트워크가 참가했습니다. 현지 마을만들기 협의회가 중심이 되어 진행한 커뮤니티축제를 중심으로 시민 마을만들기 지원 네트워크 외의 지원 네트워크에 의한 건축제, 시가지축제, 문화제 등이 만들어지고 확장되어 서로 정보를 교환하고 의견을 나누는 「부흥 마을만들기 축제」가 되었습니다. 이러한 주민자신의 손에 의한 주민 자신을 위한 자립된 이벤트가 향후에도 실시되어, 서로 연대하고 전개해 나가는 과정에서 새로운 유대감이 발생되는 것을 기대하고 있습니다.

자원봉사 지원활동은 학생들도 많이 참여 (촬영 : 후지에 도오루)

[참고]

1. 지역 · 지구방재 마을만들기/(주) 옴사
2. 지역개발(1996년 7월호)/일본지역개발센터
3. 조형 No. 7/건축자료연구회
4. 한신 대지진 부흥 시민 마을만들기 지원뉴스 「금목서」 창간호~제25호/한신 대지진 부흥 시민 마을만들기 지원 네트워크 사무국

샌프란시스코 차이나타운에서 활약하는 NPO CRC/CCHC

칼럼
해외사례

샌프란시스코에서 차이나타운은 가장 특징 있는 커뮤니티 중 하나로 형성되고 있습니다. 이 마을은 도심의 다운타운이나 비즈니스센터에 인접한 입지조건에 의해 많은 시민, 비즈니스맨, 관광객 등에 친숙함을 줍니다. 인구 약 1만 명의 이 커뮤니티는 9할 이상이 중국계, 독신세대가 4할 이상, 고령자가 많고, 세대수입은 시 평균의 반 이하로 매우 낮습니다. 이 마을에 「차이나타운 리소스 센터 (약칭 CRC)」가 설립된 것은 1977년의 일입니다.

CRC는 이 지구에서 교통, 주택, 오픈스페이스 등의 문제에 개별적으로 노력해 온 기존의 그룹이 모이고 샌프란시스코 재단의 자금제공을 받아 설립된 지역베이스 NPO입니다. 커뮤니티의 건강한 실현을 위한 계획입안이나 프로그램 촉진, 거기에 필요한 사회적 조직 창출 등 폭 넓은 활동을 해왔습니다.

60년대부터 70년대에 걸쳐서 인접한 다운타운과 비즈니스센터가 확대됨에 따라 소규모 상점과 저가 월세 주택이 많은 이 마을은 위기적인 상황에 처했습니다. CRC는 이 사태에 대해서 조닝(용도지정)의 재고를 시에 제기하고 「차이나타운의 도시계획과 조닝변경에 관한 조사」(1986년)를 주민 참가 하에 정리하여 용도지정 변경을 이뤄냈습니다.

또한 1978년에는 주택 공급과 운영사업을 전문으로 실시하는 NPO로 「차이니즈 커뮤니티 하우징 코퍼레이션(약칭 CCHC)」을 설립하고 있습니다. CCHC는 80년대에서 90년대에 걸쳐서 차이나타운뿐 아니라 도심의 슬럼가 「텐더 로인지구」를 대상으로 저소득층을 위한 주택, 고령자 주택 등을 차례로 완성했습니다. 샌프란시스코에는 합중국 정부에서의 종합보조금(커뮤니티개발 종합보조금 약칭, CDBG)을 받는 CDCS가 60개 정도 있으나 CCHC는 그 중에서도 사업력을 높게 평가받고 있습니다.

CRC와 CCHC의 관계도를 설명하는 스탭 (1992년)

텐더 로인 패미리 하우징 : CCHC에 의한 저소득층 주택 (1993년)

CRC와 CCHC는 차이나타운지구에서 차량의 양쪽 바퀴의 관계와 같아서 지구주민의 생활이나 주거문제에 폭넓게 응답하고 있습니다. CRC는 또한 관련된 NPO로서 임차인조직이나 골목길 미화조직 등 개별 문제에 대응한 조직을 발족하여 시민주체 마을만들기에 폭넓게 힘쓰고 있습니다.

주민이 스스로 생활의 유지나 개선을 위해 이와 같이 다양한 NPO를 가지는 것, 그런 단체가 전문적 지식과 경험을 가지고 전문종사 스탭에 의해 운영되고 있는 것에 주목해야 할 것입니다.

II-8 주민을 지원하는 지역 전문가 육성

8–1 다마가와 마을만들기 하우스

8–2 도쿄란포

8-1 다마가와 마을만들기 하우스

일본판 마을만들기 NPO를 향한 선구적 조직

「다마가와 마을만들기 하우스」는 지역주민의 마을만들기 활동을 지원하는 전문가 조직으로 1991년에 탄생했습니다. 이제까지 공원 계획만들기나 빈 땅을 활용한 커뮤니티 가든 실현, 고령자 재택 서비스센터의 설계지침 작성 등 다양한 프로젝트에 관여해왔습니다. 지역 커뮤니티 중에서 서서히 네트워크를 넓히고 활동하면서, 새로운 전문가와 지역의 관계나 네트워크형 조직을 형성하고 있습니다.

일본판 NPO를 목표로 태어난 조직

다마가와 마을만들기 하우스
이토씨, 코니시씨 자택의 한 구석에 다마가와 마을만들기 하우스 거점이 있습니다

「다마가와 마을만들기 하우스」는 1991년 봄에 생긴 "주거와 인근의 환경개선이나 보전에 힘쓰는 지역주민 활동"을 돕는 민간비영리 마을만들기 전문가 조직입니다. 세타가야구(면적 58㎢, 인구 76만 명)의 일부인 다마가와 지역(16㎢, 19만 명), 특히 양호한 주택지인 다마가와 덴엔쵸후(田園調布)를 주 대상지역으로 하고 있습니다. 다양한 분야의 마을만들기에 종합적으로 힘쓰는 지역 한정형 조직일 것, 또한 당초부터 일본판 마을만들기 NPO를 목표로 한 것이 특징입니다.

◆ 다마가와 마을만들기 하우스가 탄생하기까지의 경위

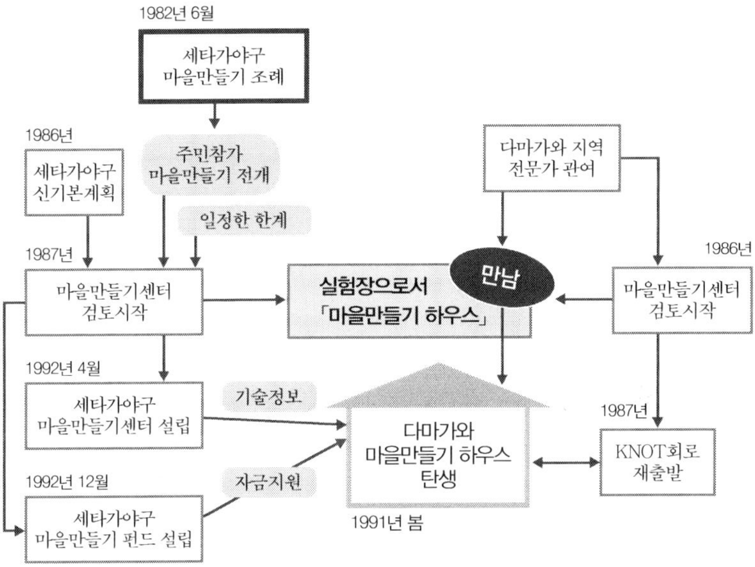

다마가와 마을만들기 하우스 탄생에는 몇몇 필연과 우연의 요소가 있었습니다. 그중 하나는 지역의 주민과 전문가의 만남입니다. 1987년경부터 지역에서 활동하고 있던 주민 그룹 「온수풀의 건설을 추진하는 모임」(현재는 「KNOT의 모임」)에 지역주재 건축가인 이토씨, 코니시씨와 마을만들기 전문가인 하야시씨 등이 관여하게 되었습니다. 이들 전문가와 주민과의 만남이나 전문가 상호간의 만남이 다마가와 마을만들기 하우스 설립의 큰 계기가 되었습니다.

한편, 다마가와 마을만들기 하우스는 마을만들기의 큰 흐름으로 보면 시대의 요청에서 필연적으로 생겼다고 할 수 있습니다. 1980년대에 세타가야구나 고베시 등에서는 마을만들기 조례를 만들어 주민참가의 마을만들기를 진행해왔습니다만 그 경험 중에 「주민참가」라는 방법에 주민도 행정도 의문을 품게 되었습니다. 세타가야구에서는 마을만들기에 있어서 주민, 행정, 기업 등의 각 주체의 새로운 방법을 검토하기 위해서 87년부터 조사를 진행했습니다. 이 조사에서는 「주민참가」에서 「주민주체」의 마을만들기로 전환할 필요가 있다는 것, 이를 위해서는 미국 NPO와 같이 주민의 봉사에 의한 마을만들기를 돕는 전문가 조직이 필요하다고 생각하게 되었습니다. 이 조사에 관여한 하야시씨나 이토씨는 자신들의 지역에서 NPO를 만들어 실천하려고 생각했던 것입니다.

다마가와 마을만들기 하우스는 이런 것을 하고 있습니다

다마가와 마을만들기 하우스는 5년간 아래의 그림처럼 6개 분야에서 다양한 활동을 전개하고 있습니다.

◆ 다마가와 마을만들기 하우스 활동내용

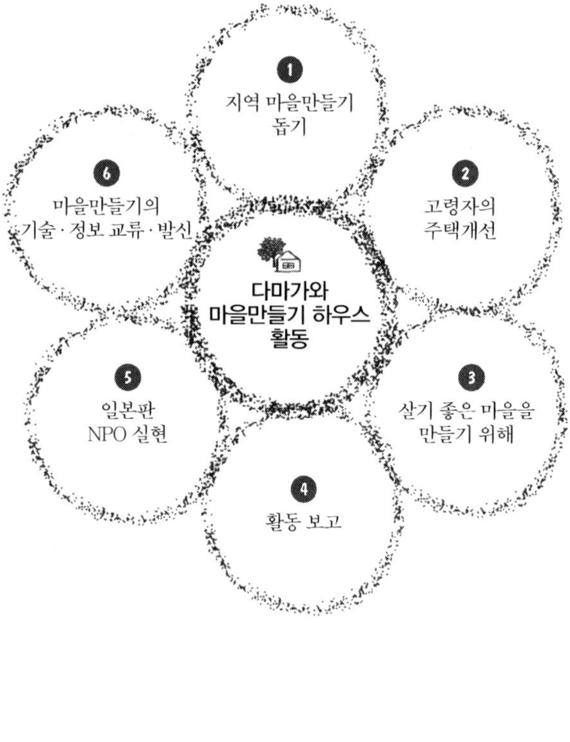

공원예정지에서 진행된 체험 워크숍. 화장실 위치 검토

예를 들면 강아지풀 공원을 만들 때

세타가야구 주택가에 있는 「구립 강아지풀 공원」은 높게 자란 풀로 뒤덮여 있으며 특별한 건 없지만 마음이 편해지는 공원입니다. 지역주민들이 직접 만들고 관리도 하고 있습니다.

이 공원은 「모처럼의 지역공원이니까 지역사람들에게 납득이 가는 것이 좋다」라는 주민의 목소리에서 주민과 구청이 하나가 되어 디자인을 구상하고 관리방법도 검토했습니다. 이 프로세스를 다마가와 마을만들기 하우스가 함께 했습니다.

세타가야 구립 「강아지풀 공원」
이 날은 3주년 이벤트 개최

「강아지풀 공원」의 설계 시에 디자인이나 관리에 대해 5번의 워크숍을 진행하고 검토했습니다. 워크숍에서는 프로그램을 생각하거나 재료를 만들었습니다. 당일의 진행이나 워크숍에서

나온 의견들을 정리하여 실행하도록 했습니다. 이와 같이 회의에 참가한 주민의 의견이 나오기 쉽게 하는 연구나 의견을 디자인 등에 반영해가는 작업은 강아지풀 공원의 경우 「주민」과 「다마가와 마을만들기 하우스」의 전문가 스탭과 행정 조직인 「세타가야 마을만들기 센터」가 협력하여 실시했습니다.

워크숍을 열어 주민의 의견을 정리하고 공원의 계획에 반영해가는 것은 주민만의 조직으로는 곤란합니다. 주민이 희망해도 기존 계획이 진행되어 반영되기 어렵거나 의견을 정리하는 도중에 좌절하거나 하기 때문입니다.

주민주체로 계획을 만드는 것에는 행정 조직을 이해하고 전국 각지의 정보를 파악하고 있는 전문가와 함께 진행해가는 것이 요구된다고 합니다.

고령자 재택서비스센터 설계가이드 돕기

또한 다마가와 마을만들기 하우스는 지역의 「고령자 재택서비스센터」에 대해서 지속적으로 힘쓰고 있습니다. 재택서비스센터 건설예정지는 91년에 세타가야구가 구입했습니다. 그 이전은 여기에 살고 있던 오카모토씨가 아이들을 위해 자택을 개방해 놓아 지역에 친숙한 장소였습니다. 현지 마을만들기 그룹 「KNOT의 모임」이나 다마가와 마을만들기 하우스에서는 건설까지의 사이에 이 토지를 「꽃과 푸르름이 넘치는 지역정원=커뮤니티 가든」으로 활용하려고 92년부터 현재까지 구에서 토지를 빌려 즐기면서 다양한 행사를 했습니다.

한편, 다마가와 마을만들기 하우스에서는 재택서비스센터라는 시설의 건립방법, 고령화 사회에 있어서 지역의 모습을 생각하려고 92년부터 전문가를 불러 공부회를 열거나 시설견학을 실시했습

커뮤니티 가든에서 어르신들에게 보낼 부케를 만드는 모습

니다. 또한 93년 10월과 94년 2월에는 워크숍을 개최하고 지역주민과 수시로 내용을 검토했습니다.

이와 같은 노력으로 구에서도 시설 설계를 주민과 같이 진행하기 위해 95년에 설계지침이 되는 「설계가이드」를 만들었습니다. 95년 11월~96년 4월 사이에 구민참가회의나 부서회의, 앙케이트와 시설 견학회를 열정적으로 실시하고 부지의 이용이나 시설설계에 대한 요망, 운영조직 이미지, 향후 주민참가의 형태 등을 정리했습니다.

다마가와 마을만들기 하우스는 세타가야 마을만들기센터에서 위탁받아 구민참가회의의 운영 등을 돕고 있습니다.

다마가와 마을만들기 하우스 조직과 수입

다마가와 마을만들기 하우스는 당초 스탭 3명으로 시작했습니다. 사무공간은 스탭 한 명의 집안 한편에 전화 겸 FAX를 놓는 것이 다였습니다. 그러나 5년 만에 스탭의 집 개축 시에 협의하여 전용공간을 만들고 스탭도 7명 (1명은 전문종사 스탭)으로 증원, 조직정비도 충실히 해왔습니다.

다마가와 마을만들기 하우스의 95년도 사업수입은 약 1,630만원입니다. 내역은

(1) 각종 재단에서의 후원금 및 기부금 (약 270만원)

(2) 위탁조사비, 연구회 기획운영비, 강사료, 활동보고 자료판매 수입 (약 1,300만원)

(3) 회비 및 기부금, 그 외 (약 60만원)입니다.

(1)은 과거에는 공익신탁 세타가야 마을만들기 펀드나 (재)하우징 커뮤니티재단에서의 후원을 받은 경우가 있습니다. 또한 일본건축사회 「마을만들기상」을 받아 그 상금을 받은 적도 있습니다. 「이 자금원은 NPO로 중요하지만, 후원을 받을지의 여부는 심사에 의한 것이므로 후원을 받을 수 없는 경우나 지속적으로 후원을 받는 것이 곤란한 경우가 문제이다」라고 이토씨는 말했습니다.

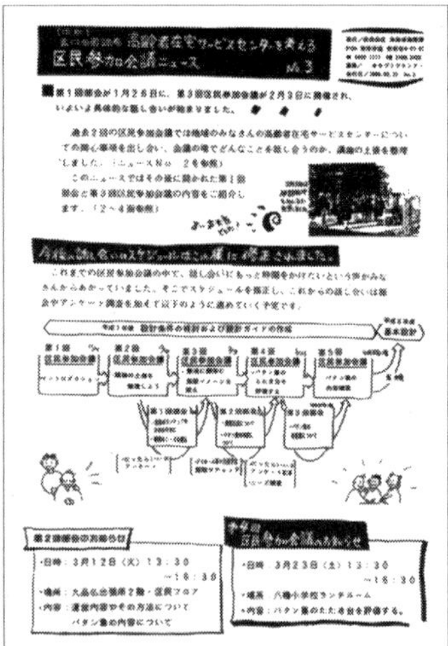

다마가와 덴엔쵸후 고령자 재택서비스 센터를 생각하는 구민참가뉴스 No.3

(2)는 행정이나 그 외의 조직에서 위탁받아 조사하거나 워크숍 기획 · 운영을 한 경우입니다. 95년에는 세타가야 마을만들기 센터에서 「다마가와 덴엔쵸후 고령자 재택서비스센터 주민회의 운영협력」을 위탁받았습니다. 법인격이 없으므로 직접 위탁을 받을 수 없는 경우도 있어, NPO의 공통 고민이 여기에서도 문제화되었습니다.

96년도에는 5년간의 노력을 정리한 「다마가와 마을만들기 하우

스 활동기록, 모두 같이 호잇!」을 판매하여 약 1,000만원의 수입이 생겼습니다.

다마가와 마을만들기 하우스 자금원은 당초 후원금 등에서 현재는 위탁이나 조사비 등으로 비중이 옮겨졌다고 합니다. 향후에는 회비 등의 수입도 늘리고 균형과 안정성 있는 수입구조로 만들어 가는 것이 과제입니다.

다마가와 마을만들기 하우스의 지출

다마가와 마을만들기 하우스 운영은 현시점에서는 스탭의 개인적인 부담에 의해 성립된 부분이 크다고 할 수 있습니다. 예를 들면 사무소의 임대료나 광열비 등은 스탭이 내고, 전문종사 스탭의 급여는 약간만 지불했으며 비상근 스탭은 전부 자원봉사자입니다. 경비는 전화비, 복사비, 통신비, 문구 등의 소모품비, 필름이나 사진비, 회의 등의 음료비, 자료비 등으로 사용됩니다.

장래적으로 전문종사 스탭의 인건비나 수도 · 광열비, 컴퓨터 등의 비품구입비나 경비 등 최소한도는 확보하고 싶다고 생각하고 있습니다. 이를 위해서는 지금보다 3,000만 원정도가 더 필요해서 1,000만 원정도의 회비 및 기부금과 2,000만 원정도의 사업수입을 늘려가는 것이 필요하다고 생각됩니다.

때가 무르익기를 기다려서 프로젝트를 시작한다

일본에는 다마가와 덴엔쵸후와 같은 양호한 주택지를 대상으로 한 지역한정형 마을만들기 전문가 조직의 사례가 많지 않아서 이토씨는 지역(커뮤니티)과 전문가 조직의 관계에 대해서 다음과 같이 말합니다. 「다마가와 마을만들기 하우스는 지역 문제에 대해서 때가 무르익기를 기다려서 프로젝트를 시작했습니다. 하우스가 무리하게 시작하면 지역과 좋은 관계로 진행할 수 없게 됩니다. 때문에 하우스가 프로그램을 직접 만들기보다 유동적으로 임하게 됩니다. 한편 지역 문제에 대해 관심 있는 "누군가"가 있다는 것은 매우 중요하며 발아되기를 기다려서 찬스를 망설임 없이 잡아채는, 그런 사람이나 조직의 필요성을 활동 중에 다시금 느끼고 있습니다」.

지역에 개방된 네트워크형 조직을 목표로

또한 다마가와 마을만들기 하우스는 고정화되고 닫힌 조직이 아니라 지역에 개방된 네트워크형 조직을 목표로 하고 있습니다. 이토씨는 다음과 같이 이야기해 주었습니다. 「지역 중에는 차례로 씨름할 프로젝트가 나오지만 일시적으로 많은 프로젝트가 있는 것은 아니므로 하우스는 현재의 간소한 체제를 유지하고 싶다는 생각입니다. 한편 지역 중에서는, 예를 들면 컴퓨터회사에 근무하는 사람 등 다양한 영역의 전문가나 지역마다 관심이 높은 사람들이 있어 이런 사람들과의 네트워크를 넓히고 있습니다. 이 중에서 주민이 우리들과 함께 무언가 해결해가는 와중에, 예를 들면 강아지풀 공원 계획만들기를 함께 해온 사람이 공원 운영의 중심적 인물이 되는 등 매우 자연적으로 지역에서 필요한 포지션을 맡기에 이릅니다. 지금, 하우스에서 힘쓰고 있는 고령자 재택 서비스센터에서도 궤도에 올라 하우스가 한발 물러설 때에 우리들과 함께 활동한 사람들 중에서 운영의 중심인물이 나오게 되면 좋겠다고 생각하고 있습니다.

향후는 지역컴퓨터 네트워크 만들기 등을 전개해 가고 싶다

다마가와 마을만들기 하우스는 지역의 동향에 맞춰 프로젝트에 임함과 동시에 향후 몇 가지 적극적으로 전개하고 싶다고 생각하는 일이 있습니다.

하나는, 지역의 다양한 사람들, 특히 고령자도 참가할 수 있는 컴퓨터 네트워크를 만들어 지역의 커뮤니케이션을 높이는 일입니다. 동시에 컴퓨터 초심자에게 사용법을 가르치고, 하우스의 안정된 수입원으로 할 수 있지 않을까 하고 생각하고 있습니다.

다른 하나는, 지역에서 전개하는 활동에 대해서 정보나 경험을 외부에 발신하는 것으로 수입을 올릴 수 있지 않을까 생각하고 있습니다. 현재 스탭 개인에의 연구의뢰는 많으나 여기에 조직으로 대응해가는 방법을 검토하고 있습니다.

지역사람도 참여하는 NPO로

당초부터 일본판 NPO를 목표로 한 다마가와 마을만들기 하우스는 NPO에 관련된 법적 정비가 준비되면 법인격을 취득할 예정이었다고 합니다.

이토씨는 「이제까지 활동해 오면서 법인격이 없기 때문에 수입이 개인에게 처리되는 것들이나 공공기관과의 계약이 어려운 것 등의 실무적인 면에서 법인격 취득의 필요성도 있으나 무엇보다 지역사람들이 이사 등의 형태로 조직에 참가하고 함께 기획하여 보다 지역에 밀착한 조직이 되는 것이 중요하기 때문입니다」라고 말하고 있습니다.

다마가와 마을만들기 하우스는 지역 커뮤니티에 자리 잡은 전문가 조직이라는 새로운 전문가 형태, 조직의 형태를 실천하는 중에 모양새를 만들었습니다. 향후에도 지역 베이스에 맞추면서 전국의 마을만들기 조직에 열정적인 활동을 전개해 나가야겠지요.

8-2 도쿄란포

도쿄 시민활동의 강한 지원조직

도쿄란포는 「도쿄」에 있는 시민활동 추진의 지원을 목적으로 시작되었습니다. 핵심멤버는 지자체 의원, 행정맨, 시민활동 조직스탭, 생활클럽 생협직원, 전 저널리스트 등 다채롭습니다.
토론강좌 등의 세미나, 임해부(臨海部) 개발 계획안 만들기, 시민활동의 설립지원 등 실적을 계속 내고 있습니다. 향후에는 지원 테마를 「시민자치」 전반에서 「마을만들기」로 좁히고 특화시켜 나갈 예정입니다.

「도쿄」의 시민활동을 지원하는 조직이 필요하다

도쿄란포는 1993년 4월에 준비모임이 발족되어 94년 4월에 정식으로 설립했습니다. 란포(LA-NPO)는 Local Action-Non Profit Organization의 약칭으로 지역활동에 관계된 비영리조직이라는 의미를 담고 있습니다.

계기는 도쿄를 전반적으로 파악하여 정보발신, 정책제언을 하는 시민조직을 만들려는 생각으로 몇 명이 모인 것입니다. 도쿄도(東京都) 외곽단체나 민간 싱크탱크 등 도쿄의 문제를 취급하고 있는 조직은 있으나 "시민"측에 서서 정책제안을 하는 시민조직은 없기에 모인 사람들은 그 필요성을 느끼고 있었습니다.

그 중에 생활클럽 생협의 스탭이 있어서 조직기반을 지원해주게 되었습니다. 장소는 마침 생활클럽 생협조직의 재편성으로 사무공간이 일부 비어 1개 층을 공유하게 되었습니다.

또한 사무국은 주간지 기자로 정보공개 문제에 힘쓰고 있던 쓰지씨가 담당하게 되었습니다. 쓰지씨는 93년 4월부터 생활클럽 생협의 직원으로 도쿄란포에 출근하는 전문종사자가 되었습니다.

시민자치를 지지하는 조직으로 스타트

93년 준비기간에는 「시민자치」와 「아시아 개발협력」의 2가지 테마로 활동을 시작했습니다. 1년간 힘쓰던 중에 아시아 개발협력에 대해서는 이미 전문적으로 시민활동을 서포트하는 조직이 여럿 있어서 도쿄란포는 「시민자치」로 테마를 좁혀 94년에 정식으로 시작했습니다.

지원내용은 인재육성을 위한 세미나(칼리지 란포), 조사연구, 정보발신 · 운동지원 등 3가지를 주축으로 하고 있습니다.

◆ 도쿄란포 활동내용

목 적 → 시민자치활동 추진과 기반만들기

과 제 → 인재육성 / 정책평가 · 입안 / 정책제안

사 업 → 컬리지 란포 / 조사연구 / 정보발신 · 운동지원

컬리지 란포

● 93년
- 토론(디베이트) 강좌, 논리능력 파워 업
- 지방분권과 시민자치
- 동남아시아 부억에서 시작한다
- 실천 재정강좌 자치체 예산서를 읽는다
- 필리핀 완전 세미나 지도

● 94년
- 초급 디베이트 강좌
- 중급 디베이트 강좌
- 조례를 읽고, 사용하고, 만든다
- 도전! 마을만들기 마스터플랜
- 시도! 마을만들기 마스터플랜

● 95년
- 시민활동 파워 업 세미나
- 세타가야구 마을만들기 세미나
- 마을만들기 합의형성 세미나
- 지역네트 디베이트 강좌
- 생활클럽 도쿄 디베이트 연수

● 96년
- 정보공개 마스터 강좌
- 기획 입안 세미나
- 자치체 민간위탁과 시민사업의 가능성
- 정책 디베이트 강좌
- 지방분권 세미나 분권 사회의 비전과 조건

「도전 마을만들기 마스터플랜」 필드 워크

조사연구

● 93~94년
- 세타가야 재주 아시아계 여성 의식조사/동보고서
- 쓰레기, 리사이클 정책 중간보고
- 환경기본조례 시민안 작성
- 도전! 시민참가 마을만들기 매뉴얼 작성
- 시민활동추진법 연구(시안작성)

● 95년
- 도쿄 임해부 마을만들기 플랜 제안
- 임해부 개발에 대한 전문가 앙케이트 조사/동 최종보고서 [도전! 시민의 손으로 마을만들기] (편집출판)

● 95년
[생활자 네트워크 조사활동 일람] (기획, 편집)
- 자치체 고령자 복지 플랜 검증

정보발신 · 운동지원

- 임해부 시민액션 사무국
- 시민활동을 지지하는 제도를 만드는 모임 (시즈)
- 정책 디베이트 대회
- [월간 란포] 발행
- 지역 마을만들기 활동 지원
- 출장 강좌
- 각종 상담

디베이트(토론)와 마스터 플랜 강좌

토론 강좌

인재육성으로 도쿄란포가 준비시기부터 하고 있는 것에는 디베이트 (토론) 강좌가 있었습니다. 앞으로의 시민활동은 정책제안이나 대안만들기가 가능한 역량이 필요하고 이를 위해서 사고 트레이닝이라는 디베이트가 유효하다고 생각했기 때문입니다. 디베이트 강좌는 93년 시점에서는 선례가 없었기에 많은 매스컴에 소개되었습니다. 그 후에도 회를 거듭하여 96년에는 디베이트 대회를 개최했습니다.

또한 94년에는 강좌의 연중테마를 「마을만들기 마스터플랜」으로, 몇 개의 세미나를 열었습니다. 도쿄란포 운영위원에는 도쿄도의 공무원이 몇 명 있었고 그들이 「향후, 지자체가 차례로 마스터플랜에 착수하게 되므로 세미나의 필요성이 크다」고 생각한 것이 개최의 요인입니다. 한편, 생협과 관계가 있는 관내의 지자체의원들이 「생활자 네트워크」라는 조직을 만들었으나 이들이 지역의 복지나 도로, 환경문제에 단발적으로 해결하는 것만이 능사가 아니라 전체 계획에 포함시켜 해결방향을 찾는 것이 중요하다고 생각하고 있었던 것도 요인이 되었습니다.

행정측도 시민측도 높아지고 있는 「마을만들기」에의 관심에 답하기 위해 세미나를 개최했습니다. 당초에는 10여명의 참여가 점점 증가하여 마지막에는 30명 정도가 되고, 자신들이 마스터플랜을 직접 만들어가고 싶어 하는 사람들의 테두리가 넓어지고 있습니다.

임해부(臨海部) 마을만들기 플랜 제안

조사연구로는 도쿄 임해부 개발에 관한 활동이 있습니다. 임해부 개발에 대해서는「임해부 시민 액션」이라는 시민조직이 91년에 발족하여 문제제기를 하고 있었으나 93년 9월에 도쿄란포가 그 사무국을 인수하는 것이 계기가 되었습니다.

95년 봄 아오시마 지사(知事)에 의한 도시박람회 중지, 그에 이어 임해부 개발 재고 간담회의 설치가 있었습니다. 시민액션이나 도쿄란포에서는 재고의 기회에 시민측의 안을 제안하려고 전문가의 앙케이트 등을 거쳐 간담회 위원인 오니시씨와 대체안을 만들었습니다. 이 대체안은 정밀도가 높아 간담회 최종보고에도 반영되어 시민들의 역량이 높다는 인상을 주었습니다.

시민조직의 성립 지원

운동지원으로는「시민활동을 지지하는 제도를 만드는 모임 (시즈)」의 설립지원이 있습니다.

도쿄란포에서는 시민섹터를 키우는 것이 중요하다고 생각하여 93년부터 암네스티 재팬과 사사가와 평화재단 멤버, 시즈 사무국장 마스하라씨와 같이 NPO법안 만들기에 힘쓰기 시작했습니다. 그 때에 우편요금 개정이 진행되고 있었는데 시민의 비영리조직에 대한 우대조치가 넓어지는 것이 아니라, 삭감되는 안이 되어버렸습니다. 시민조직으로서 반대를 할 필요가 있다고 공감하는 단체가 모여 94년 4월에 심포지엄을 열었습니다. 이 심포지엄의 결의로 시민활동을 지지하는 제도를 생각하고 있는 다양한 단체나 사람들을 엮어주는 조직을 만들게 되었습니다.

도쿄란포는 조직 만들기 준비를 진행하는 준비회 사무국이 된 것입니다. 구체적으로는 시즈가 정식으로 발족할 때까지의 약 반년 간, 설립준비를 위해 란포의 장소나 인재를 제공했습니다.

사무국의 스지씨는 「도쿄란포에서는 세미나나 조사연구 활동을 주로 하고, 운동에 관한 것은 피한다는 생각이 있었습니다. 그래도 시즈의 설립지원에 의해 어려웠던 네트워크를 만드는 것이 가능해져 향후에도 이와 같은 지원을 해가려고 하는 방향으로 바꾸고 있습니다」라고 이야기 합니다.

도쿄란포 조직과 운영

도쿄란포는 대표 1명, 운영위원 16명, 평의원 6명, 사무국 2명과 개인 · 법인 회원으로 조직이 구성되어 있습니다.

대표는 도내의 시의회 경험자, 운영위원은 도쿄도 공무원이나 다른 시민활동조직의 스탭, 생활클럽 생협직원, 민간재단이나 싱크탱크 직원 등이고 평의원은 대학교수나 도의원, 변호사 등으로 다양한 사람들로 조직이 운영되고 있습니다.

사무국에는 풀타임으로 쓰지씨와 후쿠오카씨가 있습니다. 그 외에 주 2일 정도의 조사연구 스탭이 있습니다.

사업규모는 약 1억 6,000만원으로 그 중 인건비(쓰지씨)와 사무공간비용 약 1억 원은 생활클럽 생협에서 지원되고 있습니다.

그 외의 수입, 약 6,000만원은 회비 2,700만원, 조사위탁 1,800만원, 출판판매 100만원, 세미나 수입 800만 원 등입니다.

지출은 인건비 1,600만원, 조사연구비 1,650만원, 출판인쇄 편집비 1,000만원, 세미나 강사료 800만원 등입니다.

사람을 소개할 수 있는 네트워크 만들기가 중요

도쿄란포에는 생활클럽생협의 홍보로 소개된 관계로 생협회원인 주부들이 「정보를 받고 싶다」「사람을 소개받고 싶다」는 상담전화가 자주 걸려옵니다. 또한 생활자 네트워크 직원으로부터도 상담을 받고 있습니다.

이런 상담에 대해서 우선 처음에는 자신들 스스로 조사할 것을 권유하고 공공기관의 담당부서를 소개하고 듣고 싶은 것의 포인트 등을 조언합니다.

사무국의 쓰지씨

어느 정도 궤도에 올라있는 활동에 대해서는 사람의 소개를 하고 있습니다. 쓰지씨는 「지원하는 데에 포인트가 되는 것은 "사람"입니다. 활동하고 있는 그룹에 적절한 사람을 소개하면 활동이 발전하고 그렇지 않은 경우에는 활동이 멈추는 경우도 있습니다. 적절한 사람을 소개하기 위해서는 폭넓은 인맥이 없으면 안 됩니다. 도쿄란포에서는 사람과의 만남을 중요하게 보고 네트워크를 넓히고 있습니다」라고 이야기해 주었습니다.

사람을 모으는 데에는 DM이 효과적일 때도 있다

도쿄란포에서는 다양한 세미나를 개최하고 있으나 이런 모임에의 사람모집의 전략을 쓰지씨에게 물었습니다.

정보발신에 대해서는 「93년에 세미나를 시작할 때에 기본적인 일은 전부했습니다. 신문에 안내를 내고, 생협의 홍보지에 싣고, 생활자 네트워크의 회원과 스탭에게 팩스를 보내는 등이었습니다. 신문은 기사화한 경우에는 사람이 모였지만 간단한 안내뿐일 경우 대형 신문일지라도 3~4명밖에 오지 않았습니다」, 「정보공개나 지방분권을 테마로 한 세미나시에는 수도권 지자체 의원 약 800명에게 다이렉트 메일을 보냈습니다. 그 중에서 100명 정도가 참가했으므로 매우 효율이 좋았다고 생각합니다. 목표를 좁힌 DM은 유효하다고 생각했습니다」라는 것이었습니다.

또한, 개최시간이나 장소도 포인트였던 것 같습니다. 「지역에서 활동하고 있는 주부쪽은 평일 낮 시간, 일을 해야 하는 분은 평일 밤이 잘 모입니다. 토 · 일요일은 이벤트 등이 많아 모이기 어렵습니다. 개최 장소는 당초 사무소의 지하 회의실이었으나 JR에서 지하철을 2번 갈아타야 하는 상황이므로 전화로 문의한 사람이 장소를 물어본 것만으로 "그만 두겠습니다"라는 경우가 상당히 많았습니다. 그래서 편리하고 싸며, 빌리기 쉬운 장소를 찾아 최근에는 신주쿠역 근처를 모임장소로 하고 있습니다.」

전문점으로서의 특징을 갖고 있다

도쿄란포는 법인격에 대해 「플러스가 되면 취득하지만, 지금 시민활동촉진법 여당안(97.4시점)은 문제가 있으므로 이대로 입법하는 경우에는 법인을 취득하지 않겠지요」, 「도쿄란포는 조직기반이 제대로 되어 있으므로 사회적 인지를 얻기 위해서 법인격을 취할 필요가 없습니다. 오히려 법인격 취득이 경영면에서의 자립에 걸림돌이 되지 않을까 하고 생각하고 있습니다」라고 말합니다.

활동내용은 전환기를 맞이하고 있습니다. 이제까지 「시민자치」를 테마로 하고 있으나 97년도는 「마을만들기」로 목표를 좁히고 있습니다. 쓰지씨는 「"마을만들기"라고 해도 하드만들기는 아닙니다. 고령자 개호 등도 포함한 소프트로서의 "지역과제"를 하고 싶다. 그리고 지방분권이나 정보공개에 대해서는 총론이 아니라 현장에서의 문제제기를 하고 싶다고 생각하고 있습니다. 시민활동지원 조직도 증가하는 와중에 전국 네트워크의 전문점으로서 지역레벨, 생활레벨의 활동을 지원한다는 입장을 취하고 조직의 특징을 만들어가고 싶다고 생각합니다」라고 말하고 있습니다.

III. 마을만들기 NPO를 지원하는 조직과 시스템

III. 마을만들기 NPO를 지원하는 조직과 시스템

전국에는 많은 마을만들기 시민활동이 전개되고 있습니다. 그러나 그것을 정보면, 자금면 등에서 지원하는 조직이나 시스템은 아직 불충분합니다.
여기에서는 이와 같은 상황에서 마을만들기를 지원하는 선구적인 조직 · 조합을 2개의 카테고리로 나눠 7개 사례를 소개합니다. 아울러 유사한 활동을 실시하고 있는 미국의 예를 칼럼으로 게재하고 있습니다.

마을만들기 NPO를 지지하는 조직과 시스템의 개요

1) 미국의 마을만들기 NPO를 지원하는 인터미디어리 (Intermediary : 중간조직)

1960년대 후반에서 70년대에 걸쳐서 등장한 미국 마을만들기 NPO가 행정의 힘으로는 성공하지 못한 쇠퇴 커뮤니티의 재생을 실현한 것은 많은 재단이나 기업에 강렬한 인상을 주었습니다.

그리고 이 마을만들기 NPO가 기술면이나 재정면 등에서 지원을 받을 수 있다면 보다 큰 성과를 올릴 수 있을 것이라고 많은 사람이 생각했습니다. 1970년대 이후 이 요구에 따라 「인터미디어리」라는 후방지원 NPO가 급증했습니다.

인터미디어리의 지원내용은 크게는 재정지원과 기술 · 정보지원이라고 할 수 있습니다. 재정지원에 대해서는 직접자금을 제공하는데 더해 마을만들기 NPO가 자금을 조달하기 위한 수속지원이나 융자 알선, 저당보장, 투자가 개척 등 다양한 지원방법을 도출하고 있습니다.

기술 · 정보지원은 마을만들기 NPO 경영문제를 중심으로 인터미디어리 스탭이 직접 기술적 어드바이스나 정보제공을 하는 것에 더하여 NPO 상호(相互)를 엮어 과제나 프로젝트에 협동으로 노력하도록 하는 것을 중시하고 있습니다. 또한 변호사가 중심이 되어 법적 정보제공을 하는 것이나 NPO 리더의 양성연수를 실시하는 등 전문화한 인터미디어리가 생겨나고 있습니다.

인터미디어리는 기업이나 개인 등 민간에 의한 설립이 대부분이나 지자체나 주정부, 합중국 정부도 포함한 다양한 주체에 의해 설립되고 있습니다. 또한 전국의 NPO를 대상으로 하는 것과 지역의 NPO지원에 한정하고 있는 것도 있습니다.

마을만들기 NPO가 정착하여 행정이나 기업에 이어 마을만들기 제3의 주체로 발달하고 있던 배경에는 NPO를 지원하는 인터미디어리의 존재가 있었다고 할 수 있습니다.

2) 일본의 마을만들기 NPO를 지원하는 것

일본에서는 「마을만들기 NPO 전체상(像)」에도 썼듯이 "NPO를 목표로 한다"라고 해도 현 단계에서는 봉사 조직이거나 편의상 유한회사 등의 영리법인이므로 엄밀한 의미에서의 NPO (민간 비영리 조직)는 존재하지 않습니다. 그러나 미래의 「마을만들기 NPO」는 이들 조직에서 탄생할 것이라고 생각합니다.

따라서 여기에서 소개하는 「마을만들기 NPO를 지원하는 조직이나 시스템」에 대해서도 시민의 손으로 마을만들기를 진행하고 있는 봉사조직 등을 지원 대상으로 하는 조직이나 시스템을 소개하고자 합니다.

이들 지원조직이나 시스템은 「시민」「행정」「기업」의 각 주체가 또는 각각이 파트너십을 만들어 진행하는 것입니다. 수요가 충분하다고는 할 수 없으나 다양한 경위로 개성적인 전개를 하고 있습니다.

3) 기술·정보에 관한 NPO지원

지원내용은 기술 · 정보지원과 재정지원으로 나누면 「1. 지자체나 민간이 만든 주민주체의 마을만들기를 지원하는 조직」이 주로 기술 · 정보지원을 실시하고 있습니다.

소개하고 있는 3개 조직의 구체적인 지원내용으로는 다음과 같은 것이 있습니다.

- 상담이나 어드바이스
  (조직만들기나 회의운영, 활동발전 등에 대해서)
- 학습 · 연수기회 제공
- 간단한 미팅이나 회합등 장소제공
- 정보수집 · 발신
- 조직간 네트워크 만들기나 교류지원
- 독자적인 조사 · 연구에 의한 싱크탱크적 기능

3개의 조직을 설립 · 운영주체로 나누면 시민에 의한 것, 행정직영, 행정이 설립한 외곽단체에 속하는 것이 됩니다. 일본 NPO센터는 회원제도에 의해 행정이나 기업의 참여도 모집하고 있습니다.

행정에 의한 시민 마을만들기 활동에의 기술 · 정보지원으로는 1980년대 초반에 고베시나 세타가야구가 마을만들기 조례 중에서 「전문가 파견」을 제도화했습니다. 전문가 파견제도는 그 후 많은 지자체로 퍼지고 있습니다. 또한 90년대에 들어가서부터는 마을만들기 정보센터 등의 거점 · 조직 만들기, 시민의 마을만들기 활동을 지원하고 있는 지자체도 많아졌습니다. 그러나 이와 같은 제도나 조직은 봉사활동에의 지원을 주목적으로 하고 있습니다.

한편, 본서에서 소개하는 「세타가야 마을만들기 센터」나 「가나가와 현민 서포트 센터」는 폭넓게 시민활동을 지원하며, NPO적 조직에의 지원이나 연대도 목표로 하고 있는 것에 선진성이 있다고 할 수 있습니다. NPO의 법제화와 더불어 행정지원의 형태도 변혁이 요구되고 있는 것입니다.

시민 사이드에서는 개개의 조직 활동에 쫓겨있던 시민들이 일본 NPO센터의 조항에서도 보이고 있는 대로 1990년대 초부터 네트워크화나 공동으로 조사 · 연구를 적극적으로 전개하기 시작했습니다. NPO 법제화에 있어서는 시민조직의 협력 · 연대의 힘을 크게 보였다고 할 수 있습니다. 「일본 NPO센터」를 시작으로 향후에도 "시민에 의한 NPO를 서포트하는 시민들의 조직"이 차례로 생길 것이라고 기대하고 있습니다.

4) 재정에 관한 NPO지원

「2. 마을만들기 NPO를 자금적으로 지원하는 조직」은 타이틀대로 재정지원을 하는 조직이나 시스템을 소개하고 있습니다. 재정지원 방법의 하나는 「조성(助成)」입니다. 활동 · 사업을 성공시키기 위해서 자금제공을 하는 것입니다. 조성을 실시하기 위한 자금원(펀드)의 시스템으로는 재단법인이나 공익신탁, 지자체의 조례기금 등이 있습니다.

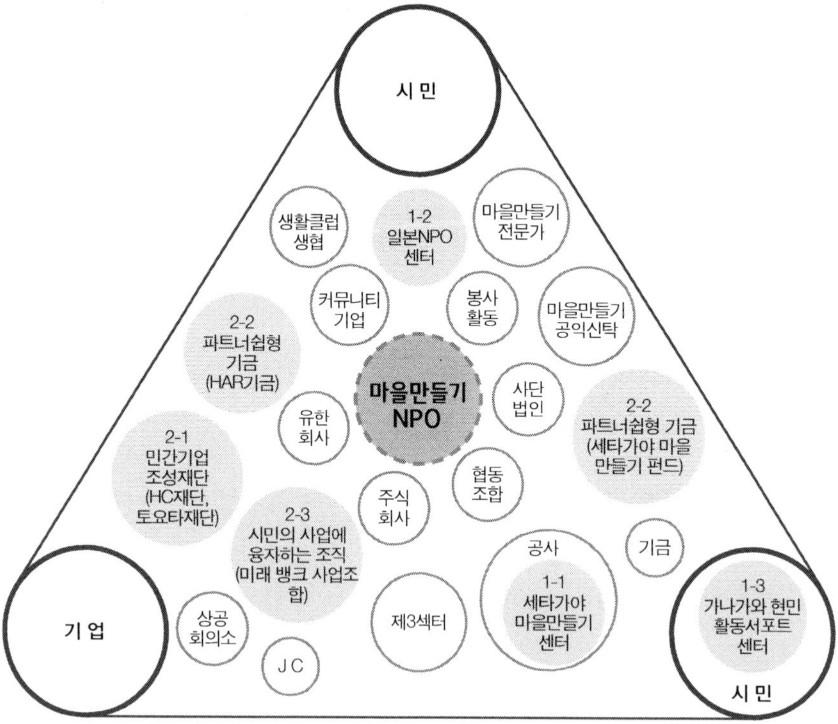

여기에서는 민간대기업이 만든 펀드와 시민 · 행정 · 기업의 각각이 자금을 내고 있는 파트너십형의 시스템을 소개하고 있습니다.

이제까지의 기업 등이 만든 펀드는 학술연구나 장학금 등을 조성 대상으로 하는 것이 대부분을 차지하고 있습니다. 그러나 최근에는 시민활동에의 조성을 실시하는 것이 증가하고 있습니다. 비교적 저액으로 설정할 수 있는 공익신탁에는 시민의 자금으로 만든 것이 많습니다. 또한 행정이나 특정 이익대표가 아닌 상공회의소나 청년회의소가 만든 것도 있습니다.

펀드는 "어떤 곳에 조성하는가, 어떤 순서로 조성처를 결정하는가"하는 것이 중요합니다. 향후, 시민활동을 지원하는 펀드가 증가하기 위해서는 시민도 출자자로 참여가 가능하고, 운영에도 시민적인 센스를 살릴 수 있도록 하는 것이 가능하게 되기를 기대하고 있습니다.

재정지원 방법의 다른 하나는 「융자」입니다. 조성은 돈을 돌려주지 않아도 된다는 이점은 있으나 금액이 적고 지속적으로 조성을 받을 수 없는 등, 조직체를 운영해가기에는 불충분한 점이 많습니다. 특히 NPO와 같이 봉사자가 아니라 일로서 조직에 관계된 사람을 포함하는 형태는 조성으로는 한계가 있다고 할 수 있습니다. 거기서 「미래뱅크 사업조합」과 같은 새로운 타입의 융자 시스템이 생기고 있습니다.

그 외의 재정지원 방법으로는 「도쿄란포」와 같이 조직의 기반(인건비와 사무소 공간)을 생활클럽 생협이 지원하고 있는 예가 있습니다. 또한 행정이나 민간이 「일」을 NPO에 발주하고 있는 것도 재정지원이라고 할 수 있습니다.

5) NPO에 의해 변혁하는 사회시스템

「미래뱅크 사업조합」의 발단은 자신들의 예·적금이 사용되는 방법에 의문을 가진 것이었습니다. 긴 시간에 걸쳐서 만들어진 사회시스템에 대해서는 상식화되어 있어서 의문조차 없거나 의문을 가지고 있어도 포기해 버리는 경우가 많았다고 생각합니다. 그러나 NPO가 시발점이 되어 다양한 사회시스템이 다시 되짚어져서 변혁해가는 예감이 듭니다. 예감과 동시에 자신들의 손으로 새로운 사회시스템을 만든다는 기대와 그래야 한다는 책임도 느낍니다.

NPO를 지원하는 시스템에 대해서도 이제까지의 축적을 바탕으로 새로운 시스템·조직이 비약적으로 증가하겠지요.

III-1 지자체나 민간이 만든 주민주체의 마을만들기를 지원하는 조직

1–1 세타가야 마을만들기 센터

1–2 일본 NPO센터

1–3 가나가와 현민 활동 서포트센터

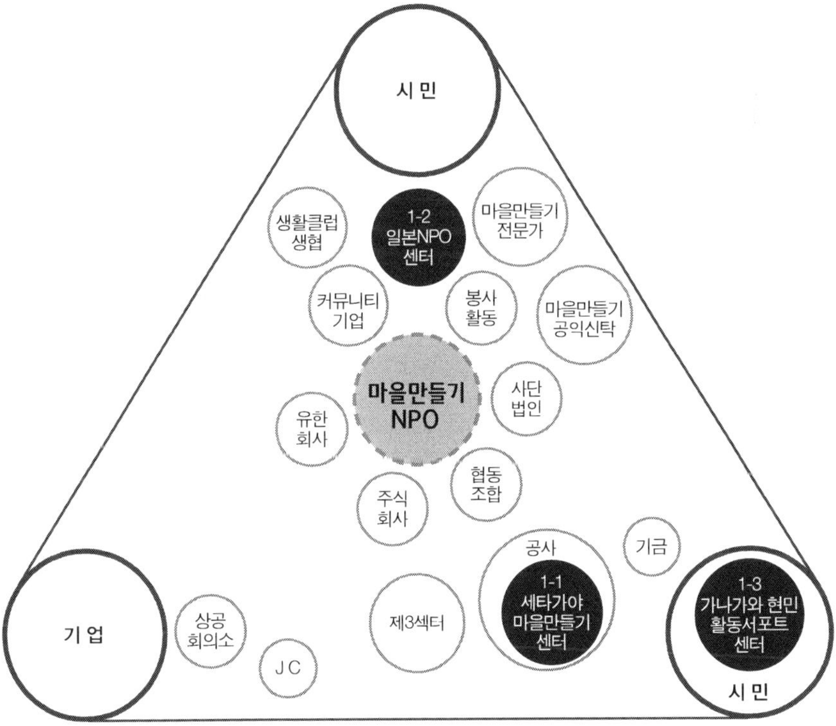

1-1 세타가야 마을만들기 센터

주민주체 마을만들기를 지원하는 선구적 조직

세타가야 마을만들기 센터는 주민주체의 마을만들기를 지원하는 선구적 조직입니다. 1992년 4월에 (재)세타가야구 도시정비공사의 계열조직으로 설립되었습니다.
구내 주민발의 마을만들기를 지원함과 동시에 구에서 위탁을 받아 사업에의 주민참여를 지원하고 있습니다. 또한, 참가형 마을만들기를 진행하기 위한 기술을 축적하고 전문도서의 발행이나 강습회에서 기술을 보급하고 있습니다. 5년간의 실적을 토대로 구(區)나 주민, 기업과 센터와의 관계는 새로운 단계를 밟고 있습니다.

주민주체 마을만들기를 지원하는 조직

세타가야 마을만들기 센터는 주민· 행정·기업의 파트너십에 의한 마을만들기를 목표로 3자의 중간에 서서 「주민주체의 마을만들기 활동을 지원한다」는 목적으로 설립되었습니다. 정식명칭은 (재)세타가야구 도시정비공사 마을만들기 센터입니다 (이하, 세타가야 마을만들기 센터).

세타가야구에서는 1982년에 제정된 「마을만들기 조례」에 근거하여 중점적으로 마을만들기를 진행하는 지구를 구의회의 의결을 거쳐서 「마을만들기 추진지구」로 결정하고 주민참가에 의한 마을만들기를 진행해 왔습니다.

마을만들기 추진지구에 마을만들기 협의회를 만들고 주민과 구가 이야기 하면서 마을만들기를 진행하는 방식은 일정한 성과를 올렸습니다. 그러나 구는 특정 지구뿐 아니라 구 전역에 주민 참가형 마을만들기를 확장하고 싶다, 가능한 한 주민참가를 포함하고 싶다고 생각했습니다. 행정주도로 모든 협의회에 대응하는 데에는 한계가 있습니다. 거기서 주민 스스로가 마을만들기를 진행하는 것으로 하고 그것을 지원하기 위해 1986년도에 책정된 「신기본계획」에 「마을만들기 센터의 설치」가 자리매김 되었습니다.

5년간의 검토결과 주민의 주체적인 마을만들기 지원에는 자금지원과 기술적인 지원의 양방향이 필요하다는 것을 인식하고, 자금적인 원조를 하는 「공익신탁 세타가야 마을만들기 펀드」와 「세타가야 마을만들기 센터」가 생겼습니다.

세타가야 마을만들기 센터의 5가지 일

「세타가야 마을만들기 센터」는 파트너십형 마을만들기의 고리를 넓히기 위하여 다음 5가지 영역의 일을 진행하고 있습니다.

◆ 세타가야 마을만들기 센터의 일

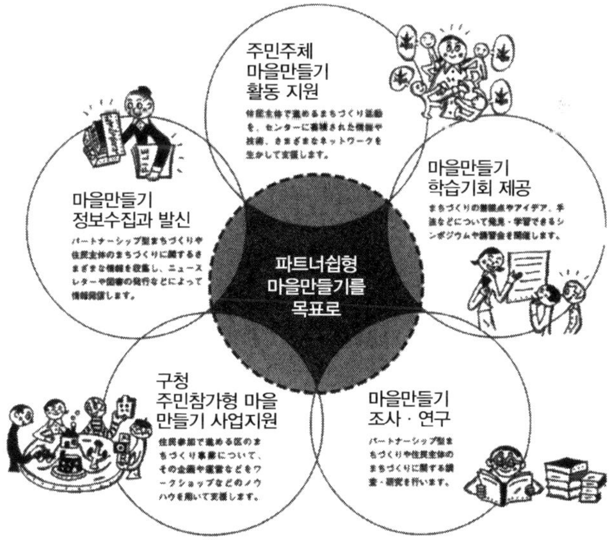

(출처 : 마을만들기 센터 이용가이드/세타가야 마을만들기 센터/1995년)

「유쾌한 주거모임」 지원의 경우

세타가야 마을만들기 센터가 실시하고 있는 주민주체 마을만들기 활동지원의 하나로 「유쾌한 주거모임」의 지원이 있습니다.

같은 아파트에 사는 3명의 어머니들이 노후에도 함께 보내고 싶다고 코포러티브 주택을 만드는 것을 생각하여 센터에 상담을 해왔습니다. 코포러티브 주택만들기는 센터의 조사 · 연구활동 테마의 하나로 적극적으로 지원하게 되었습니다.

94년 11월에 코포러티브 주택에의 참가를 결정한 사람이나 후보자, 코포러티브에 관심이 있는 전문가에 의해 「유쾌한 주거모임」이 발족되었습니다. 마을만들기 센터에서는 95년 1월부터 격주 1회, 기본적으로 모임의 기획 · 준비 · 운영을 도와주었습니다.

◆ 유쾌한 주거모임 지원 내용

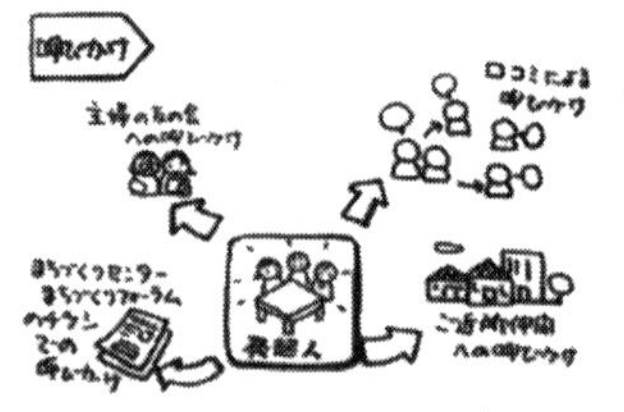

◀ 3세대가 신청인이 되어 여러가지 방법을 사용해서 참가자의 요청을 시행하였습니다.

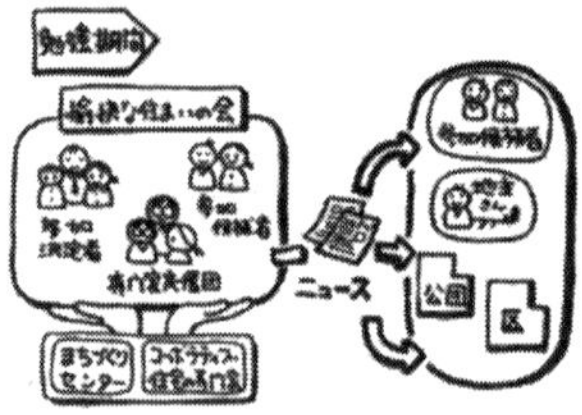

◀ 코포러티브 주택의 참가를 이미 정한 사람과 홍보자 및 관심있는 전문가를 포함한 모임을 「유쾌한 주거모임」으로 발족했습니다. 이 기간의 프로그램 진행 및 회의 진행에 대해서는 마을만들기센터에서 담당했습니다.

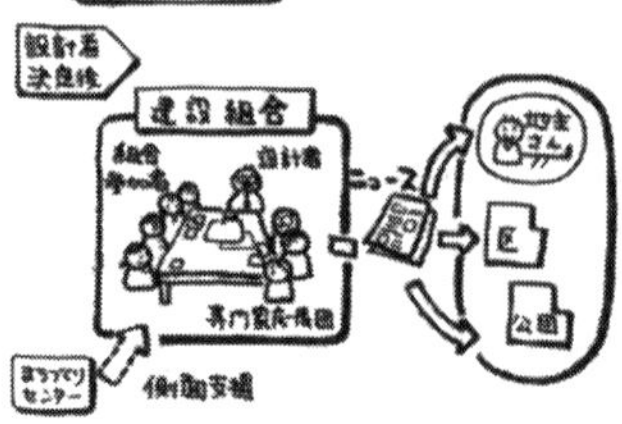

◀ 설계자가 결정되고 토지가 거의 결정된 단계부터는 거주자와 설계자가 공동으로 진행했습니다.

(출처 : 참가 디자인 도구상자/세타가야 마을만들기 센터 /1996년)

20회를 넘는 회의의 결과, 95년 9월 설계자가 결정되고 부지도 결정되었으므로 그 이후는 거주자와 설계자가 중심이 되어 모임을 운영하고, 센터는 회의장소 제공등 측면(側面)에서 지원하게 되었습니다.

조성금이나 「마을만들기 NPO」 소개

그 외 주민주체 마을만들기 활동의 지원으로는 구내 마을만들기 단체에 조성하는 「공익신탁 세타가야 마을만들기 펀드」의 정보를 소개하거나 조성을 받는 그룹에 대해서 구와의 가교역할과 기술적 어드바이스, 기자재・장소의 제공 등을 실시하고 있습니다.

또한 무언가의 과제를 느끼고는 있지만 어떻게 하면 좋을지 모르는 초동기의 주민그룹 등에 대해서 다양한 마을만들기 정보나 노하우를 제공하고 있습니다. 그에 더해서 세타가야 마을만들기 펀드로 조성하고 있는 마을만들기 NPO(펀드에서의 명칭은 「마을만들기 하우스」)를 소개하는 등 네트워크 만들기를 지원하고 있습니다.

다양한 마을만들기 학습기회 제공

세타가야 마을만들기 센터에서는 다양한 레벨의 학습의 장을 제공하고 있습니다.

마을만들기 활동에의 계기만들기로는 88년~95년에 8회, 「마을만들기 콩쿨」을 개최했습니다. 매년 테마를 정해서 마을 그림지도 등의 작품을 모집하여 아이부터 노인까지의 참가자가 있었습니다(91년까지는 구청이, 그 이후는 센터가 주최).

96년 콩쿨에서는 차세대를 담당하는 아이들을 대상으로 하여 구내의 3개 코스를 둘러싸고 모험 그림일기를 만드는 [친자(親子) City 어드벤처]라는 환경학습 프로그램을 실시했습니다.

또한, 「유쾌한 주거모임」에 이어서 코포러티브 활동의 싹을 키우는 노력으로 96년에 「주거만들기 학교」라는 코포러티브에 대해서 배우는 총 7회의 강좌를 개최했습니다.

한편, 주민주체의 마을만들기를 기획하고 싶은 사람을 대상으로 「참가 디자인 도구상자 실천 강습회」를 93년부터 매년 실시하고 있습니다. 지자체 공무원이나 도시계획 플래너 등의 전문가와 주민, 지자체 의원 등이 전국 각지에서 참가합니다. 강습회는 유료로 센터의 자립재원 확보에 기여하고 있습니다.

센터는 이러한 다양한 기획으로 단순히 학습하는 것뿐 아니라 참가자들끼리의 만남과 그 후의 네트워크를 만드는 것이 중요하다고 생각하여 프로그램을 연구하고 있습니다.

구의 참가형 마을만들기 사업지원

세타가야 마을만들기 센터에서는 세타가야구에서 위탁받아 구가 실시하는 다양한 사업에의 주민참가를 코디네이트하고 있습니다.

예를 들면, 도시전역을 대상으로 한 계획만들기에의 주민참가 지원으로는 도시정비방침(도시계획 마스터플랜)의 사례가 있습니다. 구가 만든 방침에 대해서 「구민제안 세미나」와 「통신강좌」를 개최하고, 최종적으로는 111명의 참가에 의해 6건의 그룹제안과 209건의 개인제안이 정리되어 검토위원회에 제언되었습니다.

또한, 구체적인 도로나 공원, 고령자의 시설계획 및 주민참가 코디네이트도 실시하고 있습니다.

아울러 주민참가의 수법이나 진행방법을 배우는 직원연수의 기획·운영을 91년부터 매년 담당하고 있습니다. 세타가야구는 참가형 마을만들기 실적이 있는 지자체로 유명하지만 행정 담당자는 3~4년 단위로 이동하므로 경험이 조직적으로 축적되지 못하고, 담당프로젝트를 참가형으로 실시하는 것에 저항이 있는 경우도 있습니다. 이것을 보완하기 위해 센터에서는 이제까지의 활동으로 쌓아온 주민참가의 노하우나 구체적인 사례를 체험적인 학습 프로그램에 의해 전달하고, 구내의 참가형 사업추진의 기반을 만들고 있습니다. 96년에는 가와사키시 신임계장 직원연수도 수탁하여 실시했습니다.

조사 · 연구와 정보의 수집 · 발신

세타가야 마을만들기 센터에서는 NPO와 워크숍, 공익신탁, 코포러티브 주택 등 주민주체의 마을만들기를 하기 위한 방법이나 제도, 시스템의 조사 · 연구를 실시하고 있습니다.

이들 조사 · 연구성과는 도서로 발행되고 있습니다. 주민참가 수법을 정리한 매뉴얼 「참가 디자인 도구상자 PART 1, 2」(각 3만 5천원)는 합쳐서 2000부 이상 판매되어 마을만들기 관계자들의 베스트셀러가 되었습니다.

마을만들기 센터의 조직과 회계

산겐자야(三軒茶屋)역에서 도보로 1분, 세타가야구 분청사 4층에 (재)세타가야구 도시정비공사가 자리하고 그 조직 내의 「한 파트(係)」로 「세타가야 마을만들기 센터」가 있습니다.

직원은 상근 5명, 비상근 3명으로 상근직원 중 구에서의 파견이 3명, 2명은 공사직원으로 구성됩니다. 95년도부터는 아이치현 세토시(瀬戸)가 직원을 파견하고 있습니다.

인건비 등을 제외한 연간사업비는 약 4억 3,000만원(96년도)으로 수입은 구에서의 보조금 2억 3,000만원, 수탁사업비 1억 2,000만

세타가야 마을만들기 센터

원, 강좌나 도서판매 등의 자체사업수입 8,000만원입니다. 지출은 센터가 관여하는 프로젝트 사업비가 대부분을 점하고 있습니다.

센터에서의 지원과 네트워크에 의한 지원

마을만들기 센터 소장인 오리토씨에 의하면 주민활동지원으로 중요한 것은 주민에의 「정보제공」과 「참가기술의 제공」이라고 합니다.

정보제공이란 어느 그룹에 정보를 전할 뿐 아니라 접점이 작은 그룹 사이에 서서 그룹의 정보를 다른 그룹으로 전하는 경우도 있습니다. 예를 들면, "유쾌한 주거모임"의 경우, 코포러티브 주택을 위한 토지를 찾고 있을 때에 센터가 그 정보를 같은 공사 내의 토지구획정리사업 담당과에 전했습니다.

또한, 참가 기술로는 개개의 회의에서 워크숍을 활용한 커뮤니케이션에서부터 프로젝트 전체의 흐름 속에서 언제, 어떻게 커뮤니케이션 기회를 만드는 것까지 다양한 지원을 실시하고 있습니다.

오리토씨는 「세타가야의 경우, 세타가야 마을만들기 펀드가 지원하는 "마을만들기 하우스(NPO)"가 주민 서포트 조직으로 기대되고 있습니다. 하우스가 충실해질 때까지 센터가 주민지원을 대행하는 형태로 되어 있습니다. 하우스 발전을 위해서 우선적으로

그룹간의 네트워크 만들기를 지원하고 싶다고 생각하고 있습니다」라고 말하고 있습니다.

자체재원의 확보에 의한 독자적인 전개를

행정은 연초에 예산을 세워 거기에 근거하여 1년간 일을 하는 프로세스이므로 돌발적인 주민활동에의 대응이 어렵다고 합니다. 마을만들기 센터에서는 돌발적인 주민활동에 어떻게 대응하고 있는 것일까요? 오리토씨는 「예측하지 못한 주민활동에의 지원 필요가 생겨서 센터사업비 전체에서 비용을 염출하려고 하는 경우, 구의 보조금은 목적이 정해져 있어서 무리가 따릅니다. 그래서 자체재원으로 대응하는 것이 좋고, 향후에는 자체재원을 늘려서 재정면에서의 자유도를 높이고 싶다고 생각하고 있습니다. 지출뿐 아니라 수입도 구에서는 초기에 결정하지만 자체사업에서는 예상보다 증가하는 경우가 있습니다. 센터에서는 96년도에 도서판매비 등이 많아져서 97년도부터는 스탭을 늘릴 수 있었습니다」라고 말합니다. 마을만들기 센터는 주민지원을 위한 새로운 유연한 시스템을 만들고자 고민하고 있습니다.

전문스탭에 의한 참가 노하우의 축적

센터 설립 당초부터 스탭인 아사미씨는 캘리포니아 대학 버클리에서 참가 디자인이나 참가 플래닝을 배우고 버클리의 컨설턴트 사무소에서 실무를 경험하고 왔습니다.

센터의 설립 준비기간에 귀국한 아사미씨를 공사 직원으로 센터가 영입했습니다. 세타가야 마을만들기 센터에서는 참가 이론이나 방법 · 기술에 대해서 전문가가 있어 당초부터 참가에 대해서의 노하우를 만든 후에 다양한 시도를 통해서 단계적으로 방법 · 기술을 축적하고 있습니다.

타 도시의 마을만들기 센터는 행정직원이 운영하는 경우가 많고, 자리이동에 의해 노하우가 축적되지 않거나 종적인 발상에서 벗어나지 못하는 경우가 있습니다. 전문 스탭이 있는 것도 세타가야 마을만들기 센터의 특징입니다.

지역에 기반을 둔 조직으로 가자

세타가야 마을만들기 센터는 자체사업을 늘리고 재정면에서의 유연한 운영을 목표로 하는 한편, 구와의 교류를 지금 이상으로 늘려가고 싶다고 생각하고 있습니다. 오리토씨는 「마을만들기 센터는 대응할 수 없을 정도로 전국에서 견학을 오는 등 구외에서는 유명하지만 구의 공무원으로부터는 관심이 없습니다. 또한 구의 다른 부서에서 비슷한 주민지원을 하고 있어도 서로 정보가 전해지지 않습니다. 향후에는 밖을 향해서 어필하기보다 구의 외곽단체에 걸맞는, 지역에 뿌리를 내린 조직이 되고 싶다는 생각입니다」라고 말하고 있습니다.

또한 이제까지 주민과 네트워크를 만드는 것을 주로 해왔지만 향후는 기업과의 네트워크도 적극적으로 만들어 가고 싶다는 것이었습니다.

한편 마을만들기 센터는 프로젝트 현장에서의 대응에 쫓겼지만 현장에서 발생하고 있는 문제해결을 위한 시스템 · 제도 등을 지원해주는 대학이나 연구소 등의 사람들에 의한 응원단도 만들어가고 싶다고 생각하고 있습니다. 마을만들기 센터는 주민지원을 위한 선구적 조직으로 많은 수의 새로운 시도를 전개하고 있습니다. 정식화(定式化)되지 않은 새로운 분야에 도전하고 있는 이유만으로라도 응원단을 필요로 한다고 말할 수 있는 것 아닌가요?

1-2 일본 NPO센터

새로운 사회의 구축과 기업 · 행정과의 파트너십 확립을 목표로

새로운 사회의 구축과 기업 · 행정과의 파트너십 구축을 목표로 한신 아와지 대지진을 계기로 한 봉사활동에의 관심이 높아지면서 NPO 지원조직이 필요한 것이 널리 인식되게 되었습니다. 1996년 가을, 기업이나 연구자등 100명 이상이 설립발기인이 되어 NPO에 관한 정보수집이나 컨설팅을 하는 「일본 NPO센터」가 설립되었습니다. 센터에서는 다양하고 활력 있는 시민사회의 실현을 위해 전국규모의 교류 포럼을 실시하는 등 활동기반을 넓혀가고 싶다고 합니다.

시민활동단체의 활동기반을 강화하는 센터 설립

일본 NPO센터는 1996년 11월 22일, 도쿄에 설립되었습니다. 다양한 분야에서 활동하는 NPO(민간비영리단체)의 활동정보와 기업, 행정지원이나 관련 시책정보를 모아서 공개 · 발신하고 활동분야나 지역을 초월한 NPO계의 활동기반 강화를 목적으로 하고 있습니다.

일본 NPO센터는 설립취지서 중에서 NPO란 「의료 · 복지, 환경 · 에콜로지, 문화 · 예술, 지역 · 마을만들기, 국제협력 · 교류, 인권 · 평화, 교육 · 학습, 스포츠 또는 향후 새롭게 발생한다고 생각되는 모든 분야에 있어서 시민활동단체 등의 비영리 조직을 목표로 하고 있고, 민간 입장에서 활동하는 것이라면 법인격 유무나 종류는 묻지 않습니다」라고 정의하고 있습니다.

NPO의 열린 정보를

NPO 활동내용이나 조직에 대해서의 정보는 각각 조직내부에 그치는 경향이 있고 사회로 널리 전달되는 기회는 그다지 없습니다.

기업이 사회공헌의 일환으로 NPO에의 지원을 준비하고 있거나 행정도 시민활동단체와 접촉을 하고 싶은 경우가 있지만, 어디서 어떻게 접촉하면 좋은지 모르는 것이 현실입니다.

한편, 지원을 받고 싶은 NPO측도 어느 기업이 어느 정도의 지원을 준비하는지 정보가 없으므로 지원틀이 있는 기업과 전부터 접촉이 있는 NPO 이외는 지원을 받을 기회조차 없는 것입니다.

일본 NPO센터는 이러한 정보를 모아서 공개하거나 상담을 하는 것으로 NPO와 기업, 행정과의 사이를 중개하고 있습니다.

급속했던 NPO에의 관심증가

1997년 3월 현재, 이미 「시민활동촉진법안」(통칭 NPO법안)이 국회에 제출되었습니다. 3년 전까지는 상상도 못할 진전입니다. 그러나 여기에 오기까지에는 시민활동에 관계된 사람과 연구자 등에 의한 길고도 지속적인 노력이 있었고 그것이 「일본 NPO센터」의 설립, NPO법안으로 결실을 맺었다고 할 수 있습니다.

1980년대 후반부터의 움직임

각국의 민간 비영리 활동이나 그 조직에 대해서는 학문적으로는 메이지(明治 : 1868년~1912년) 이래 연구되어 왔으나 연구자는 물론 시민이나 기업을 포함하여 넓은 범위에서 관심을 가지게 된 것은 최근의 일입니다.

필앤슬로피(자선)나 커포레이트 시티즌쉽(기업시민) 활동에의 관심이 80년대 후반에는 전례 없이 높아졌습니다. 90년 2월에는 기업 메세나 협의회가 발족하고, 같은 해 11월에는 경단련(經團連)이 이니셔티브를 얻어 1% 클럽이 출범하고, 다음해 91년 11월에는 오사카 커뮤니티재단이 설립되었습니다.

시민그룹 활동으로는 1992년에 일본 네트워커스 회의가 「NPO 창설」을 제창하고, 93년에는 연구자에 의한 「NPO연구 포럼」이 「필앤스로피 사회경제학」을 출판, 94년 봄에는 「나라(奈良) 마을만들기 센터」가 「시민공익활동 기반정비에 관한 조사연구」를 발표하여 시민공익활동기본법 제정을 제안하는 등 빠른 템포로 진행되었습니다.

94년 봄에는 도쿄란포가 요청하여 전국의 NGO를 중심으로 다수의 시민그룹이 모이고 시민활동을 지원하는 제도에 대해서 검토가 시작되었고, 94년 가을에는 「시민활동을 지원하는 제도만들기 모임」(약칭 C's)이 발족되어 NPO법 실현을 향한 본격적인 시민활동이 시작되게 된 것입니다.

지진재해 후의 급진전

1995년 한신 아와지 대지진후 전국에서 시민에 의한 구조 활동은 일본의 자원봉사 역사상 획기적인 일이었습니다.

이 봉사활동을 지원하는 것으로 정부는 관계 18청 연락회의를 조직하여 새로운 법인제도를 검토했으나 당시 생각한 것은 단순히 「봉사지원제도」를 만든다는 생각에 지나지 않았고 NPO 전체의 기반정비에 대해서는 대부분 인식되지 않았다는 것이 실상이었습니다.

시민활동제도 연락회 설립

이 때문에 시민그룹이나 연구자 그룹은 그 봄부터 적극적인 로비를 시작했습니다. 95년 4월에는 C's, NPO연구 포럼, 시민공익활동

기본법 그룹 등이 중심이 되어 「시민활동지원제도 연락회」를 설립하고 널리 국민에게 호소하는 활동을 시작하면서 각 정당 NPO담당 의원을 초대하여 심포지엄이나 로비 등 다채로운 활동을 시작한 것입니다. 「연락회」에 의한 오사카, 가나자와, 센다이, 히로시마 등 각지의 심포지엄은 시민 사이에 강한 관심을 불렀습니다.

의원입법에 의한 NPO법으로

정부는 95년 가을에 법안의 골자를 정리했으나 법안 작성에 힘써온 여당이 의원입법에 의해 진행하는 것으로 결정, 정부는 손을 뗐습니다. 그러나 야당인 신진당이 그 직후에 법안을 국회로 제출했음에도 여당에서는 3당의 합의에 좀처럼 도달하지 못했습니다.

그 후 약 1년간, 흔들리는 정세 속에서 NPO법안의 내용도 2번 3번 바뀌어 96년 말에는 여당안이 정리되었습니다.

일본 NPO센터 설립

대지진 후 3년에 걸친 법인제도 창설의 움직임과 동시에 장래의 NPO사회를 아우르는 NPO지원 시스템을 만들어야 한다는 생각에서 NPO 관련자나 경제계 관계자가 중심이 되어 새로운 센터 만들기를 논의했습니다.

일본 NPO센터는 이러한 움직임 속에서 출생한 「시민을 위한 새로운 조직」입니다.

앞으로 센터의 활동이 어떻게 시민적 기반에 의해 지원될 수 있는지, 또한 시민의 NPO활동을 어떻게 센터가 지원해줄 수 있는지가 큰 과제라고 할 수 있을 것입니다.

활동의 개요

일본 NPO센터는 각 지역 · 각 분야의 NPO활동을 시작으로 기업의 사회공헌활동, 지자체 등의 행정에 있어서 NPO 관련활동을 대상으로 다음의 5가지 기능을 기본으로 합니다.

(1) **정보의 키스테이션 :** 중요한 정보를 수집 또는 자체적으로 등록하고 그것을 공개하여 필요한 정보를 발신합니다. 이미 특정 지역이나 분야에 대해서 정보거점이 있는 곳은 그 거점에 관한 정보수집이나 소개를 중시하여 실시합니다.

(2) **컨설테이션과 코디네이션 :** 활동향상이나 전개에 필요한 컨설테이션(상담이나 조언)과 코디네이션(관계조직 소개나 조정)을 합니다.

(3) **사람과 조직의 네트워킹 거점 :** 관계자나 관련조직 등과의 정보교류를 밀접하게 하고 상호 연계를 깊게 하여 협력을 촉진합니다.

(4) **교류 · 연수 포럼 :** 교류나 연수를 위한 포럼 등을 개최합니다. 특히 지역과 분야 및 섹터를 초월하는 교류 기회를 만드는 것을 중시하여 실행합니다.

(5) **조사연구 싱크 탱크 :** NPO 기반강화에 필요한 조사연구를 외부 전문가나 대학 · 연구기관 등과도 협력하고 문제제기나 정책제언을 실시합니다. 또한 이것을 통하여 NPO관련 조사연구 능력을 높이고, 이 분야의 학계와 논단형성에도 기여하는 것을 목표로 합니다.

일본 NPO센터의 운영조직

설립초기에는 회원제도를 기반으로 하는 임의단체로 출발하고, 가능한 시점에서 법인화를 목표로 하고 있습니다. 당면한 운영조직은 가능한 간편하고 기동적인 것으로 하고, 사무국 외의 협력에 의한 각종 프로젝트팀의 활동을 중시해갑니다.

운영상의 배려사항으로 NPO입장에 선 기반적 조직으로서의 자립성과 독립성을 확보할 것과 기업이나 행정 등 각 분야의 조직이나 전문가와의 제휴 · 협력을 중시할 것, 사무국은 최소한의 스탭으로 유효하게 활동할 수 있도록 할 것, 사업기획 · 실시에는 적극적으로 외부 협력을 득할 것, 항상 운영 내용을 재고하여 조직이나 활동의 경직화를 방지할 것 등을 들 수 있습니다.

향후 활동 예정

다른 전국 각지의 NPO와 협력하여 1997년 6월에는 요코하마에서 전국 NPO포럼의 개최가 예정되어 있습니다.

또한 NPO운영이나 인재육성에 대해서 연수를 실시하고 있고 우선, 제 1기 기초강좌로 1997년 2월부터 「일본사회에 있어서 NPO란 무엇인가」에 대해서 기본부터 체계적으로 배우는 「NPO학원」을 시작하고 있습니다. 전 7회 강좌에서 NPO에 직접 연계된 사람은 물론이고 폭 넓은 층을 대상으로 하고 있습니다. 다음 단계로 보다 전문적인 실천 강좌도 준비하고 있다고 합니다.

폭넓은 지원 필요

센터는 회원제 조직으로 하며 정회원과 준회원을 두고 개인, NPO, 자치체, 기업등에 폭넓게 협력을 호소하고 있습니다. 회비는 정회원 10만원, 준회원 5만원(개인회원, NPO회원의 경우)으로 되어 있습니다.

센터의 설립 발기인에는 각계에서 200명 이상이 이름을 올렸습니다. 또한 이미 30사 이상의 기업이 회원으로서 지원하고, 국제교류기금인 미일(美日)센터에서도 후원을 받고 있습니다. 일본NPO센터 사무국장인 야마오카씨는「시민의 자발성에 근거하여 다양하고 활력 있는 시민사회 실현에는 NPO전체의 기반강화가 필요하며, 이를 위해서도 센터의 활동을 성공시키고 싶다」고 많은 사람의 협력을 호소하고 있습니다.

◆ 일본 NPO센터 기능 개념도

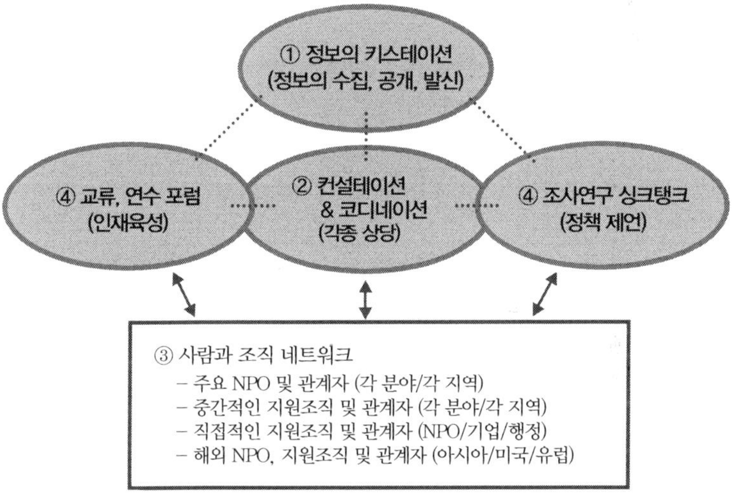

사업 항목	1996년도 [준비시기 포함]	1997년도	1998년도
① 정보 수집 · 발신	1. 일정 방침에 근거한 NPO거점 및 기업의 사회공헌을 중심으로 한 정보수집과 정리 2. 수집정보의 일반 공개 이용 준비 3. 뉴스레터 창간 준비와 준비호의 발행	1. NPO거점, 주요 NPO 및 기업의 사회공헌과 함께 지자체 행정 NPO관련 정보수집과 정리 2. 수집정보의 일반공개 이용과 온라인에 의한 수발신시스템의 검토(자주등록제도 포함) 3. 뉴스레터 발행과 「NPO 연감」 발행 기획	1. NPO거점, 주요 NPO 및 기업의 사회공헌과 함께 지자체 행정 NPO관련 정보수집과 정리 그리고 강화 2. 수집정보의 데이터베이스화와 온라인에 의한 수발신시스템의 검토(자주등록제도 포함) 3. 뉴스레터 발행과 「NPO 연감」 발행
② 컨설테이션 & 코디네이션	1. NPO와 기업의 사회공헌을 엮기 위한 상담창구 개설과 상담호소 2. 그 외 NPO 및 각 방면에서 상담에 적극적으로 대응하는 것으로 ①~⑤관련 니즈 파악	1. 전년도 지속과 상담업무 충실, 시스템화 2. 자치체등 행정 NPO 관련부문 상담대응	1. 각 분야 NPO, 기업이나 행정 관련부문에 대한 상담업무 확충 2. 기업, 행정 등에서의 위탁업무 대응
③ 네트워킹	1. 설립준비를 통해 각지 · 각 분야 주요 NPO, NPO 지원조직 및 기업의 사회공헌부문과의 정보교환 2. 방미조사(2회)에 의한 미국 관계기관과의 교류와 정보교환	1. 각지 · 각 분야 주요 NPO, NPO지원조직 및 기업의 사회공헌부문과의 정보교환 전개 2. 미국의 인프라 조직관계자 초빙포함 정보교환 3. 아시아, 유럽 등 관련기관과의 연계	1. 각지, 각 분야 주요 NPO, NPO지원조직 및 기업의 사회공헌부문과의 정보교환 지속적 전개 2. 아시아, 유럽 등 관련 기관과의 연계 및 제휴준비
④ 교류 · 연수	1. 설립준비단계에 있어서 각지 의견교환회 개최 2. 설립 기념포럼 개최 3. NPO와 기업의 사회공헌부문 상호이해 및 심화를 목표로 한 연수 워크숍 시범적 실시	1. 각 NPO거점 조직과 협력 · 제휴하여 지역 포럼 개최 2. 제1회 전국 NPO포럼 개최(가나가와) 3. NPO와 기업의 사회공헌부문 인재육성을 목표로 한 연구 워크숍 정착과 전개	1. 각 NPO거점조직과 협력 · 제휴하여 지역 포럼 지속적 개최 2. 제2회 전국 NPO포럼 개최 3. NPO와 기업의 사회공헌부문 및 자치체 인재육성을 목표로 한 연구 워크숍 전개
⑤ 조사 연구	1. 방미조사 정리와 분석 및 보고서 편집 발행 (③-2와 관련)	1. 장기 연구계획 입안과 자주적 연구회 활동의 수립(「NPO연감」 편집과 관련)	1. NPO기반강화를 위한 자체연구 개시 2. 기업 · 행정 등에서의 위탁에 의한 조사연구 개시
⑥ 그 외	1. 설립 준비간담회, 준비기획위원회 개최 등 임의단체로서의 설립에 따른 준비 2. 설립 발기인회 개최 3. 이사회, 평의원회, 기획위원회등 개최 4. 회원증가 노력 5. 차기년도 사업계획 및 후원금등 신청	1. 이사회, 평의원회, 기획위원회 개최 2. 이제까지 시행을 거친 운영체제 검토 3. 법인화 가능성 검토와 필요한 준비 4. 회원증가 노력 5. 차기년도 사업계획 및 후원금등 신청	1. 이사회, 평의원회, 기획위원회 개최 2. 장기적인 운영체제 확립과 독립센터 사무소 확보 3. 법인화 실현 (또는 계속준비) 4. 회원증가 노력 5. 차기년도 사업계획 및 후원금등 신청

1-3 가나가와 현민 활동 서포트 센터

현(懸) 레벨에서 시작한 종합적인 봉사활동 지원거점

가나가와 현민 활동 서포트 센터는 기존 현 시설의 기능재고 등을 계기로 하여 가나가와현이 만든 봉사활동을 종합적으로 지원하기 위한 거점입니다. 활동그룹이 미팅 등에 자유롭게 사용하는 공간이나 회의실, 로커 등이 있습니다.
서포트 센터에서는 이용하기 쉬운 장소 제공이나 활동지원 형태를 시민과 행정이 실천을 경험하면서 만들어내고 있습니다.

96년에 오픈한 서포트 센터

가나가와 현민 활동 서포트 센터(이하, 서포트 센터)는 봉사활동이나 NGO, NPO등의 활동을 지원하는 현 레벨에서는 첫번째 거점입니다.

계기는 현재, 서포트 센터가 있는 건물의 사용법을 재검토하니 공간에 여유가 있으므로 무언가 새로운 기능을 넣고 싶다고 생각한 것입니다.

95년 4월에 취임한 오카사키 지사는 이전, 환경관계 재단의 설립에 관여한 적이 있어 그 때에 크게 고생했다고 합니다. 그러한 경험으로 행정에 의한 봉사

◆ 6층에서 11층이 서포트 센터

지원을 적극적으로 추진하고 싶다고 생각한 것입니다.

또한, 가나가와현은 대지진의 가능성이 있어 만일에 대비하여 한신 아와지 대지진때와 같이 봉사에 의한 구조 활동이 전개되는 것이 예상됩니다. 때문에 평상시부터 행정과 봉사와의 파트너십을 형성하는 것이 중요하다고 생각합니다.

현이 95년 6월에 봉사지원 거점을 만드는 방침을 정하면서 약 1년 정도의 준비기간 후, 96년 4월에 서포트 센터가 오픈했습니다. 장소는 요코하마역 근처 가나가와 현민 센터 6~11층에 있습니다.

걸으면서 생각하는 서포트 센터

서포트 센터는 봉사활동을 지원하므로 「활동과 교류의 장 제공」과 「활동 지원」의 2가지 기능을 중심으로 그것을 구체화하는 6개 사업을 진행하고 있습니다. 주역은 시민, 행정은 조연이라는 생각을 모토로 걸으면서 생각하고 이용자의 목소리를 들으면서 장소의 제공이나 지원방법을 만든다는 것입니다.

이러한 시책은 행정에 있어서 새로운 분야이므로 실천해가며 단계적으로 전개해가는 것을 목표로 하고 있습니다. 구체적으로는 96년도는 장소제공, 97년도는 정보제공, 98년도는 종합지원을 실시하는 것을 목표로 하고 있습니다.

이용하기 쉬운 장소 제공을 목표로

서포트 센터는 연말연시 이외에는 무휴로 오전 9시부터 오후 9시까지(자원봉사 살롱, 미팅공간은 오후 10시까지) 열려 있습니다.

● 자원봉사 살롱

9~10층은 프리 스페이스로 활동 그룹이 간단한 미팅이나 회보 작성 등의 작업에 자유롭게 사용할 수 있습니다. 등록제도 예약제

도 아닌 이용표를 쓰는 것으로 사용가능합니다.

자원봉사 살롱

인쇄기, 절단기, 복사

9~10층에는 작업공간이 있어 인쇄기 등이 있습니다. 복사는 유료이나 그 외에는 인쇄 종이를 가지고 오면 무료입니다.

미팅룸

6~7층은 예약제 대여회의실입니다. 대 · 중 · 소 3종류, 합계 16실이 있고 요금은 1시간당 2,000~4,500원입니다.

레터 케이스

9층에 있는 432개 레터 케이스는 희망하는 그룹에 빌려주고, 그룹내외의 연락이나 정보발신, 우편이나 팩스 송신에 이용할 수 있습니다. 신청은 필요하나 이용료는 무료입니다.

라기

9~10층에 있는 라커는 활동에 필요한 인쇄용지나 참고도서, 그 외 다양한 것을 두는 장소로 이용할 수 있습니다. 소형 라커는 180개 있고 월 1000원이며, 대형은 50개 있고, 월 5000원입니다.

전시 코너

9~10층에 있고 활동을 어필하는 장소로 이용됩니다. 대여 기간은 2주간으로 신청제입니다. 현시점에서는 제법 사전예약이 되어 있다고 합니다.

정보 · 상담코너

11층 정보 · 상담코너에서는 공무원과 11명의 어드바이저가 교대로 봉사활동이나 단체운영에 관한 상담에 응하고 있습니다. 어드바이저의 역할이나 기능에 대해서는 서포트 센터 오픈 시에 시민단체의 멤버에 의해 탄생한 「서포트 센터를 생각하는 모임」의 논의 중에 검토되었습니다. 상담내용으로는 「무언가 활동하고 싶으나 무엇을 하면 좋은지 모르겠다」는 부분이 많습니다.

서포트 센터 전체 이용자는 월 1만 명 이상으로 요일별로는 토요일 이용자가 많습니다.

서포트 센터의 특징 중 하나는 활동분야를 한정하고 있지 않은 것으로, 그 중에서 자연스럽게 다른 분야와의 교류가 발생하고 있다고 합니다. 또한 이용자끼리 더 교류를 도모하기 위한 장으로 이용단체 네트워크가 설립되고 있는 중입니다.

◆ 가나가와 현민 생활 서포트 센터 사업전개도

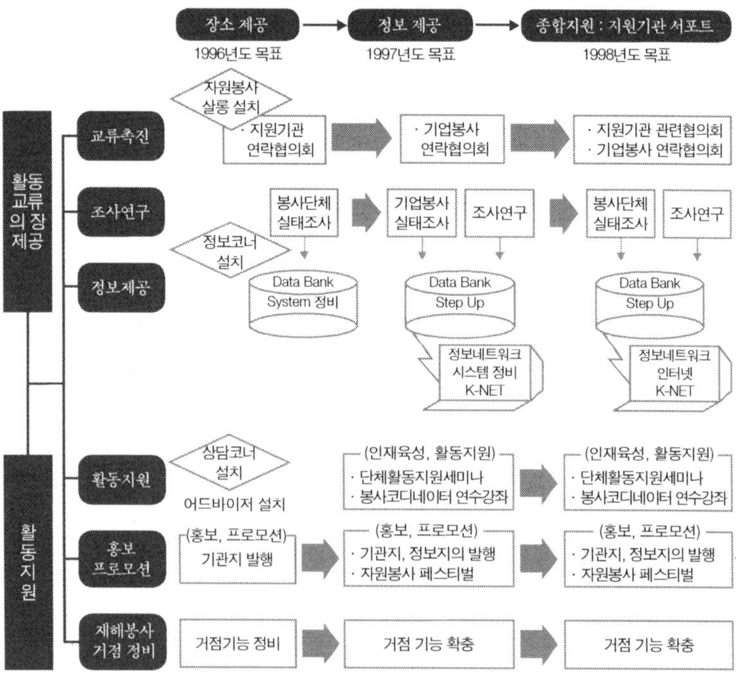

공무원 24명으로 운영

서포트 센터는 공설공영이라는 것으로 직원은 전원 현청 공무원이고 소장이하 24명으로 운영되고 있습니다. 단, 어느 부국(部局)에도 속하지 않는 독립된 출연기관으로 자리매김하여 독립성이 확보되고 있습니다.

서포트 센터는 1일 13시간, 휴일 없이 열려 있으므로 직원은 교대로 운영 · 관리하고 통상의 공공기관과 달리 변칙적인 근무형태로 되어있습니다.

사업비로는 3억 원의 오더였으나 교류촉진 사업이나 재해봉사활동 네트워크 형성 등 예산상에서는 거론하지 못하는 사업의 비율도 많습니다.

또한 사업비에는 시설유지 관리비나 인건비가 계상(計上)되어 있지 않으므로 이들을 포함하면 상당히 금액이 커진다고 생각됩니다. 외부기관으로는 8명의 전문위원으로 구성된 운영협의회가 설치되어 있고 사업의 추진에 대해서 조언을 하고 있습니다.

95년도는 장소제공 외에 2가지의 조사를 실시하고 있습니다.

하나는 봉사단체 실태소사로 다양한 기관이 실시한 기존 조사를 집적(集積)하거나 서포트 센터의 이용단체에 대해서 히어링을 하거나 하고 있습니다.

다른 하나는 봉사에 관한 다양한 정보를 컴퓨터를 사용하여 누구나 간단히 입수할 수 있는 정보 네트워크 시스템을 만들기 위한 조사입니다. 워크숍 형식으로 시스템을 검토하거나 메일링 리스트에 의한 전자회의실을 개설하여 폭넓은 의견을 모으거나 하고 있습니다.

전부 16실이 있는 미팅룸

자원봉사 살롱에 있는 라커

자원봉사 살롱에 있는 전시 코너

그룹별로 나누어진 정리함
(레터 케이스)

시설은 관리하나 봉사 관리는 하지 않는다

센터 개설부터 아직 1년이지만 운영에 대한 노하우를 교류 서포트과의 시이노씨에게 물었습니다. 「공설공영 시설이라는 것에서 행정에 의한 봉사 관리를 우려하는 사람이 있는 것도 사실입니다. 자원봉사활동의 본질인 자주성을 존중한 후에 지원하고, 행정으로서의 지원범위 등을 명확히 하는 것이 중요합니다. 아울러 시민이 갖고 있는 봉사 정신을 능숙하게 이끄는 장소가 되면 좋겠다고 생각하고 있습니다」라는 것이었습니다.

◆ 가나가와 현민 생활 서포트 센터 조직도

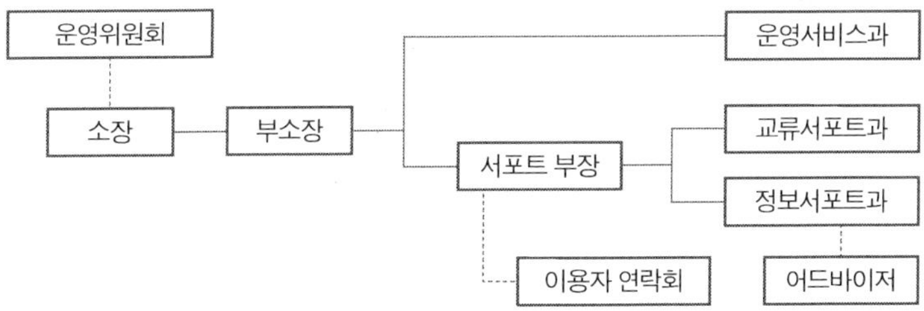

◆ 96년도 사업계획

구분		사업명	사업개요	예산 (원)
사업비				356,140,000
	활동지원 사업비	운영협의회 개최비	운영협의회 개최 이용자 연락회등 개최	8,580,000
		활동지원 사업비	어드바이저 설치 활동기기 정비 (리스 등)	46,800,000 38,190,000
	정보지원 사업비	홍보 사업비	시설 안내, 홍보지 작성 오프닝 세레모니 개최	6,000,000 5,000,000
		데이터 베이스 정비비	데이터 베이스 시스템 정비 (지원기관, 단체 정보)	199,570,000
		조사연구 사업비	봉사단체 실태조사 지원기관 실태조사	52,000,000

예를 들면 서포트 센터 안에는 게시판이 있으나 직원은 전혀 관리하지 않습니다. 이용자가 종료한 이벤트 등의 포스터를 떼고, 자신들의 활동 팜플렛을 붙이는 것을 볼 뿐입니다.

준비기간이 짧았던 것이 오히려 이용자의 목소리를 반영하면서 유연하게 운영해가는 것이 가능하게 되었습니다.

현장의 판단을 중시한다

또한, 현장의 판단을 존중하는 것도 중요하다고 합니다.

교류 서포트 과장 시이노씨

시이노씨는 「서포트 센터 고객은 봉사이지만 자원봉사라는 단어에 대해서 각자가 가지는 개념이 다릅니다. 센터의 설치를 정한 조례에서는 "자주적으로 영리를 목적으로 하지 않는 사회에 공헌하는 활동"으로 정의하고 있으나 날마다 이용자와 접하는 현장에서는 적지 않은 혼란이 있습니다. 그러나 봉사활동이나 시민활동의 특성을 생각한 경우 가능한 부드럽게 해석해야 한다는 인식을 가지고 대처하고 있습니다」라고 말해 줍니다. 이용단체에 대해서 등록제를 채용하지 않은 것도 봉사활동을 하는 사람들과 항상 접하고 있는 현장의 판단에 의한 것이라고 합니다. 하나는 자원봉사 활동은 그것을 목적으로 하여 진행하고 있는 단체만이 하는 것이 아니라 다양한 조직이 각 국면에서 자원봉사에 연결되어 있는 것도 있고, "조직" 그 자체를 자원봉사단체로서 자리매김하는 것이 아니라, 개개의 "활동"이 자원봉사 활동인지의 여부에 주목해야 한다는 생각에 의한 것입니다.

두 번째는 자원봉사활동을 하고 있는 조직은 변동이 심하여 등록하는 의미가 적은 것 같다고 합니다. 그와 같은 활동 현상을 판단하여 그것을 유효하게 서포트해가기 위해서도 현장이 독자적으로 움직이는 체제가 필요하다고 하는 것입니다.

2가지 봉사 타입

센터를 이용하는 단체에는 2가지 타입이 있다고 합니다. 하나는 설립시기가 짧고 비교적 규모가 작아 행정에의 의존도가 높은 단체, 다른 하나는 활동실적이나 노하우 축적이 충분한 자립도가 높은 단체입니다.

서포트 센터에서는 각 단체의 특성에 따른 지원이 필요하다고 생각하고 있으며, 가능한 자립을 촉진하는 대응을 하고 있다는 것입니다.

NPO 지원은?

현재, 시민활동단체에 법인격을 부여하는 것을 넣은 NPO법안이 논의되고 있으나, 법안의 내용이 그다지 주지되고 있지 않은 것도 있어 일반인의 관심은 별로 높지 않은 듯합니다. 서포트 센터를 이용하고 있는 단체에 대한 청취 조사에서도 법인격의 취득을 희망하고 있는 곳은 2~3단체뿐이라는 것입니다.

서포트 센터에서는 자원봉사활동을 안정된 상태로 지속적으로 실시하기 위해서는 법인격이 필요하다고 생각하고 있는 바, 법안의 행적을 주의 깊게 지켜보고 있습니다.

몇 년 후의 조직에 대해서

향후 3년간 단계적인 사업전개에 대해서는 명확하게 되어 있으나 그 후는 어떻게 되는 것일까요?

시이노씨는 사업계획은 항상 현실에 맞춰야 하므로 변화해갈 필요가 있다고 생각하고 있습니다.

「전국적으로 서포트 센터를 설치하려고 하는 움직임이 성행하고 있으나 선행(先行)하는 시설의 책무로써 우리가 얻은 경험을 폭넓게 정보 공개해갈 필요가 있다고 느끼고 있습니다. 그래서 각지에서 지역의 실정에 따른 서포트 센터가 탄생하는 형태가 되면 좋겠다고 생각합니다」라고 이야기합니다.

III-2 마을만들기 NPO를 자금적으로 지원하는 시스템, 조직

2–1 민간기업 조성재단

2–2 파트너십형 기금

2–3 시민의 사업에 융자하는 조직

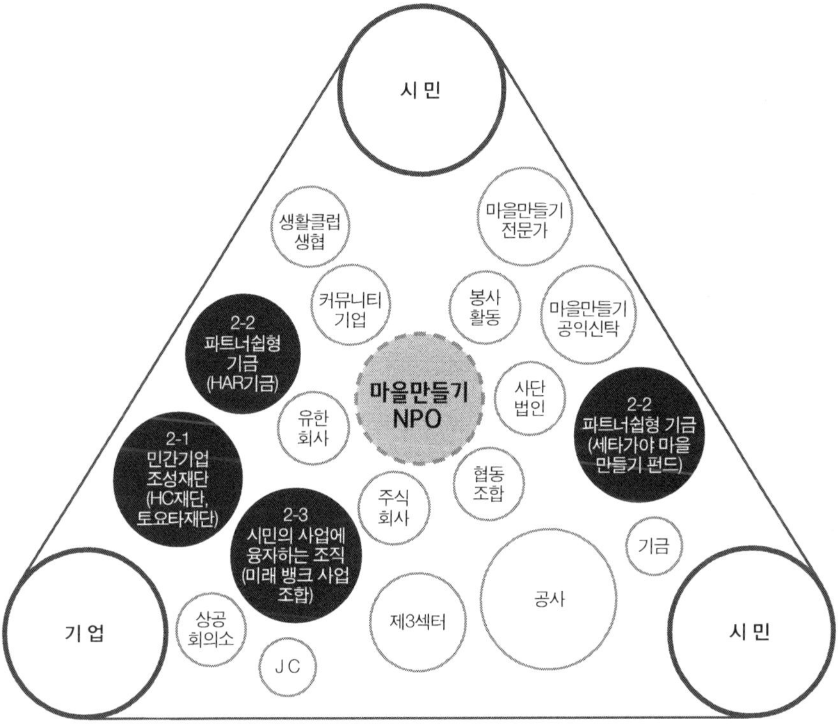

2-1 민간기업 조성재단

기업이 시민활동을 지원하는 시스템으로 향후 발전이 기대되고 있다

민간 자금을 활용하여 공익적인 활동을 하는 재단법인 중에서 자체사업보다 후원활동을 주로 하는 것을 일반적으로 조성재단이라고 합니다. 조성재단은 연구자의 학술연구에 후원하는 것이 많았지만, 최근에는 시민의 독자적인 활동에 후원하는 것이 증가해 왔습니다. 기업이 시민활동을 지원하는 시스템으로 후원재단의 증가나 다양한 전개가 기대되어 지고 있습니다.
여기에서는 선구적인 실험을 하고 있는 토요타재단과 마을만들기 · 주거만들기 활동에 목표를 좁혀 지원하고 있는 하우징 앤드 커뮤니티재단을 소개하고자 합니다.

1) 토요다재단

토요다재단의 개요

(재)토요다재단은 1974년에 토요다자동차(주)가 출연하여 설립한 후원재단입니다. 95년도 시점 기금총액은 1,140억 원, 후원총액은 40억 원입니다. 그 대부분은 연구후원과 동남아시아에의 지원, 시민활동에의 후원으로 선구적인 실적을 높게 평가받고 있습니다.

시민연구 콩쿨의 의의

시민활동에의 후원으로서는 우선, 시민연구 콩쿨 「주변 환경을 관찰하자」를 소개합니다. 이미 종료한 프로그램이나 시민활동을 지원하는데 큰 역할을 다했습니다.

시민연구 콩쿨은 토요다재단의 설립 5주년 기념으로 이 기회에

무언가 실험적인 것을 하려고 논의를 거친 결과, 1979년에 시작한 것입니다.

시스템으로서는 시민이나 전문가가 함께하여 실시하는 연구계획을 전국에서 공모, 그 중에서 10건 정도의 팀에 우선 예비연구 후원을 합니다. 그 성과와 다음의 본 연구계획서를 심사하여 몇 개 팀을 선출해서 4~5,000만원이라는 후원금을 주어 2년간에 걸쳐 본격적인 연구를 실시합니다. 그리고 그 중에서 최우수상이나 우수상을 뽑아 그 후의 장기적인 활동을 지원한다는 것입니다.

이제까지 콩쿨은 7회 개최, 응모 총수는 728건, 예비연구까지 진행한 팀은 123건입니다.

제7회 본 연구는 95년 4월~97년 3월까지로 6개 그룹에 총액 2억 2,000만원이 후원되었습니다(아래 표).

◆ 제7회 시민연구 콩쿨 연구후원 후원대상 일람

연구항목	응모단체명	도도부현	명수	후원금(원)
이사하야만 현명한 이용의 실증적 연구	이사하야만 연구회	나가사키	13	40,000,000
가라수야마천 녹도를 살리자-도시주민과 들새 공존을 목표로 하는 연구와 실험	가라수야마천 녹도회	도쿄	47	40,000,000
도쿄도 다마서부 지역의 중형짐승 생식상황과 시민생활	도쿄야생생물연구소 중형짐승 연구그룹	도쿄	24	40,000,000
교토에 친근한 수학여행 프로그램-에코투어리즘에서 수학여행을 생각하는 모임	교토에코투어리즘 연구회	교토	27	30,000,000
철도와 마을과 사람의 관계를 생각하는 연구	철도부흥을 생각하는 모임	홋카이도	22	40,000,000
쓰르미천 유역에 있어서의 요괴와 신의 연구-요괴와 신이 있는 장소의 환경특성과 사회적 의의에 대해서-	쓰르미천 요괴 모임	가나가와현	8	30,000,000
합계	6건			220,000,000

시민연구 콩쿨에서는 당초부터 선발위원이나 재단 스탭이 활동 현장을 돌면서 교류나 어드바이스 등을 실시하는 「현지 인터뷰」 방식을 취하고 있습니다. 또한, 예비연구 종료 후와 본 연구 중간에 실시되는 경과보고회는 시민과 선발위원 등의 전문가나 조성그룹 상호간 교류의 기회가 되었습니다.

최우수상을 받은 하코다테 모토마치 구락부에서는 팔로우업으로서의 후원금 2억 원을 기반으로 기금(공익신탁)을 만들어 다른 그룹에도 후원을 하고 있습니다. 같은 최우수상을 받은 교도쿠(行德) 야조 관찰모임에서는 야생조류보호기금의 설립을 위해서 준비하고 있습니다.

시민연구 콩쿨의 종료이유를 재단 프로그램 오피서는 다음과 같이 기록했습니다. 「후원 프로그램의 수명은 당초에 걸린 목표달성도와 프로그램을 둘러싼 시대상황의 변화 등 2가지 측면에서 측정된다」, 「목표달성이라는 관점에서 보면 이 콩쿨을 통해서 근처 환경에 대한 시민연구의 다양하고 뛰어난 선구적 모델이 얻어지는 것으로 일정한 역할을 다했다고 생각할 수 있다」, 「시대상황의 변화라는 관점에서 보면 주변 환경에 국한되지 않는 시민연구는 지금은 희귀한 것이 아니라고 말할 수 있다. (중략) 전국 각지에서 시민연구의 포텐셜이 높아진 현재 2년에 1회의 이벤트가 아니라 일상적인 프로그램으로 시민연구를 후원하는 방법이 오히려 필요하다고 할 수 있다」 (토요다재단 1995년도 연차보고 「"주변 환경을 관찰하자" 17년을 돌아본다」).

상기와 같은 이유로 시민연구 콩쿨은 평행하게 실시하고 있던 시민활동후원과 통합 · 재편되게 되었습니다.

시민활동후원의 개요

시민활동후원은 현실적으로 일어나고 있는 사회적인 문제나 과제에 대처하려고 하는 시민의 활동이나 시도를 지원하는 것입니다.

이제까지 연 2회 모집이 있었고 연간 20건 정도의 그룹에 대해서 「프로젝트」로 2000만원, 「출판」으로 1000만원을 한도로 1년간 후원이 실시되었습니다. 88년도부터 시작되어 95년도까지 총 건수 207건, 후원총액은 약 34억 원입니다.

후원 개요와 심사에 대해서

후원 개요는 아래 표와 같습니다.

후원 대상은 ① 환경과 개발의 공존, ② 장애자나 고령자의 자립, ③ 개발도상국에의 지원 · 협력체험에서 일본사회에의 문제 제기, ④ 새로운 지역만들기, ⑤ 외국인과 사회적 약자의 지원이나 보호, ⑥ 시민활동전반의 지원과 추진, ⑦ 그 외 풀뿌리의 시점에서 듣고 고치려는 시도에 대해서 새로운 방법을 찾고 실천해가는

◆ 조성 개요

내용/대상	다양한 분야의 시민활동 프로젝트에의 조성. 활동기록 작성 · 출판, 집회개최, 인재교류, 조직 등 기반정비, 조정 · 연구 등에 대한 조성
모집	일반공모
모집조건	재일 외국인 가/해외 외국인 가/해외 일본인 가
모집시기	제1기 4월~6월, 제2기 10월~12월 (95년도)
결정시기	제1기 9월, 제2기 3월 (95년도)
후원기간	제1기 11월부터 1년, 제2기 4월부터 1년 (95년도)
선발방법	선발위원회에서 선발하고, 이사회에서 결정 (95년도)
후원건수	제1기 10건, 제2기 10건 (95년도)
후원금액	제1기 최대 2000만원 합계 1억 5,100만원 (95년도)
	제2기 최대 2000만원 합계 1억 7,700만원 (95년도)
응모처	우163-04 도쿄도 신주쿠구 니시신주쿠 2-1-1 신주쿠 미쓰이빌딩 37층 (재) 토요타재단 TEL (03)3344-1701

것들이 대상입니다.

제1기는 4월~6월에 공모, 7~8월에 심사위원회에서의 심사를 거쳐 9월에 이사회에서 결정하고, 11월부터 1년간 후원합니다. 제2기는 이 일정이 약 6개월 늦어졌습니다.

95년도에는 제1기에서 86건 응모 중 10건(총액 1억 5,100만원)이, 2기에서는 135건 중 10건(1억 7,700만원)이 후원대상이 되었습니다.

또한 96년도부터는 연 1회, 가을공모로 변경하게 되었습니다.

심사기준으로 주체가 되는 단체에 대해서는 ① 단체의 인재, 활동실적, ② 단체의 사회성(활동내용 공개나 다른 단체와의 교류 · 연계), ③ 단체 자립을 향한 노력이 중요합니다.

또한 프로젝트의 계획내용에 대해서는 ① 시민으로서의 자치 형성에 도움이 되거나, ② 성과가 기대되거나, ③ 민간재단으로 지원하는데 적절한지가 심사기준이 됩니다.

민간재단이 시민활동에 지원하는 의의

95년도에 후원을 받은 그룹은 표에 나타나듯이 고령자, 장애자, 여성, 인권, 환경, 국제협력 등 다양한 테마에 대해서 다채로운 시도가 계획되어 있습니다. 또한 그룹의 실적도 다양합니다. 본서에서 소개하고 있는 히노시 지역 케어연구소도 조성을 받고 있습니다.

시민활동에 대해서 민간재단이 지원하는 의의를 상징적으로 나타내는 것으로 2가지 그룹에 대한 후원이 있었습니다.

하나는 후쿠이현 오오노시의 「오오노 물을 생각하는 모임」입니다. 계기는 지역용수가 줄어들어 지하수가 고갈되지 않을까 하는 우려에서였습니다. 모임에서는 처음에 공장이 원인이 아닌가 생각하여 조사를 시작했으나 폭설에 대응하기 위한 지하수의 융설장치가 원인인 것이 밝혀졌습니다. 이미 시가지의 1/3에 융설장치가 도입되어 있었으나 조사결과를 바탕으로 시에 알려 일본에서 처음으로「지하수 보전조례」를 만들었습니다.

다른 하나는 군마현 마에바시시 소아과 의사들 그룹인「인플루엔저 연구반」의 노력입니다. 1970년대 후반에 왁진에 의한 사망사고가 발생했으므로 마에바시시 소아과 의사들이 중심이 되어 접종을 중지했습니다. 아직 접종하고 있는 지역과 비교 조사한 결과 인플루엔저는 나이에 따라 타입이 변화하고 항체도 바뀌므로 접종·미접종에 유의미한 차이가 없는 것이 밝혀졌습니다. 중심은 소아과 의사들이었으나 PTA와 학교 교장모임 등도 참여하게 되어 조사를 실시할 수 있었습니다.

어떤 일이든 행정이나 전문가에게 인지되고 긍정적으로 평가되면 보급을 위한 시스템을 만들고, 조금 지나면 상식화됩니다. 시민활동은 상식적인 일에 "작은 의문"을 가지는 것에서 시작됩니다. 2가지 사례는 작은 의문에서 시작되어 다양한 노력을 거쳐 큰 에너지를 필요로 하여, 상식화된 것을 뒤엎었습니다.

토요다재단과 같은 민간재단은 독립된 조직이므로 행정이나 사회 일반과 가치관이 다른 시민활동이어도 독자 판단으로 지원합니다. 이런 면에서 민간재단의 의의가 있다고 봅니다.

또한 재단의 자금지원은 예를 들면 매스컴에서 보도되어 그룹의 활동이 지역에서 인지되는 등 파급효과를 부르는 경우가 많고 작은 싹을 크게 키우는 것에도 도움을 주고 있습니다.

[참고]

1. 토요다재단 연차보고 (1991~1995년도)
2. 조경 No. 3 마을만들기 자금원 핸드북 [토요다재단] 와타나베 하지메

◆ 1995년도 시민활동 내용 리스트

	조성테마	활동내용	활동그룹 명칭	조성금액 (만원)
제1기	일본 체르노빌 연대기금의 활동보고서의 작성	1996년 사고 후 10년을 맞이하여 보고서 만들기	일본체르노빌 연대기금	1,600
	봉사자 코디네이터의 양성 · 연수 및 현실적 역할에 관한 조사연구와 연구집회	봉사자 코디네이터의 양성 · 연구의 실태 조사 및 각 기관 · 단체의 교류를 통해서 자질을 고양	세타가야 봉사자 협회	1,800
	여성의 인권침해에 대하여 구제 · 지원의 시스템 만들기 쉘터의 건설을 목표로	내외의 여성용 쉘터의 운영실태조사 및 구체적인 계획 만들기와 행정과의 협력제휴 관계를 구축	여성의 공간 · 온	1,500
	시민이 구상하는 지역케어 계획의 책정	「지역케어 시민협의회」의 결성을 촉구	히노시 지역케어연구소	1,800
	10대들의 새로운 자기실현을 응원하는 지역에 열려지는 자유공간 만들기	10대의 스탭을 중심으로 하는 10대를 위한 만남, 교류 경험이 가능한 장소만들기	교세이학원 여자고등학교	1,000
	파트너십에 의한 다니토의 수변생태계와 도시농업의 공생을 시도하려는 노력	다니토의 현황조사, 워크숍, 시행관리를 통해서 환경의 복원과 보전을 위해 노력한 성과를 발표	온다의 다니토 팬그룹	2,000
	여성이 변화시키는 아프리카와 일본 - 새로운 커뮤니티 만들기의 모색	양국의 농촌에 공통되는 문제의 해결, 지역개발에 깨어있는 여성이 중심이 되는 커뮤니티의 역할을 생각	아프리카일본 협의회	2,000
	고령자의 재산관리와 자립을 지원하는 일상 상담활동	실태조사와 각 분야의 전문 스탭들의 교류, 공개 심포지움의 실시	교토실버링크	1,700
	여성문제 해결을 위한 지역네트워크 만들기의 추진	컴퓨터 도입에 의한 니이카타현(新潟県) 내에서의 네트워크 만들기	여성의 공간 · 니이카타	1,200
	지진지역의 가설주택에 대한 지원활동을 통한 새로운 마을만들기의 시도	「다카바 지역형 가설주택」의 주택생활 지원과 커뮤니티 형식을 맞춰보고 또한 지역과 대학과의 연대를 생각	고베대학생 지진구조대	500
제2기	아시아와 관련된 비소오염 해결을 위한 민간협력	일본 비소중독환자의 구제활동에서 축적된 정보와 경험을 아시아주민과 연구자들이 공유하기 위한 기초 만들기를 시행	아시아 비소 네트워크	2,000
	한신(아와지, 淡路) 대지진 14개의 시와 10개 마을의 부흥과 마을만들기에 관한 그때 그곳 사진 기록의 시도	지진 지역 주민의 삶과 문화의 재건과정을 사진 등으로 기록	한신 대지진 「지진기록 정보센터」	2,000
	한신(아와지, 淡路)대지진에 관한 봉사활동의 기록과 미래로의 제언	봉사활동에 초점을 맞추어 여기에 관련된 실상과 사실을 포괄적으로 망라하여 기록으로서 남김	지진재해 · 활동 기록실	2,000
	람사르 회의 후 干潟보호활동 및 네트워크 강화를 향한 도전	포스트 · 람사르 심포지움을 개최함과 더불어 소네의 환경조사를 실시	소네를 지키는 모임	1,900
	장애자의 예술 · 문화활동에 관한 큐슈 내의 네트워크 · 하우하우 만들기	예술 · 문화활동을 실행하고 있는 큐슈 내의 장애자 단체를 방문 · 조사하면서 네트워크를 구축	미야자키 장애자 예술촌 「돈코야」	1,700
	「조동종 국제봉사자모임(SVA) 15년의 발자취」에 관한 출판	전년도 활동에 의해 정리된 15년 간의 활동기록을 출판	조동종 국제봉사자 모임(SVA)	1,500
	시민에 의한 마을만들기-조정지의「수변 에콜리지-공원화 프로젝트」-	조정지에 수생식물 도입 등의 실험을 토대로 기초 데이터를 수집함과 동시에 공원의 컨셉 등을 제안	후지요 마을의 수변과 숲을 생각하는 모임	1,500

	조성테마	활동내용	활동그룹 명칭	조성금액 (만원)
	아시아 여성 관련자료의 데이터베이스 구축과 정보 네트워크 추진을 위한 기반 만들기	정보 네트워크의 거점을 형성하기 위하여 지금까지 수집한 자료의 정비 등을 실행	아시아여성자료센터	1,500
	장애자 의료정보 네트워크에 의한 장애자 주최의 의료실현을 위한 활동	퍼스콤 통신에 의한 장애자의 히어링과 심포지움 등에 의한 장애자 의료에 관한 제안을 실행	장애자와 애플 퍼스콤 통신 연구회	1,800
	히로시마에 관련된 중국인 피폭자 문제의 비주얼 교재 작성	젊은 세대에게 중국인 피폭자 문제를 전하기 위한 교재를 작성함과 동시에 교육현장 등에서 활용	강제연행되어진 중국인 피폭자와의 교류 진행	1,800
합계				32,800

2) 하우징 앤드 커뮤니티 재단

하우징 앤드 커뮤니티 재단의 개요

(재)하우징 앤드 커뮤니티 재단(HC재단)은 1992년 7월에 (주)하세코 코포레이션이 출연하여 설립된 것으로 주거와 커뮤니티 만들기에 관한 조사연구와 후원사업을 실시하고 있습니다. 기본재산은 현재 100억 원입니다.

HC재단의 특징 중 하나는 시민활동으로서의 주거만들기나 마을만들기를 지원한다(후술하는 「주거와 커뮤니티 만들기 활동후원」)는 것이고, 일본에서는 처음으로 만든 본격적인 재단이라는 것입니다.

두 번째는 시민활동에 관하여 자금 제공뿐 아니라, 자체연구에 의한 정보 축적도 실시한다는 것입니다. 구체적으로는 93년도부터 3개년 간 조사한 「민간비영리 섹터의 의의와 역할에 관한 조사연구」가 있습니다. 이는 NPO활동에 대해서 국내뿐만이 아니라 유럽과 미국의 선진사례도 조사한 것으로 마을만들기 NPO에 있어서 귀중한 자료가 됩니다.

주거와 커뮤니티 만들기 활동후원의 개요

이 후원은 민간그룹에 의한 주거와 커뮤니티 만들기에 대해서 선구적 · 창조적인 활동에 자금을 지원하는 것입니다.

후원개요는 아래 표와 같습니다. 연 1회 모집을 실시하고 10건 정도의 그룹에 대해서 2,000만원 한도로 1년간 후원을 합니다(지속적 후원도 가능). 93년도가 제1회로 97년도까지 5회, 총 건수 69건, 후원 총액은 7억 원이 되었습니다. 다마가와 마을만들기 하우스 등 본서에서 소개하고 있는 3개 조직이 후원을 받고 있습니다.

후원대상 테마는 ① 주거환경보전이나 개선, ② 고령자 살롱 등 새로운 종류의 주택지 시설, ③ 녹화 촉진 등 환경의 유지관리, ④ 자연생태계 보호, ⑤ 코포러티브 하우스, ⑥ 집합주택의 개축, ⑦ 그 외 재해복구 · 방재 마을만들기 등에 관한 모든 활동으로 되어 있습니다.

97년도에는 응모 총수 83건 중에서 18건이 조성을 받고 있습니다.

◆ 1995년도 시민활동 조성 리스트

내용/대상	주거와 커뮤니티 만들기에 대해서 선구적 · 창조적인 활동을 하는 비영리 민간그룹을 대상으로 후원
모 집	일반공모
후원지역	일본국내
모집시기	10월~12월 초순
결정시기	2월 하순
후원기간	4월부터 1년간
선출방법	관계 선출위원의 심사를 거쳐 이사회에서 결정
후원건수	16건 (1996년도)
후원금액	최대 2,000만원 합계 1억 6,000만원 (1996년도)
모 집 처	우107 도쿄도 미나토구 아카사카 3-21-20 아카사카 롱비치 빌딩 4층 재단법인 하우징 앤드 커뮤니티 재단「활동후원」계 tel (03)3586-4869
응 모 처	우163-04 도쿄도 신주쿠구 니시신주쿠 2-1-1 신주쿠 미쓰이빌딩 37층 (재) 토요타재단 TEL (03)3344-1701

심사기준으로는 토요다재단과 비슷한 부분도 있으므로 생략하지만 고려사항으로 「역량 있는 그룹일 뿐 아니라 몇 년 후에 개화가 기대되는 활동의 초기단계에 있는 단체도 평가한다」는 것이 특징이라고 할 수 있습니다.

토요다재단의 시민연구 콩쿨과 마찬가지로 심사위원이나 재단 스탭이 조성기간중에 현장을 방문하여 교류와 어드바이스를 하고 있습니다.

이 후원은 주거만들기 · 마을만들기를 대상으로 하므로 후원을 받은 활동이 중요한 데이터뱅크가 됩니다. 활동이 도시뿐 아니라 지방을 포함한 전국에 퍼져 있습니다.

또한 새로운 테마와 독특한 시도의 연구도 더해져서 시민의 역량을 높이고 있다고 할 수 있습니다.

활동발전의 열쇠가 되는 자금지원에 기대

HC재단에서는 재단으로서의 향후 지원 형태를 찾기 위해 우선 주거와 커뮤니티 만들기 분야에 있어서 활동을 파악하려고 95년에 앙케이트 조사를 실시했습니다. 대상은 92~94년의 후원에 응모한 그룹 및 전국 각지의 이 분야에서 활약하고 있는 사람들에게 추천이 있었던 그룹입니다.

앙케이트 응답에서 주거와 커뮤니티 만들기 시민활동이 전국 각지에 퍼져있다는 것, 7할 이상이 월 1회 이상의 회합을 가지고 정기적으로 활동하고 있는 것, 전문가가 관계되어 있는 그룹이 8할 이상인 것 등을 알 수 있었습니다.

또한 이 조사에서는 활동 중에 발전 · 비약기를 경험하고 있는 그룹(발전 있음)과 경험하지 못한 그룹(발전 없음)을 비교하고 있으며, 후원경험의 유무와 자금 확보의 중요성에 대한 인식 등의 차이가 있으므로 자금이 발전의 중요한 요소가 되고 있다고 결론지을 수 있습니다.

활동이 궤도에 오르며, 몇 가지 성과를 내고 자원봉사적인 활동에서 NPO로 발전해 가는 조직이 향후 점점 늘어날 것이라고 예상됩니다. 이들을 지지하기 위해서 민간재단의 새로운 역할이 기대됩니다.

◆ 별표 – 주거와 커뮤니티 만들기 활동현황 리스트

활동의 테마	활동그룹 명칭	활동대상 지역	활동금액 (만원)
제 1 회			
「꽃과 푸르름의 마을만들기를 여성 정원사의 손으로」지역 여성들이 여성정원사 팀을 만들어 지역 내 공공의 푸르름을 가꾸어 지켜나가는 것을 시도	「꽃과 푸르름의 마을만들기를 여성 정원사의 손으로」 위원회	이바라기현 쯔꾸바시	1,000
야나카 육성방법– 주민과 전문가가 공동으로 야나카 주거와 가로변 등의 주거환경 · 생활문화의 좋은 점을 발견하여 지금부터 야나카의 마을과 주거만들기, 생활에 활력을 불어넣는 방법을 개발, 실천	야나카중학교	도쿄도 다이토구	2,000
도시 농업–마을만들기를 목표로– 경작하듯이 마을을 가꾸어가자	타마가와 마을만들기 하우스	도쿄도 세타가야구	800
주민 자신의 손에 의한 환경 창조의 지표만들기(건축협정지역을 기초로 하여)	건축협정을 계기로 한 가로변 만들기 지원하우스	도쿄도 세타가야구	800
새로운 섹터인 「주민간담회」를 중심으로 한 지속적인 마을만들기	타마가와 학원 지역을 생각하는 마을간담회	도쿄도 마치다시	800
자연의 풍부한 환경을 지향하고, 보호하고 생활하기 좋은 마을만들기에 공헌	마을의 역사 –어르신들이 키워온 마을–를 발전시키는 모임	아이치현 나고야시	600
환경과 친근한 주거의 연구–茅葺屋根의 재평가와 환경디자인	聚邑都文化연구회	兵庫県 神戸市	1,000
야마토에 관련된 나무와 생활문화 재생시스템 구축–전통적인 마을가옥, 민가의 보전 · 복구–에 관한 연구	야마토와 관련된 나무와 생활문화 재생시스템 연구회	나라현 大化郡山市	2,000
마음을 합쳐 생활의 꿈을 서로 나누는 「협동방식」에 의한 주거 · 커뮤니티 만들기의 제안과 실천	M(협동) 항구	구마모토현 구마모토시	1,000
합계		9건	10,000
제 2 회			
하코다테 서부지구에 관한 「마을만들기 공익신탁」의 전개	하코다테에서의 트러스트사무국	홋카이도 하코다테	1,200
환경공생형 거주형태의 실현을 지향하는 연구, 실천활동	쯔꾸바 에코 · 브릿지연구회	茨城県 쯔꾸바시	1,500
「꽃과 푸르름의 마을만들기를 여성 정원사들의 손으로」 –꽃과 푸르름의 마을만들기센터 설립 시도–	「꽃과 푸르름의 마을만들기를 여성 정원사들의 손으로」 위원회	茨城県 쯔꾸바시	800

활동의 테마	활동그룹 명칭	활동대상 지역	활동금액 (만원)
고려뮤지엄 창건에 의한 놀이환경과 생활문화의 창조	고려의 고향 에코뮤지엄 연구회	椅玉県日高市, 飯能市	700
삶과 자연이 있는 「휴먼 스케일」의 마을만들기	青山(아오야마)를 연구하는 모임	東京都 港区	500
주거환경지표를 활용한 새로운 주민 합의 형성의 전개와 실천	건축협정을 매개로 한 가로변만들기 지원하우스	도쿄도 세타가야구	1,500
고령화 사회에 따른 새로운 형태의 커뮤니티 창설	복지맨션 연구회	카와가나현 요코하마시	1,000
방치산림을 고령자의 삶의 보람만들기에 연계시킨 활동	즈시 하이랜드 한걸음 모임	카와가나현 즈시시	600
하기노시마(萩ノ島) 띠 지붕 가옥환상형 집락의 소개, 보존 및 활동	하기노시마 짚신 모임	新潟県刈羽郡高柳町	1,200
봉사자 활동 거점 기능을 갖는 생애주택의 건설활동	라이브케어연구회	兵庫県神戸市	1,000
합계		10건	10,000
제 3 회			
「하코다테 마을만들기 공익신탁」의 확립을 목표로	하코다테의 트러스트 사무국	홋카이도 函館市	1,080
하기노시마(萩ノ島) 환상형집락의 소개 보전, 네트만들기	하기노시마 짚신모임	新潟県刈羽郡高柳町	900
이용권형 코포러티브하우징의 실천	쯔꾸바 방식에 의한 집만들기 모임	茨城県 쯔꾸바시	1,800
환경공생형 거주형태의 실현을 지향하는 연구 · 실천활동	쯔꾸바 에코 · 브릿지 연구회	茨城県 쯔꾸바시	900
노상생활자(무주택)에 대한 생활상담 · 지원과 거주보증	내고향모임(ふるさとの会)	도쿄도 荒川 · 台東区	1,080
젊은 계획가 조수에 의한 집합주택 갱신 실천 활동	집합주택 디자인하우스	도쿄도 23구부	1,080
거주자와 전문가의 지혜로 만드는 맨션장수명 플랜	지혜주머니 Doppo 모임	도쿄도 무사시노시	1,080
고령화사회에 따른 새로운 커뮤니티 신설	복지맨션 연구회	카와가나현 요코하마시	900
「농업」을 기초로 하는 '마을'과 '농촌'의 교류	蛇沼八의 모임	나가노현 사카다시	900
마을울타리형 공동주택의 설계, 건설 고령자에서 젊은 세대까지 공생가능, 지역에 뿌리를 둔 커뮤니티 만들기	주환경 포럼(京都)	京都府 京都市	1,080
여성과 고령자의 자립을 지원하는 주거만들기	여성과 주택 연구	오사카부 스이타시	1,080
사람이 모이는 마을을 만들자	오오츠카(大塚)를 즐겁게 하는 모임	島根県 安来市	720
주민참가에 의한 자연구릉지를 살리는 주거만들기	주민 참가에 의한 주거만들기 협의회	히로시마현 히로시마시	1,800
주민과 마을만들기 학교에 의한 하카다 마을만들기현장 만들기	하카다 공동연구체	후쿠오카현 후쿠오카시	900
체험숙박형 ADL주택(가변형 주택)은 지역에 뿌리를 둔 「주거의 복지상자」	배리어프리 디자인 연구회	구마모토현 下益城郡富合町	1,350
ALCC 비주얼 · 포럼을 지향하는 AV자료 제작	ALCC	전국	1,350
합계		16건	18,000

활동의 테마	활동그룹 명칭	활동대상 지역	활동금액 (만원)
제 4 회			
이용권형 코포라티브 하우징의 실천	쯔꾸바 방식에 의한 주거만들기 모임	이바라기현 쯔꾸바	1,500
마을만들기 책자의 작성 · 활용	야나카중학교	도쿄도	1,000
고령 노숙생활자 자립지원센터의 운영과 유지	고향의 모임	도쿄도 세타가야구	1,500
도시주거방책으로서 코포러티브 주택에 관한 의사 결정 방책에 대하여	유쾌한 주거모임	도쿄도 세타가야구	500
도심 마을 조성법이 축적되어가는 집합주택 만들기	새로운 도시형 집합주택을 만드는 모임	도쿄도	500
거주자에 의한 맨션 장주명 플랜과 안내서 만들기	지혜주머니 Doppo 모임	도쿄도 무사시노시	1,000
「농업」을 기초로한 "마을"과 "농촌"의 교류	蛇沼八 모임	나가노현 飯田市	800
경로지(京路地) 공간 특성을 살린 공동주거만들기의 실험	京路地 재생연구회	京都府 京都市	1,500
봉사자의 활동거점을 갖춘 생애주택의 건설활동	코베 생애주택 연구회	兵庫県 芦屋市	1,500
민간주도 참가형 마을만들기 활동거점 개설을 위한 활동	아시야시 시민가로만들기 연락모임	兵庫県 芦屋市	1,000
지역활성화에 의한 커뮤니티와 가로변의 재생	津屋崎町 가로변 보존협의회	후쿠오카현 宗像郡 津屋崎町	1,000
「시마하라 트러스트」를 목표로 ‥‥‥ 부흥에	島原 부흥 청년회의	나가사키현 島原市	1,500
생활의 꿈을 나누어 갖는 「임대협동주택」을 만들자!	구마모토 「협동주택모임」	구마모토현 구마모토시	500
ADL(체험숙박형) 주택에서 「자신의 주거방법」 발견	배리어프리 디자인연구회	구마모토현 下益城郡富合町	600
나하 『위키위키 · 위키시마 대작전』	沖縄県 건축사회 나하 서지부 마을만들기 연구회	沖縄県 那覇市	600
비주얼 포럼 개최와 세미나, 활동기록서 작성	ALCC	전국	1,000
합계		16건	16,000
제 5 회			
「弘前市茂森町」의 참가형 마을만들기	아칸서스	青森県 弘前町	600
쌍둥이 지붕(Twin 카야부끼) 아트 스페이스와 카야부끼 연예관	옛민가애호협회	岩手県 二戸郡 浄法寺	500
환경과 공생의 마을=와세다 생명의 마을만들기	환경과 공생의 마을=와세다 생명의 마을만들기 실행위원회	도쿄도 신주쿠구	800
분쿄구의 역사적 건물을 마을만들기의 핵심으로 보존 · 활용	분쿄구 건축물 응원단	도쿄도 분쿄구	1,500
도심주거방책으로서 코포러티브 주택에 대한 의사결정 방책에 대하여 (제2탄)	유쾌한 주거의 모임	도쿄도 세타가야구	500
공적단지 재건축 후의 커뮤니티와 단지환경의 육성	深沢 비오톱을 돌보는 모임	도쿄도 세타가야구	1,000
실험도시 「다마」와 살기좋은 가로변 배리어프리의 견 지에서	다마 살롱 대학	도쿄도 다마시	1,000

활동의 테마	활동그룹 명칭	활동대상 지역	활동금액 (만원)
입주자 참가의 생활과 주거 지원 네트워크	생활과 주거의 네트워크 (KSN) 연구회	수도권	1,000
꺼져가는 가로변, 해체되는 건물의 일러스트 기록	大渕 · 아티크와 그 친구들의 자원봉사	관동지방	500
고령화사회에 대비한 집합주택의 미래상을 탐구	並木 제1주택관리조합수선위원회	카와가나현 요코하마시	1,000
교토 · 마을 내의 차지형 코포라티브 하우스 만들기	相国寺 코포건설조합	교토부 교토시	1,000
거주자의 생활을 재현하는 마을의 재생	緋扇의 모임	교토부 교토시	700
시만토 프로젝트–임대 콜렉티브 하우징 구상–	SHIMANTO PROJECT	오사카부 오사카시	1,000
민간주도 참가형 마을만들기 활동거점의 운영	芦屋市 민가만들기 연락모임	兵庫県 芦屋市	700
도시형 에코뮤지엄의 실현을 지향하는 연구 · 실천활동	津山 · 城西 마루고토박물관 연구회	오카야마현 津山市	1,200
「야마사카 커뮤니티」의 고령자 거주 지원활동	(가)야마사카 생활연구회	후쿠오카현 키타큐슈시	1,000
마을 내 산책로를 활용한 마을활성화와 커뮤니티 재생	津屋崎町 가로변 보존협의회	후쿠오카현 宗像郡 津屋崎町	1,000
「시마하라 트러스트」를 목표로 · · · · · 부흥하기	島原 부흥청년회의	나가사키현 島原市	1,000
합계		8건	16,000

[참고]

1. 「주거와 커뮤니티 만들기 활동후원」 보고서/각 연도별
2. 조경 No. 3 마을만들기 자금원 핸드북
   「하우징 앤드 커뮤니티 재단」 다케이 노리유키
   「마을만들기 시민활동 실태」 다케이 노리유키 · 쿠로사와 마사코
3. 주거와 커뮤니티 만들기 활동에 대한 조사결과보고서/하우징 앤드 커뮤니티 재단/95.11

2-2 파트너십형 기금

주민 · 행정 · 기업이 같이 주민에 의한 마을만들기를 지원하는 시스템

주민 · 행정 · 기업이 협동하여 마을만들기를 진행해 가기 위해서는 자금력이 없는 주민그룹과 NPO에의 지원이 요구되는데 지원 자체도 3자 협력으로 실시하는 시스템이 생겨나고 있습니다. 그것은 시민적 발상을 지원하고 싶은 개인이나 사회공헌을 하고 싶은 기업 그리고 행정에 의한 모금형 기금입니다.
여기에서는 선구적으로 마을만들기 NPO후원을 명확하게 하고 있는 세타가야 마을만들기 펀드와 한신 아와지 대지진 피해지역에서의 부흥 마을만들기를 지원하는 한신 · 아와지 르네상스 펀드를 소개합니다.

1) 세타가야 마을만들기 펀드

NPO를 포함한 주민주체의 마을만들기를 지원하는 기금

「공익신탁 세타가야 마을만들기 펀드」는 "주민 · 행정 · 기업의 파트너십형 마을만들기"를 목표로 삼자 중간에 서서 주민주체의 마을만들기 활동을 금전면에서 지원한다는 목적으로 92년 12월에 창설되었습니다.

펀드가 만들어진 발단은 1986년도에 책정된 세타가야구 「신기본계획」에 「마을만들기 센터」를 설치하는 것이 확정된 일입니다. 5년간의 검토 과정 중에 주민주체 마을만들기 활동에 대해서 자금지원, 인적지원 및 정보지원이 필요하다는 이야기가 나와서 자금지원은 세타가야 마을만들기 펀드가 담당하고 (재)세타가야구 도시정비공사 내에 생긴 「세타가야 마을만들기 센터」가 활동의 지원

을 담당하게 되었습니다.

세타가야 마을만들기 펀드는 당초부터 주민의 마을만들기 활동과 함께 NPO(세타가야 마을만들기 펀드에서는 「마을만들기 하우스」로 불리고 있다)에 자금지원을 하는 것을 목표로 하고 있습니다.

세타가야 마을만들기 펀드는 출연한 자금을 신탁은행이 관리 운영하여 공익적 활동에 조성하는 공익신탁이라는 제도를 사용한 기금입니다.

당초 (재)세타가야구 도시정비공사가 3억 원을 출연하여 설정하고 그 후에 주민, 기업, 행정의 기부에 의해 현재는 약 13억 원(97.3)이 되었습니다. 매년, 구내 마을만들기 활동에 대해서 5000만원을 후원해 왔습니다. 펀드는 세타가야 마을만들기 센터의 지원을 받아 운영위원회와 자원봉사 시민의 협력에 의해 독자적으로 운영되어지고 있습니다.

세타가야 마을만들기 펀드의 조성 대상

세타가야 마을만들기 펀드는 이하의 부문에 후원을 하고 있습니다.

- 마을만들기 첫걸음 후원
- 마을만들기 활동 후원
- 마을만들기 하우스 설치 · 운영 후원
- 마을만들기 교류 후원

펀드가 지원한 NPO

세타가야 마을만들기 펀드에서는 「전문적인 기술이나 경험을 살려, 주민주체의 마을만들기를 지원하는 비영리 조직」을 「마을만들기 하우스」라고 칭하고 자체적인 후원대상 부문을 설치하여, 3년간을 한도로 설치 · 운영을 위한 후원을 실시하고 있습니다. 3년간을 한도로 하는 것은 NPO로서의 자립을 촉진함과 동시에 많은 조직에 후원하자는 의도가 있습니다. 이 책에서 소개하고 있는 다마가와 마을만들기 하우스를 시작으로 이제까지 다음 표의 조직이 마을만들기 하우스의 후원을 받고 있습니다.

그 중에 몇 개의 하우스를 상세하게 소개하고자 합니다.

〈NPO집합주택 디자인 하우스〉

집합주택의 리모델링이나 대규모 수선, 집세문제 등 집합주택이 안고 있는 문제를 테마로 활동하고 93년도 400만원, 94년도 800만원, 95년도 600만원의 후원을 받았습니다.

	그룹명	활동내용	조성년도
1	타마가와 마을만들기 하우스	타마가와 지역을 대상으로 주민 주체의 마을만들기를 비영리의 입장에서 지지해가는 것이 목적. 주민의 의견을 하나 둘 쌓아올려가는 방법의 개발과 마을만들기를 지원해 갈 수 있는 새로운 활동 조직의 형태를 모색한다.	'92 '93 '94
2	집합주택 디자인 하우스	재건축, 관리, 개선 등 집합주택에 관련된 문제를 주민주체가 해결하기 위해서는 중요한 요소 중 하나가 정보교환. 그러기 위해 주택을 개방하고 정보교환, 코디네이터, 상담, 기술적 지원 등이 이루어진다.	'93 '94 '95
3	세타가야 가로만들기 지원하우스	주거환경악화로 인한 지역주민의 불안, 불만, 의문에 대하여 주민에게 친근한 상담센터도 되고, 보다 넓은 시야로 보는 전문지식으로 불만의 에너지를 건축협정 만들기와 가로만들기의 에너지로 변화시키기 위한 지원활동을 목적으로 한다.	'93 '94 '95
4	도토리키 마을만들기 하우스	도토리키 아동관 · 지역회관의 재건축 계획에 대해서 주민, 이용자가 주체적으로 참여 · 계획이 가능하도록 계획가로 지원 · 협력해가는 것을 목적으로 한다. 지역주민, 이용자의 합의 형성을 위하여 앙케이드 조사, 간담회 등을 개최. 바람직한 공공시설 만들기 방법을 추구한다.	'93
5	여유로운 세타가야구 네트워크	지역에서 자립생활을 하고 있는 중증 장애자와 그런 치유활동을 하고 있는 건강한 상태의 사람들이 자립 · 치유활동과 현실적 차별을 기준으로 함께 생각하고 지역 사람들이 함께 하도록 활동하여 왔다. 그런 활동을 위한 거점만들기가 목적.	'93
6	일상생활에서 주거만들기 지원 하우스	주거 개선을 배려한 가옥만들기를 전문적으로 지원한다. 건물 주택 주변에 관한 상담창구의 개설을 실천.	'95
7	코포러티브 서포트 집단	코포러티브 하우스 건설의 문제점을 발췌하여 지원책의 검토를 실천한다.	'96

조직이 생긴 발단은 구내 공단단지의 리모델링 계획에서 주민안(住民案) 만들기를 도와준 일입니다. 이 안을 공단에서 받아들여 이미 리모델링이 실시되고 있습니다. 그 후, 타 지역에서도 마찬가지 노력을 진행하고 있으나 더 이상 구내에서 지원받는 혜택을 받지 못했습니다. 그러나 끝까지 지역에 뿌리내리는 활동을 진행하고 싶다고 생각하고 있습니다. 3년간의 후원을 거쳐 법인화하는 것을 모색하고 있습니다.

〈세타가야 마을만들기 지원하우스〉

개개의 건물 디자인이 마을에 주는 영향등 지역의 경관과 환경만들기를 테마로 하여 93년에 800만원, 94년도 500만원, 95년도 900만원의 후원을 받고 있습니다.

세타가야 마을거리 만들기 지원하우스 활동 발표회 모습

주민이 알기 쉽게 마을을 생각하도록 하는 것과 비디오와 모형으로 마을을 검증하는 「건설 시뮬레이션」이라는 수법을 개발했습니다. 마을만들기 센터의 소개로 구획정리지구의 지주에게 미래의 마을거리를 생각해보게 하였습니다.

〈코포러티브 서포트 집단〉

세타가야구에서 코포러티브 하우스 건설의 지원을 실시하기 위한 활동을 시작으로 96년도에 500만원의 지원을 받았습니다. 현재, 세타가야 구내의 주민 그룹 「세타가

코포러티브 서포트 집단의 활동발표회 모습

야에 계속 사는 구민회」의 코포러티브 하우스 만들기 지원을 시작으로 발굴과 지원책을 검토하고 있습니다.

마을만들기 NPO추진을 위해 협의해 온 것의 축적은?

「세타가야 마을만들기 펀드」에서는 중간활동 발표회와 최종활동 발표회시에 몇 개의 테마에 대해서 후원을 받은 사람들이 논의하는 시간을 만들었습니다. 그때의 NPO 관련 논의는 다음과 같은 내용입니다.

우선, 94년도 중간활동 발표회에서 하우스의 과제는 (1) 자립책을 세운다, (2) 사회적 인지를 얻는다, (3) 장래의 비전을 만든다의 3가지로, 그 해결책으로서는 다음의 9가지를 들 수 있었습니다. 「자립은 어려워도 고립은 하지마!」가 이때의 최종적인 키워드였습니다.

95년도 중간활동 발표회에서는 자금확보나 자립에 대해서 (1) 기업재단의 후원은 전망이 밝다, (2) 행정과의 연대를 돈독히 하고 실적을 올린다, (3) 지역성이나 시민의 협력이라는 면에서 일반 기업이나 전문가와의 차이를 명확하게 한다, (4) 펀드조성을 종료한 하우스 연합체를 만들고 거기서 받은 일을 활동그룹에도 일부 담당하도록 하여 활동비의 제공이 가능하게 되면 훌륭하다 등을 들 수 있습니다.

1	각 하우스의 네트워크화
2	유력한 지도자가 없어도 가능하도록 시스템화, 사업화를 도모
3	시민, 그리고 정부 등에도 PR
4	자신들의 활동자금은 자신들의 손으로 벌어들임
5	매스컴을 사용하여 여론을 높임
6	하우스의 존재가 인정되고, 세타가야구 조례로 인지되어지도록 함
7	장래상(像) 만들기
8	활동을 멈춤 (이것도 해결책의 하나)
9	자금의 사용과정까지 생각한 구체적인 자립의 이미지 만들기

95년도 최종활동 발표회에서는 차기년도에 후원대상이 되지 않는 하우스가 있었으므로 자활의 길을 찾는 신중한 논의를 진행했습니다. (1) 유니온 하우스로서 공동체를 만들어 사업이나 연수 등을 기획한다, (2) 장애자 · 고령자의 입장에서 마을만들기를 체크하는 프로세스를 유니온 하우스 활동내용의 하나로 하는 등의 제안이 나왔습니다.

세타가야 마을만들기 조례에 있어서 하우스의 자리매김

94년도 펀드의 중간활동 발표회에서는 세타가야구 조례에서 하우스가 인지되면 좋겠다는 제안이 나왔습니다. 따라서 94년 11월에 펀드 운영위원회 등은 당시 개정작업을 실시하고 있던 세타가야구 마을만들기 조례에서 펀드나 하우스에의 지원을 제도화할 것을 요구하여 요망서를 제출했습니다.

그 결과 95년 3월에 전면 개정된 새로운 마을만들기 조례에서는 「마을만들기 활동을 지원하는 단체에 대해서 지원활동에 필요한 경비의 일부를 후원할 수 있다」고 명문화 되었습니다. 마을만들기 지원단체란 NPO전체를 말하고 구체적인 기준은 구에서 검토 중이나 「마을만들기 하우스」 등이 포함될 수 있다고 생각합니다. 펀드에서의 후원이 3년간을 한도로 하고 있는 중이지만, 지속적인 마을만들기 NPO활동에의 지원의 길이 열렸다고 할 수 있습니다.

2) 한신 아와지 르네상스 펀드(HAR기금)

한신 아와지 대지진 피해지역에서의 부흥 마을만들기를 응원하는 기금

한신 아와지 르네상스 펀드(이하 HAR기금)는 한신 아와지 대지진의 피해지역에서 부흥 마을만들기를 응원하도록 시민의 기부를 모아 설립된 기금입니다.

HAR기금은 피해지 중 토지구획정리사업 등의 「도시계획 사업지구」가 되지 못한 일반 피해시가지, 말하자면 「백지지역」의 지역재생의 지원을 주목적으로 하고 있습니다.

도시계획 사업지구에는 행정자금이나 인재가 투입되었습니다. 주민들의 사업에의 반대 등 다양한 문제도 있었으나 지진피해 후 2년을 거친 현시점에서는 많은 지구에서 마을만들기 협의회가 결성되어 주민과 행정의 대화에 의한 지구부흥이 진행되고 있습니다.

◆ 세타가야 마을만들기 펀드 후원신청 개요

내용/대상	세타가야 구내를 대상으로 살기 좋은 환경만들기로 연결되는 활동
응모조직 등	일반공모로 3인 이상의 그룹이며, 원칙적으로 대표자가 구내 재주, 재근, 재학
모집시기	4~5월
결정시기	6월
선출방법	공개심사회를 거쳐 운영위원회의 조언으로 신탁은행이 결정
후원건수	초기의 한걸음 후원 : 5건, 마을만들기 활동후원 : 14건, 마을만들기 하우스 설치운영 후원 : 2건, 마을만들기 교류후원 : 3건(1996년도)
후원금액	5,000만원(1996년도)
문의처	미쓰이신탁은행 세타가야지점 03-3413-3101 미쓰이신탁은행 다마가와지점 03-5716-3131

◆ 세타가야 마을만들기 펀드 기부개요

임의기부	임의기부 (누구든, 언제든, 얼마든)
정액기부	개인, 법인에 의한 지속적인 1구좌 이상의 기부 -개인 : 1구좌 5만원 -법인 1구좌 50만원
방법	우체국 계좌번호 도쿄 4-610069 계좌명 : 공익신탁 세타가야 마을만들기 펀드
	미쓰이신탁은행 본점 보통 8095133 계좌명 : 공익신탁 세타가야 마을만들기 펀드
문의처	세타가야 마을만들기센터 03-3411-6634

한편, 백지지역은 같은 피해 지역이었으나 행정의 도움이 미치지 않고 부흥 · 복구가 늦어졌다고 할 수 있습니다.

HAR기금에서는 백지지역을 주 대상으로 하고 도로나 공원, 주택 등의 하드부분만이 아니라 「민생, 마을, 주거 재건」도 덧붙여서 소프트부분의 재생도 응원하고 있습니다.

시민의 기부 범위가 넓어지고

HAR기금은 지진피해 직후부터 시민의 성원에 의하여 기금설립 활동이 결실을 얻어 만들어진 것입니다. 우선, 95년 6월에 창립준비위원회를 설립하고 (재)마을만들기 시민재단에 기금을 설치하는 것이 결정되었습니다.

마을만들기 시민재단은 (사)일본청년회의소가 40년을 기념하여 91년에 만든 것입니다.

설립준비위원회는 목표로 하고 있던 민간비영리기금의 형태와 행정과 특정 기업에서 독립한 「마을만들기 시민재단」의 성격과 목적이 일치하므로 재단속의 특별기금이라는 형태를 취하게 되었습니다.

95년 9월에 설립총회를 열고 11월에는 제1회 후원처를 결정했습니다. 그 후, 제2회는 96년 6월에, 제3회는 12월로 대략 반년에 1회씩 후원을 하고 있습니다.

제3회의 사례에서는 96년 10월 중순에 모집 신청개시, 11월 초순 마감, 12월에 공개심사회에서 조성처 결정, 97년 1월에 조성금 증여식을 했습니다. 이 증여식은 제2회 조성성과 보고회를 겸하여 개최했습니다. 주민주체의 부흥 마을만들기 활동에 도움을 주도록 적기에 조성하는 것을 목표로 하고 있습니다. 또한, 조성은 적어도 2000년까지는 계속됩니다.

이제까지 41건, 2억 5000만 원 조성

제1회~제3회까지 41건, 2억 5000만 원 조성이 실시되었습니다(아래 표).

◆ 세타가야 마을만들기 펀드 기부개요

활동테마	활동그룹명	제1회 후원기금	제2회 후원기금	제3회 후원기금
현립 4대학 교원에 의한 부흥 현정(縣政)을 위한 연구 · 제언	효고창생 마을만들기 연구센터	300	-	-
컬렉티브 하우징 사업추진응원	컬렉티브 하우징 사업추진 응원단	500	-	600
기와에 꽃을 피웁시다	한신 대지진 부흥 시민 마을만들기 지원 네트워크	500	-	-
시민언어 캐러번	방재를 말하는 모임	500	-	-
스미요시지구에 있어서 주민주체 부흥 마을만들기 지원활동	주요지구 부흥지원 그룹	300	600	700
외국인주민의 마을만들기-자립 커뮤니티에의 지원-	다문화 공생센터	300	-	-
부흥지원 커뮤니티 디자인 프로젝트	커뮤니티 디자인팀	300	300	-
고베시 텐자키 · 중남지구의 부흥 마을만들기 지원	관서 건축가 봉사집단	1,000	600	-
가설주택 탈출을 위한 로 코스트 아파트 개발과 건설	사카시게 건축설계	1,000	1,500	-
주민합의, 주민주체와 행정지원의 마을만들기를 목표로	니시스마 마을만들기 간담회	300	300	900
진재 부흥 영상기록 제작과 상영 · 보급 등	노다북부를 기록하는 모임	1,000	1,000	500
어기항에서 어영항 · 서향으로 이어지는 「술 담그는 마을」의 부흥	난의 술제조를 부흥시키는 모임	-	300	-
랜드스케이프 부흥지원 한신 그린네트워크	랜드스케이프 부흥지원회의	-	1,000	-
부흥과 마을만들기 지원 「지진피해 사진기록」의 실태조사와 보전활동	한신 아와지 대지진 [진재 기록 정보센터]	-	600	-
북담(北淡)마을 지역 마을만들기 플랜 작성 활동	토시마를 생각하는 모임	-	600	1,400
원주민이 하루라도 빨리 생활을 회복하기 위해	비와쵸 부흥주민협의회	-	300	-
고베시 동부 백지지역에 있어서 부흥 마을만들기 조직 지원	고베시 동부 백지지역 부흥 지원팀	-	1,000	-
나가타 지구의 장점을 살린 마을만들기 간담회	나가타의 장점을 살린 마을만들기 간담회	-	300	-

활동테마	활동그룹명	제1회 후원기금	제2회 후원기금	제3회 후원기금
나가타의 장점을 살린 주거형태 응원	나가타 협동 거주지원단	-	1,400	-
케어 가설주택에서의 실천을 답습, 구체화 도모	시리사키에서 협동형 주거 주택을 실현하는 모임	-		-
공생 마을인 고베 아시아타운 실현	고베 아시아타운 추진협의회	-	600	-
마노 · 타치에 지구 공동리모델링 사례 기록 작성과 연수활동	마노 · 히가시시리아케 7쵸메 · 타치에 지구 공동건설 지원팀	-	600	-
지구계획을 실현하고 구획정리사업 구역과의 정합성 도모	노다 북부 마을만들기 협의회	-	-	600
마을만들기 하우스를 거점으로 하여 주민 마을만들기에의 참가의식 고양	나다 중앙지구 마을만들기 협의회	-	-	500
나가타 마을과 구외(区外)에 달동네 사람들을 연결	스타트 나가타	-	-	300
근대건축 보존으로 고베다운 부흥 어필	심포지엄 「도시기억」 실행위원회	-	-	400
부흥문제연구, 현장지원, 성과편찬을 거쳐 공개강좌 개최	고베 부흥회	-	-	300
도토리은행 고베지진 피해지에서의 녹색부흥활동	도토리 네트워크 고베	-	-	500
지역주민 네트워크로 실시하는 자체 녹화활동	녹화 커뮤니티 「사계」	-	-	500
민간주도 참가형 마을만들기 센터 운영	아시야시민 가로만들기 연락회	-	-	500
산노미야, 모토마치 지진피해건물의 기록과 건축가의 보고	계획공방 INACHI	-	-	300
합계 금액(만원)		6,000	11,000	8,000
건수		11건	16건	14건

HAR기금에의 기부 범위를 넓히자

HAR기금에 의한 기부는 95년 10월부터 96년 8월말까지의 1년 못 미치는 기간에 지속하기로 한 기부의 예정액을 포함하여 총액 약 3억 3000만원에 달하고 있습니다. 기부자 총수는 174명이 되었습니다. 그러나 현지에서의 활동자금 수요를 생각하면 결코 지금의 기금은 충분하지 않습니다.

거기서 「1인 1구좌 10만원을 5천명에게 부탁하자」라는 캠페인을 개최했습니다. 또한 HAR기금의 풀뿌리형 모금으로 다음과 같은 새로운 독특한 모금방법도 등장했습니다.

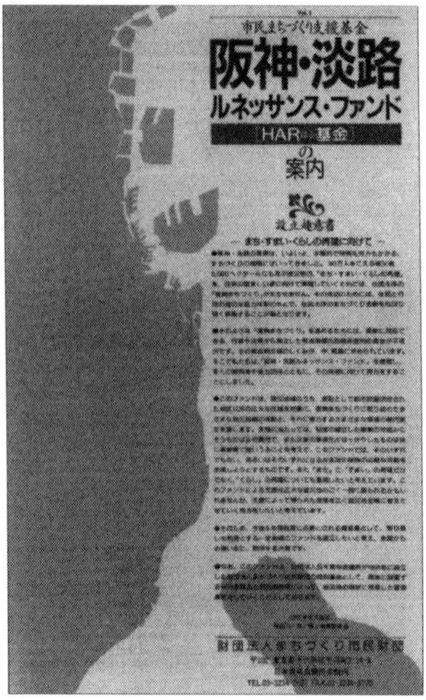

HAR기금 팜플릿

- 「지역응원단」 : 지역 네트워크로 모금활동. 요코하마시 주민그룹 「도치쿠(都筑) 포럼 커뮤니케이션 클럽」이 제1호. 공공기관에서 HAR기금전을 개최하여 성금을 모았다.
- 「기업응원단」 : 기업 네트워크로 모금활동. 메이지생명이 제1호. 기획부 사회공공실이 전국사원에 HAR기금을 소개하고 모금하여 4290만원이 기부되었다.
- 「집필자 · 출연자 응원단」 : 출판물의 집필자그룹, 심포지엄의 패널그룹 등이 원고료나 사례금의 일부 또는 전부를 기부, 코바야시 쥬케이 편 「협의형 마을만들기(학예출판사)」 집필자가 제1호.

한신 아와지 대지진은 행정으로부터도 기업으로부터도 독립된 시민활동의 확산이나 실행력을 확인하고, 시민활동을 지지하는 사회적 제도의 필요성에의 인식을 비약적으로 고양시켰습니다. 불행하게 벌어진 일이었으나 지진재해가 없었다면 현시점에서의 NPO 법안은 없었을 것이라고 말하고 있습니다.

한신 아와지에서는 다양한 NPO조직이 재건지원에 힘쓰고 있습니다. 이를 지지하는 HAR기금에의 기부의 범위를 넓혀갑시다.

◆ HAR기금 조성신청 개요

대상	한신 아와지 대지진 피해지역 중, 원칙적으로 도시계획결정된 지구 이외 (계획결정 지구에서도 필요한 활동은 지원)
내용	(1) 주민자주활동 · 자주조직 (2) 부흥 마을만들기하우스 (전문가를 중심으로 한 부흥사무소) 설립 · 운영 (3) 부흥 마을만들기를 위한 연구활동 (4) 그 외
모집시기	사무국에 문의
선출방법 조성건수	공개심사회를 거쳐 HAR기금 특별위원회가 결정. 제1회 11건(95.11), 제2회 16건(96.6), 제3회 14건(96.12)
조성금액	제1회 6000만원, 제2회 1억1000만원, 제3회 8000만원
문의처 (사무국)	재단법인 마을만들기 시민재단 우102 도쿄도 치요다구 히라가와마치 2-14-3 청년회의소 회관 내 전화 03-3234-2607 FAX 03-3234-5770
현지 사무소	한신 대지진 부흥 시민 마을만들기 지원 네트워크 사무국 내 우 657 고베시 나다구 미나미오카마치 2-5-20 코프란 내 전화 078-842-3563 FAX 078-842-2203

◆ HAR기금 기부개요

정기기부	2000년까지 매년 또는 매월 기부 매월기부 : 1구좌 2만원으로 1~5구좌, 매년기부 : 1구좌 10만원으로 1구좌 이상
수시기부	수시로 금액 제한 없이 자유 기부
방법	구좌명 : 재단법인 마을만들기 시민재단 HAR 기금은행 및 우체국 이체
문의처	재단법인 마을만들기 시민재단 전화 03-3234-2607

2-3 시민의 사업에 융자하는 조직 (미래뱅크 사업조합)

시민에 의해 만들어진 환경 친화적인 사업에 융자하기 위한 시스템

도쿄도 에도가와구에 거점을 둔「미래뱅크 사업조합」은 환경문제에 힘쓰고 있던 다나카씨와 그 친구들이 불러 시민 운영에 의한 새로운 형태의 금융기관으로 1994년 4월에 설립되었습니다. 자신들의 적금을 자신들의 환경을 지키는 사업에 융자하고 싶다는 미래뱅크의 취지에 찬동한 시민이 조합원이 되어 출자하고, 환경 친화적인 사업(태양광발전 설치나 자연식품점 경영 등)에의 융자를 실시하고 있습니다.

「미래뱅크」가 움직였다

에도가와구 공무원 다나카씨는 항상 은행이나 우체국 등의 저축액이 자신들이 바라지 않는 공공사업, 예를 들면 댐이나 원자력발전소 건설 등에 융자되고 있는 것에 대해서 의문을 가졌습니다. 자신들이 저축한 자금이 자신들의 생활을 파괴하는 원인을 만들고 있다고 느꼈습니다. 그러나 이런 종래형 금융기관이 실시하는 융자에는 출자자인 일반시민이 사업융자에의 찬반의사를 표시할 기회는 일단 없습니다. 맡긴 시점에서 자동적으로 말하자면,「백지위임」의 상태가 되는 것이 통상적인 시스템이었습니다.

거기서 환경보호단체의 횡단조직인「시민포럼 2001」의 멤버로 활동하고 있던 다나카씨와 그 친구들은 이런 종래형 금융기관과 다른 시스템, 자신들의 저축사용처에 대해서 의사표시의 기회가 주어지고 환경에 좋은 사업에 대해서만 기금을 융자하는 금융기관이 될 수는 없는 것일까를 생각했습니다.

◆ 종래의 금융기관에 의한 일반적인 융자 이미지

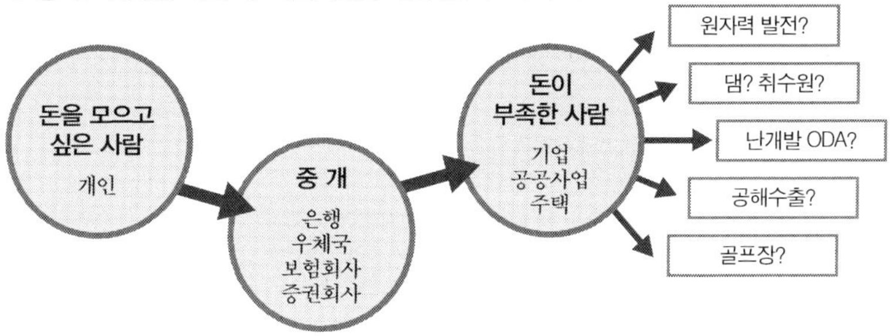

그리고 1년간 준비기간 후, 다나카씨를 포함한 8명의 친구들이 중심이 되어 미래뱅크 사업조합이 설립되었습니다. 지역의 시민이 조합원이 되고 시민자신의 손으로 자신들의 저축을 운용하며, 자신들이 일으킨 「환경에 좋은 사업」에 융자를 하기 위한 새로운 금융 시스템입니다.

미래뱅크는 이런 것을 하고 있습니다

미래뱅크 활동은 크게 나눠서 3가지입니다. 첫 번째는 「지속가능한 개발」과 금융과의 관계에 관한 조사연구와 정보제공입니다. 두 번째는 미래뱅크 독자적인 사업 활동입니다. 「글로벌 빌리지」와 제휴하여 시행하는 제3국이나 NGO와의 공정한 무역(=페어 트레이드)에 의한 상품판매와 각 조합원에 배포되는 회보 「미래뱅크 사업조합뉴스」등의 발행입니다. 그리고 마지막이 조합원에의 자금지원을 중심으로 한 융자사업입니다. 조합원에 의한 보다 좋은 미래를 목표로 한 시도에 대해서 융자를 실시하고 있고, 시민에 의한 금융조직인 미래뱅크 활동의 기둥이 되어 있습니다. 미래뱅크의 융자는 행정등에서의 보조금이 지급될 때까지의 자금지원, NGO활동자금지원 등의 「연결융자」를 중심으로 환경과 복지에 관한 활동을 대상으로 하고 있습니다. 각 활동 내용을 다음에 정리했습니다.

[융자사업 개요]

◎ **상품 구입에 대한 융자**

환경에 좋은 상품 등을 구입하기 위한 자금을 융자하고 있습니다. 현재는 자연에너지 사업협동조합 「렉스터」와 제휴하여 태양광 패널 설치에의 통산성(通産省) 보조금에 대한 「연결융자」를 진행하고 있습니다. 이 제도에서는 장치구입 · 설치 후, 실제 보조금이 교부될 때까지 2~3개월이 걸립니다. 교부까지의 기간은 개인의 자기부담으로 감당해야 합니다. 거기서 대기 기간 내의 자기부담금을 미래뱅크의 융자로 커버하려는 것입니다. 향후에는 풍력발전이나 합병식 정화조 구입 등에 대해서도 융자를 실시할 예정입니다.

태양열을 이용하여 광열비를 반감시키는 건축시스템인 「OM 솔라주택」이나 목재를 이용한 주택 등을 조합원이 건축할 때 자금 융자를 하고 있습니다.

◎ **사업에 대한 융자**

환경에 좋은 사업 등을 실시할 때의 사업자금을 융자합니다.

◎ **그 외의 융자**

그 외에 조합원이 긴급하게 돈이 필요한 경우, 바로 전액 지불하는 것은 불가능하므로 그 경우에는 「공제자금」으로 조합원의 출자금 8할까지의 한도로 융자를 실시합니다.

[뉴스레터 발행]

「미래뱅크 사업조합뉴스」를 연간 4회 발행하고 있습니다. 미래뱅크 현황보고, 환경에의 부하가 적은 상품이나 시스템에 관한 정보제공, 금융기관의 프로세스 등에 관한 조사연구의 성과보고나 칼럼 등 금융과 환경에 관계된 다양한 정보를 게재하고 있습니다. 배포를 희망하는 조합원은 연간 실비 5000원을 조합에 지불합니다.

미래뱅크만의 자금운용방법

미래뱅크에서는 「희망하는 곳에 저금리로 융자」「금리위주로 돈을 모으지 않는다」는 것을 기본적인 자세로 하고 있습니다. 또한 전술한대로 융자처를 한정하는 것으로, 이득이 되는 프로젝트에만 돈을 집중해서 투자하는 현재의 자금융자의 흐름을 바꾸려고 하고 있습니다.

융자처 결정에는 특별히 성문화된 규정이 있지 않습니다. 융자를 희망하는 사람은 우선, 사업조합과의 면접과 협의를 합니다. 그 후에 융자 여부와 금액의 한도가 결정됩니다. 또한 융자 전제조건으로 미래뱅크와 빌리는 사람사이에 지속적으로 면접과 협의를 실시하기로 정해져 있습니다.

자금운용 구조와 재원

미래뱅크는 조직상 민법 제667조에 근거하여 설립된 조합(시민모임)입니다. 출자, 융자 모두 대상을 조합원만으로 한정하여 출자법 등의 법률상의 문제를 해결하고 있습니다.

◆「미래뱅크」 개념도

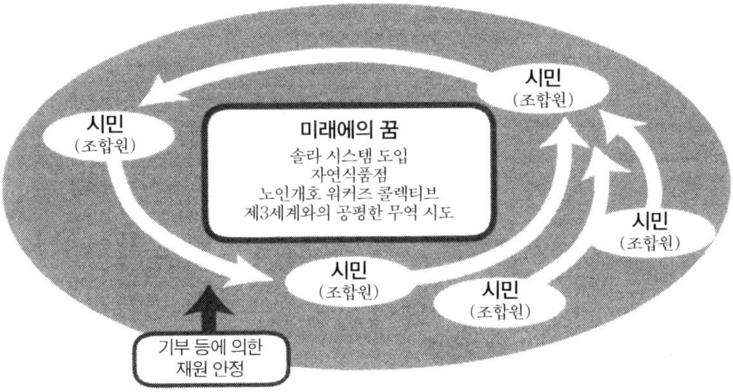

미래뱅크의 주요 재원은 조합원에서의 출자금입니다. 출자금은 1구좌 10만원부터입니다. 매스컴 보도나 구좌 커뮤니티를 통해서 조합원이 서서히 늘어나서 설립당초(1994년)는 조합원 수 약 30명으로 자본금도 7000만원 정도였으나, 1995년에는 100명 · 약 2억원으로, 1996년 3월에는 150명 · 약 3억 2000만원, 1997년 3월 시점에는 조합원 198명, 출자금 4억 6000만원을 돌파할 정도가 되었습니다.

출자금 이외의 수입으로는 미래사(未來舍)의 수익금 약 590만원, 뉴스레터대금 약 65만원, 글로벌 빌리지와의 제휴에 의한 매상 약 38만원 등으로 통신비 등의 필요경비를 제외한 이익은 4,849,490원이 됩니다.

미래뱅크에서는 예금은 취급하지 않습니다. 또한, 현재 연간 이익은 미래뱅크의 재원충당에 맞추어져서 각 조합원의 출자금에 금리나 이자는 붙지 않습니다. 재원을 안정시켜 만일의 도산위험이 있는 경우에도 대응할 수 있도록 조직의 기초체력을 양성하는데

◆ 미래뱅크 조직도

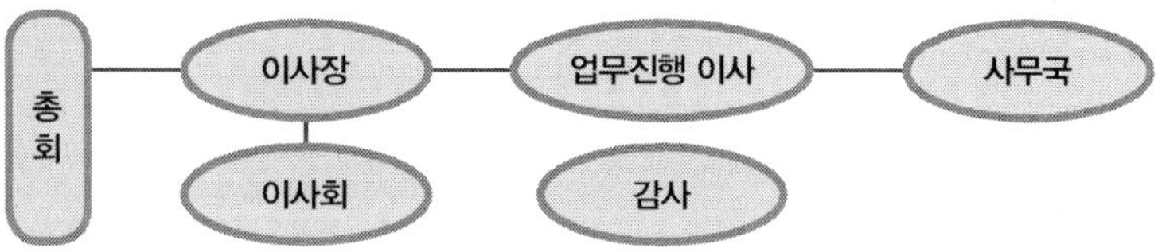

◆ 미래뱅크 프로세스

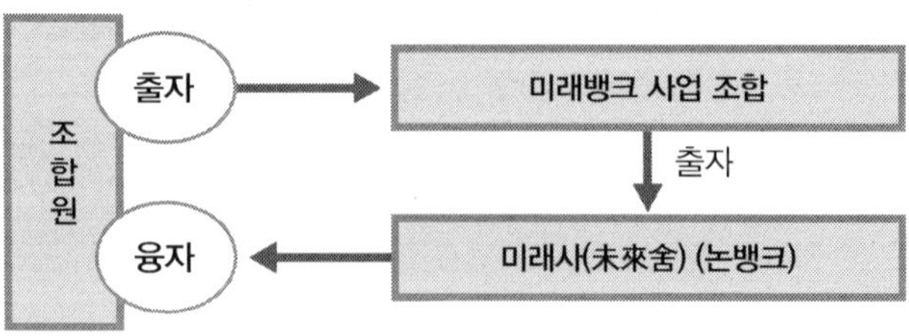

힘쓰고 있습니다. 융자를 받은 조합원의 변제노력도 있어서 변제금의 회수불능은 없고, 견실하게 활동의 걸음을 굳히고 있습니다.

또한 조합운영멤버 중에는 다나카씨를 시작으로 공무원도 참가하고 있으므로 직접 금융업에 관계하는 일은 없습니다. 거기서 생각한 것이 미래뱅크의 출자에 의한 논뱅크조직 「미래사(未來舍)」의 설치입니다. 미래사는 도청에 대금업자의 등록을 하고 있으며 1997년 현재 조합원 3명(미래뱅크 사업조합, 미래사 이사장, 동 이사)으로 출자금은 429,257,380원에 달하고 있습니다. 그 중에 미래뱅크의 출자분은 약 429,237,380원입니다.

미래뱅크 사업조합의 조합원이 융자를 희망할 때에는 미래사에서 「공제융자(조합 내에서의 융자는 법인세법상의 특전이 있다)」라는 형태로 융자를 받는 시스템으로 되어 있습니다.

사무소 유지방법

미래뱅크는 전용사무소도 전문종사 직원도 없습니다. 이사회는 미래뱅크 사업조합 6명, 미래사 2명(그 중 1명은 미래뱅크 사업조합이사 겸임)으로 구성되어 있고 전원이 무급으로 활동하고 있습니다. 또한 이사 1명에게 전용전화를 설지하여 업무연락이니 일반으로부터의 문의 등에 대응하고 있습니다. 업무는 월 1~2회 정도 개최되는 이사회가 있으며 미래뱅크, 미래사의 이사회 멤버 7명 각자 분담하고 있고, 그 때에는 전화나 FAX, E-mail 등을 활용하고 있습니다. 일상 업무에 드는 비용은 전화요금이나 우편료 등 통신비나 사무잡비만으로 전체 합쳐도 연간 약 200만원 정도입니다.

앞으로의 미래뱅크

미래뱅크에서는 계속해서 재원의 충실을 목표로 회원 수와 출자금 증대를 도모하고 있습니다. 1997년 말까지 조합원 수 300명, 출자금 7억 원으로 증대시키고 싶다고 생각하고 있습니다.

또한, 사업기반의 확보라는 측면에서는 새로운 사업에의 착수를 검토 중입니다. 현재, 오존층을 보호하기 위한 사업을 지원하는 「오존기금」을 설립하여 그 사무를 위탁하는 등의 방법으로 사업기반을 확보해 갈 수 있지 않을까 생각합니다.

렉스터와의 제휴융자는 향후에도 지속될 예정이나 새로운 융자방법 개발을 진행하는 등 더욱 충실을 기할 예정입니다.

이러한 융자나 사업제휴 등의 노하우의 축적과 개발을 포함하여 그 활동에 각 방면에서 관심을 보이는 것 같습니다. 향후 전개에 기대가 모아지고 있습니다.

20억 달러(2조 4000억 원)의 자금조달을 지원한 조직 칼럼
전미 최대의 CDC지원조직 – LISC

■ 전미 최대의 CDC지원조직

LISC(Local Initiatives Support Corporation)는 1979년에 설립된 전미 최대 CDC지원조직입니다. LISC는 전미에 35개 지부를 가지고 100개 이상의 도시에서 활동하고 있습니다. 또한 교외에서도 39개 주와 푸에르토리코에서도 68곳에 CDC를 지원하고 있습니다.

■ CDC 발전과 함께 확대된 LISC

원래 LISC는 개개의 CDC가 지역에 뿌리내린 디벨로퍼로 성공하도록 지원하는 것을 목적으로 만들어졌습니다. LISC는 설립이래 CDC의 활동확대와 함께 발전하여, 미국에서 저렴한 주택 건설에 있어서 중요한 역할을 맡아왔습니다. 오늘날까지 미국에서는 2000을 넘는 CDC가 500,000호를 넘는 저렴한 주택을 건설해왔으나 그 중, LISC는 직접적으로 1400이상의 CDC가 64,000호 이상의 주택을 짓는 지원을 해왔습니다. 즉, 전미에서 저렴한 주택건설을 실시하는 CDC의 약 7할이 LISC 지원을 받았던 것입니다.

■ 포드재단의 이사회에서 시작한 LISC활동

LISC는 1980년에 약 1000만 달러(935만 달러)의 기금에서 시작되어 1993년에는 8억 8천만 달러 이상이 되고, 현재까지 적어도 20억 달러를 넘는 자금을 CDC에 제공해 왔습니다.

LISC의 아이디어는 1977년에 열차 속에서의 포드재단 이사회에 의해 창조되었다고 합니다. LISC재원은 그 1/4이 포드재단에서 나왔습니다. 포드재단은 1960년대부터 CDC에 의한 지역재생의 지원을 직 · 간접적으로 해왔으나 LISC를 시작으로 한 인터미디어리(후방 지원조직)의 설립 · 지원에 있어서도 큰 역할을 하고 있습니다.

■ 지역에 조준을 맞춘 CDC육성

LISC 전략의 하나는 CDC활동의 규모 확대를 위하여 "지역"에 조준을 맞춘 것에 있습니다. LISC회장(Paul Grogan)이 주장하는 것은 LISC는 지역산업 공동체와 CDC와의 친교를 북돋으며 역동감을 살리는 중개역할이고, 다양한 지방조직 유력자에게 더욱 발전된 프로그램에의 참가를 호소하는 역할을 담당한다고 합니다.

■ 상업개발 · 고용창출에 의한 커뮤니티 만들기로

이제까지 LISC에서는 도시부에 있어서 저렴한 주택건설 지원활동을 중심으로 실시해 왔습니다. 향후에는 이 성공을 바탕으로 CDC에 축적된 전문적 지식을 교외부에 있어서 지역재생이나 상업적인 발전 · 고용창출 등의 새로운 활동지역, 활동분야에 적용해 갈 계획입니다.

LISC의 뉴욕본부. 「지역주민들에 의한 지역재생을 지원한다」라고 쓰여져 있습니다.

IV.

마을만들기 NPO의 미래

❶ 작은 바람을 살리는 사회로

꽃이 아름다운 마을을 만들어내는 활동, 고령자의 생활과 주거를 지원하는 활동, 마을을 살기 좋게 하는 활동, 실로 다양한 활동이 시민그룹에 의해 실시되고 있습니다.

마을만들기에 관계된 사람들의 일상은 지역의 세세한 일상과 겹칩니다. 기뻐하거나, 화내거나, 슬퍼하거나 하는 일상이 겹쳐지며 살아가는 사회를 만들고 싶습니다.

한 명의 「작은 바람」이 NPO활동 속에서 사람에서 사람으로 협동하는 관계를 창출하고 이루어 나가는 사회를 만드는 것이 우리의 꿈입니다.

❷ 무엇보다 사람과 사람을 연결한다

사회가 다양화되고 동시에 불안정화되는 미래사회에서 시민 · NPO활동은 행정이나 기업에서는 감당하지 못하는 힘을 가지고 있습니다.

시민 · NPO활동은 세세한 아이디어와 연구가 도처에 스며들어 시민사이를 치밀히 연결하고 지원하는 연결망을 기르는 활동입니다.

그것은 완성된 직물과 같이 지역사회에 사람의 네트워크를 생기게 하고, 관심을 공유하는 사람끼리의 글로벌한 지원시스템을 창출하는 힘입니다.

사회의 다양화가 낳는 풍요로운 과실을 향유하면서 사회의 분열에 의한 대립 · 항쟁을 피하는 것, 사회의 불안정화에 대해서 개성을 살리는 창조적인 공존을 가능하게 하는 것, NPO의 큰 역할이 기대되고 있습니다.

❸ 주민주도의 파트너십

샌프란시스코 차이나타운에서는 「차이나타운 리소스 센터(CRC)」를 중심으로 다양한 NPO가 생겨나고, 중국계 시민의 삶을 지원하며, 자신들의 삶과 마을의 개선에 배려와 서비스를 쌓아가고 있습니다.

주민자신의 손에 의해 「자신들의 삶과 주거」를 보다 좋게 할 것, 공공기관에 맡기는 것이 아니라 주민의 주체적 노력에 공공기관이 협력하는 「주민주도의 파트너십」 관계를 창조할 것, 차이나타운에서는 그것이 실현되고 있습니다.

고베시 나가다구 마노지구는 지역의 자치회 조직을 베이스로 1982년에 「마노 마을만들기 추진회」를 설립하고, 그 후에 「마노 마을만들기 협의회」, 그리고 지진재해 후에는 유한회사 「마놋코」를 발족했습니다.

주민주도하에 공공기관과의 「협동」에 의한 주택건설에서 고령자의 지역케어까지 주민 나름의 활동을 계속하고 있습니다.

이런 2개의 예는 마을만들기 NPO 미래상의 하나의 모습을 예시한다고 생각합니다. 지역 커뮤니티가 건강하게 활동하기 위해서는 NPO로서의 주민조직의 존재가 큰 의미를 가진다는 사실을 말하고 있습니다.

❹ 미래의 과제에 주민자신이 힘쓴다

고령화, 산업구조의 전환, 중고년의 직업조건의 불안정화나 실업률 상승 등의 결과로 지구 커뮤니티를 건강하게 하는 것이 큰 과제가 되어 왔습니다.

종래에는 이러한 사태에 「행정과 민간기업에 의한 해결을 기대한다」라고 하는 것밖에 도리가 없었습니다.

그 배경에 일본사회는 구미(歐美)에 비해서 시민섹터의 활동이 극히 한정되어 주민의 힘이 빈약했던 것을 들 수 있습니다. 따라서 문제해결에 주민의 힘을 기대하는 것은 전혀 없다고 해도 좋을 정도였습니다.

NPO는 다양한 사회에 새로운 가능성을 여는 중요한 역할을 갖는다고 기대되고 있습니다. 주민에게 힘을 실어주고 주민과 공동으로 문제해결에 맞서나가는 것이 NPO의 발달에 의해 가능하다고 생각하기 때문입니다.

샌프란시스코 CRC의 사례와 고베 마노지구의 사례는 NPO가 여는 가능성의 세계를 보이고 있다고 해도 좋을 것 입니다.

본시에 소개하는 다양한 사례는 시민들의 인간미 넘치는 활동에 의해 많은 사람들이 지금까지 얻어내지 못한 가능성을 보여주고, 또한 스스로 문제해결에 맞서는 힘을 키워가고 있는 것을 보여주고 있습니다.

❺ 민간비영리 활동의 전문가 탄생

「마을만들기 NPO」의 활동에는 전문가가 매우 중요한 역할을 맡고 있습니다. 미국에서는 일반적으로 NPO 스탭은 고도의 전문지식을 가질 필요가 있고 또한 당연하다고 여겨지고 있습니다. NPO 사회라는 새로운 세계에서는 종래의 행정이나 기업에서는 얻을 수 없는 양질의 서비스, 정보, 물건에 대해서 시민의 요구에 맞추어 그것을 업무로 처리하는 것이 요구됩니다. 따라서 「마을만들기 NPO」의 독자적인 노하우를 가진 「마을만들기 전문가」의 등장이 기대되고 있습니다.

특히 필요한 것은 마을만들기를 「시민과 함께 생각한다」가 가능한 전문가입니다.

일본에서는 기업을 위한 「마을만들기 전문가」나 행정을 위한 「마을만들기 전문가」는 있으나, 시민을 위한 「마을만들기 전문가」는 거의 없는 것이 현실입니다.

또한 NPO의 경영은 기업이나 행정과 공통되는 부분이 있으나 역시 독특한 부분이 있는 바, 특수한 경영기술이 필요합니다. 즉, NPO경영의 전문가가 등장할 것입니다.

❻ NPO사회 시스템을 만든다

NPO가 정착하고 독립된 사회섹터를 형성할 때까지 발전하기 위해서는 우리들의 사회에 그 발전을 지원하는 새로운 시스템을 창조해갈 필요가 있습니다.

미국이나 영국을 보면 NPO를 지지하기 위해 다양한 후방지원조직, 예를 들면 NPO의 활동자금을 모아 제공하는 조직이나 NPO활동에 필요한 기술을 가르치거나 정보를 제공하거나 하는 조직 등 민간비영리 시스템이 잘 발달되어 있습니다. 또한 NPO를 지원하는 법제도도 잘 정비되어 있습니다.

NPO사회를 지지하는데 필요한 이 시스템은 정부나 행정에 맡기면 가능한 것이 아닙니다. 시민 자신이 자신들의 손으로 NPO사회의 시스템을 하나하나씩 만들어갈 필요가 있습니다.

❼ 간단히 시민활동법인이 만들어지는 사회

시민활동조직을 「법인화한다」고 하면 일본에서는 왠지 매우 과장되는 감이 있습니다. 그러나 예를 들면 독일에서는 학교 동창회 등의 조직에도 등록협회제도를 활용하여 법인화하거나, 미국에서는 마을 꽃을 키우는 활동을 NPO로 법인화하는 등 모두 일상적인 일에 지나지 않습니다. 수속도 매우 간단합니다.

그 결과 시민활동법인으로 불리면서 다양한 조직이 지역에서 활동하고 시민의 요구에 맞추어 커뮤니티의 편성망을 밀접하게 합니다.

일본의 시민활동은 법제도의 미비나 사회시스템의 미발달에도 불구하고 건강하게 전개되어 가고 있습니다. 비영리조직으로서의 법인화가 쉽게 가능해진다면 시민활동의 획기적인 발전이 예상됩니다.

❽ 법률을 시민의 것으로

일본에서도 드디어 시민활동조직을 법인화할 수 있는 제도가 시민활동촉진법에 의해 생기려고 하고 있습니다.

시민활동촉진법이 정리될 때까지의 과정은 시민이 주체적으로 법률제정에 관여해온 주목할 만한 경우입니다.

그 계기가 된 지진피해 구조에의 엄청난 자원봉사의 등장에서 의원입법에 이르기까지의 과정, 그리고 그 법률 내용에 대한 시민들로부터의 수많았던 중요한 제안, 이에 의해서 각 당의 법률안의 수정 등 전부 시민들 자신의 손에 의한 투명하고 공개된 과정이었습니다. 눈물겨운 NPO사회 시스템만들기의 실천이었습니다.

「시민으로서 입법과정에 관여하는 것」이 향후, 시민의 중요한 활동의 하나가 된다고 생각합니다.

법률을 만들고 개정하는 것이 「자신에게는 관계없는 먼 이야기이었던 시대」를 과거로 할 수 있을지는 시민들 자신의 행동에 달려있는 것이 아닐까요?

❾ 시민주체의 미래사회로

미국의 대학생 사이에는 NPO에 취직하는 것이 일상적인 선택의 범위일 뿐 아니라 인기가 있는 직장 중 하나라는 것입니다. 다양한 난제를 안고 있는 미국사회를 시민의 손으로 개선한다는 NPO의 자세가 그 일원이 되는 사람들에게 자랑스럽고 직업으로서도 매력적이라고 합니다.

시민자신의 손으로 시민사회를 창조하고 개선해가는 열쇠가 NPO이며, 특별하게 「마을만들기 NPO」의 역할에 거는 기대는 매우 크다고 할 수 있습니다.

V.

자료편

◆ 마을만들기 NPO 연락처 리스트

번호		그룹명	주소	전화번호	FAX번호
Ⅱ 전국에는 이런 마을만들기 NPO가 있습니다	1-1	꽃과 녹색 마을만들기를 여성정원사의 손으로 위원회	〒305 이바라기현 쯔쿠바시 카스가 3-10-11 메소드 쯔쿠바 1-103	0298-56-8534	0298-56-8534
	1-2	매일 생활연구소	〒155 도쿄도 세타가야구 다이타 3-48-5 우메가오카 아트센터내	03-3419-5247	03-3419-3194
	2-1	(주)생활과학연구소	〒104 도쿄도 츄오구 긴자 3-3-1 긴자토호생명빌딩 7F	03-3535-0507	03-3535-0509
	2-2	쯔쿠바 하우징연구회	〒305 이바라기현 쯔쿠바시 카스가 3-10-11 메소드 쯔쿠바 1-103	0298-56-8534	0298-56-8534
	3-1	(주)쿠로가베	〒526 시가현 나가하마시 모토하마쵸 12-38	0749-65-2330	0749-65-2333
	3-2	(사)나라마을만들기센터	〒630 나라현 나라시 나카신야쵸 2-1 나라 마을이야기관 내	0742-26-3476	0742-27-0969
	3-3	(유)마노코	〒653 효고현 코베시 나가타구 히가시시리이케쵸 6-3-27	078-671-9834	078-671-9834
	4-1	미하루쵸 주택연구회	〒977 후쿠시마현 타무라군 미하루쵸 아자코타키 4-1 (유)하시모토주택점	0247-62-8216	0247-62-2899
	4-2	아리타지역 주택연구회	〒844 사가현 니시마쯔우라군 아리타쵸 이와타 니카와우치 2-8-1 아리타쵸 건설과	0955-43-2101	0955-43-2107
	5-1	케어센터 나루세	〒194 도쿄도 마치다시 나루세다이 3-24-1 케어센터 나루세	0427-20-2202	0427-20-2205
	5-2	복지맨션연구회	〒232 가나가와현 요코하마시 미나미구 오오카 3-7-2 이시가와 침구원	045-715-4086	0425-715-4086
	5-3	히노시 지역케어연구소	〒191 도쿄도 히노시 다마다이라 3-5-21	0425-86-9051	0425-82-0686
	6-1	트러스트살룬 쿠시로	〒085 홋카이도 쿠시로시 마쓰우라쵸 16-17	0154-23-1807	0154-23-1807
	6-2	환경시민	〒604 쿄토후 쿄토시 츄쿄구 테라마치니조쿠다루 오나미빌딩 3FA	075-211-3521	075-211-3531
	6-3	프렌즈 오브 세미나 (FOS)	〒157 도쿄도 세타가야구 우나네 2-23-24	03-3416-4295	03-3416-4295
	7-1	마을만들기 정보센터 가나가와 (통칭 아리스 센터)	〒231 가나가와현 요코하마시 나카구 벤텐도오리 2-26-3	045-212-5835	045-212-5826

번호		그룹명	주소		전화번호	FAX번호
	7-2	한신 대지진 부흥 시민 마을만들기 지원네트워크	〒 657	효고현 고베시 나다구 쿠스오카쵸 2-5-20	078-842-2311	078-842-2203
	8-1	다마가와 마을만들기 하우스	〒 158	도쿄도 세타가야구 다마가와 덴엔쵸후 2-11-10	03-3721-8699	03-3721-8699
	8-2	도쿄란포	〒 156	도쿄도 세타가야구 아카쓰쓰미 4-1-6 아카쓰쓰미관 2F	03-3324-4440	03-3324-3444
Ⅲ 마을만들기 NPO를 지지하는 조직과 시스템	1-1	(재)세타가야구 도시정비공사 마을만들기 센터	〒 154	도쿄도 세타가야구 타이시도 2-16-7	03-3411-6634	03-3412-1696
	1-2	일본 NPO센터	〒 113	도쿄도 분쿄구 혼고 6-17-9 혼고아미빌딩 8F (사)사회개발연구소	03-3815-0656	03-3815-7543
	1-3	가나가와 현민 활동 서포트 센터	〒 221	가나가와현 요코하마시 가나가와구 쓰루야쵸 2-24-2	045-312-1121(2830)	045-312-4810
	2-1	(재)토요다재단	〒 163 -04	도쿄도 신주쿠 시니신주쿠 2-1-1 신주쿠 미쓰이 빌딩 37층	03-3344-1701	03-3342-6911
		(재)하우징 앤드 커뮤니티 재단	〒 107	도쿄도 미나토구 아카사카 3-21-20 아카사카 롱비치빌딩 4층	03-3586-4869	03-3586-3823
	2-2	공익신탁 세타가야 마을만들기 펀드	〒 103	도쿄도 츄오구 니혼바시 무로마치쵸 2-1-1 미쓰이신탁은행신탁부	03-3277-7496	03-3279-4522
		한신 아와지 르네상스 펀드	〒 102	도쿄도 치요다구 히라카와쵸 2-14-3 청년회의소 회관 (재)마을만들기 시민재단내	03-3234-2607	03-3234-5770
	2-3	미래뱅크 사업조합	〒 134	도쿄도 에도가와구 히가시카사이 1-5-1-502	03-5674-7022	03-5674-7022

◆ 마을만들기 NPO에 관한 참고문헌 리스트

■ 단행본 연구보고서

문헌명	저자명	발행처	발행년월
비영리조직의 경영	P.F.드래커 저 (우에다 아쓰오, 타시로 마사미 역)	다이아몬드사	91/07
자원봉사 · 또다른 정보사회	카네코 이쿄우	이와나미서점	92/07
커뮤니티 아키텍처 - 거주환경의 조용한 혁명	닉 웨이츠 / 찰스 네이브 (하야시 야스요시 감역)	도시문화사	92/08
도시재생	로버터 · B · 글락	정문사	93/06
커뮤니티 베이스트 하우징 - 현대 미국 근린 재생	히라야마 요스케	도메스출판	93/09
NIRA 연구정보서 No.930034 시민공익활동 기반 정비에 관한 조사연구	총합연구개발기구	총합연구개발기구	94/03
미국「비영리섹터」입문	레스터 M 솔로몬 저 (이리야마 우쯔 역)	다이아몬드사	94/03
민간 비영리섹터의 의의와 역할에 관한 조사연구 -미국조사보고서-	하야시 야스요시, 오노 케이코, 아사미 요시하루, 이토 마사하루, 히라노 요시노부 외	(재)하우징 앤드 커뮤니티재단	94/07
일본에 있어서 공익활동의 현상과 과제	일본 네트워커즈 회의	일본 네트워커즈 회의	94/09
공생의 대지 - 새로운 경제가 시작된다	우치바시 요시히토	생활저널	95/03
비영리단체와 사회적 기반 - 봉사활동 추진을 위한 조직만들기에 관한 조사연구보고서	일본 네크워커즈 회의	일본 네트워커즈 회의	95/06
비영리 · 협동의 시대 (연구연보1)	협동총합연구소 편저	생활저널	95/07
비영리조직의「자기평가수법」-참여형 매니지먼트에의 워크북	비터 F 드래커 편저 다나카 야요이 역	다이아몬드	95/10
재해봉사활동과 NPO - 미국 최전선	매스컴 정보센터 편	매스컴 정보센터	95/11
조성단체요람 민간조성금 가이드 1996	(재)조성재단 자료센터	(재)조성재단 자료센터	96/01
NPO란 무엇인가 - 사회서비스의 새로운 형태	전통총연	일본경제 신문사	96/02
꿈을 키우는 시민뱅크 - 커뮤니티 뱅크의 도전	시민뱅크 WWB/재팬	아도아출판	96/04
NIRA연구보고서 NO.960075 시민공익활동 촉진에 관한 법과 제도의 형태 - 시민공익활동 기반정비에 관한 조사연구 (제2기)	총합연구개발기구	총합연구개발기구	96/05

■ 기사, 논문

문헌명	저자명	발행처	발행년월
지역개발 특집:논프로핏 섹터형성 - 민간비영리 활동의 역할과 과제	야마오카 요시노리, 우에노 마키코, 사카우에 노리오 외	(재)일본지역개발센터	90/12
신도시 특집:마을만들기와 시민 · 기업활동	하야시 야스요시, 엔도 야스히로, 키하라 카쯔아키 외	(재)도시계획협회	92/04
건축저널 누구를 위한 주택 ①~⑩ 미국 CDC에서 일본에 불어오는 바람	에비즈카 료키치, 호소이 유카리	기업조합 건축저널	94/08 ~ 95/05
지역개발 연재-도시재생에 도전한다 (1) / 미국 커뮤니티 개발법인	하야시 야스요시, 오노 케이코, 코다마 요시로 외	(재)일본지역개발센터	94/09
지역개발 연재-도시재생에 도전한다 (2) / 미국 커뮤니티 개발법인	하야시 야스요시, 오노 케이코, 코다마 요시로, 이토 마사하루 외	(재)일본지역개발센터	94/12
녹색독본 33 연재 [조성 정원사 강좌] 제1강 조성의 시점을 정원만들기에 살린다	이구치 유리카	공해대책 기술동우회	94/12
지역개발 도시재생에 도전한다 (3) / 미국 커뮤니티 개발법인 - 뉴욕의 CDC	하야시 야스요시, 오노 케이코 외	(재)일본지역개발센터	95/02
지역개발 특집:지진재해 자원봉사와 시민섹터	하야세 노보루, 이마세 마사시, 하야시 야스요시 외	(재)일본지역개발센터	95/05
도시계획 194 특집:시민마을만들기와 NPO	사이고 마리코, 키하라 카쯔아키, 히라야마 요우스케 외	(사)일본도시계획학회	95/05
지역개발 특집:미국의 커뮤니티 개발과 일본 상황	마쓰바라 아키라, 야마우치 나오토, 사노 쇼우지, 오쿠다 미치히로, 히라야마 요우스케, 야마오카 요시노리 외	(재)일본지역개발센터	95/08
건축과 마을만들기 특집:앞으로의 시민운동=NPO를 생각한다	히라야마 요우스케, 아카시 테루히사, 야마하나 마사이치 외	신건축가 기술자집단	95/08
조경3 특집1-시민활동을 위한 마을만들기 자금원 핸드북	키하라 카쯔아키, 야나기다 료조, 야마오카 요시노리, 사타니 카즈에, 다카다 코우시로 외	건축자료연구사	96/06
지역개발 특집:마을만들기와 NPO	사이고 마리코, 이토 마사하루 외	(재)일본지역개발센터	96/07
조경5 특집1-마을만들기 보조금 매뉴얼	시미즈 코이치로, 아오키 노부유키, 이와타 쯔카사, 니시무라 유키오 외	건축자료연구사	96/10
도시문제 특집-NPO 시민섹터의 가능성	이토 야스오, 토치모토 이치사브로, 사이고 마리코, 무라타 테쯔오, 마쯔하라 아키라	도쿄시정조사회	97/04

◆본 서에 나오는 중요한 용어의 해설

(재)이온그룹 환경재단

국내외 민간단체 등의 환경보전을 목적으로 하는 활동에 지원을 하고 지구환경 보전에 공헌하기 위해 만들어졌다. 이온그룹 1%클럽 등이 기본재산을 출자하고 1991년 1월에 설립했다.

공익신탁

일정한 공익적인 목적을 위해 출자한 재산을 수탁자(신탁은행 등)가 관리운영하면서 후원금의 교부 등을 실시해 가는 신탁법상 제도. 재단법인으로 의무화된 법인 조직이나 사무소 설치가 필요 없이 적은 금액으로도 설정할 수 있는 것에 특징이 있다.

코포러티브 주택

주택의 취득을 희망하는 사람들이 공동으로 토지를 구입하고 입주자의 취향에 맞추어 공유공간 등을 설계하고 입주하는 주택

코포레이트 시티즌쉽

「기업시민성」이라는 개념. 기업이 기부 등을 하여 시민의 사회활동을 지원하는 것. 사회 안에서 요구되는 기업의 시민성을 말한다.

컬렉티브 하우징 (공동주거형 집합주택)

「컬렉티브 하우스」란 「생활협동형」 집합주거를 의미하고, 입주자가 계획시점에서 직접 참가하여 설계나 입주 후의 생활에 대해서 합의형성을 도모해 가는 방식. 입주 후에는 매일 저녁식사를 당번제로 조리하고 식당에서 대부분의 입주자가 같이 저녁을 먹는 한편, 세탁이나 오락, 취미 등의 공유실을 많이 만들어서 커뮤니티활동을 활발하게 실시한다.

시민활동촉진법

시민단체에 법인격을 폭넓게 부여하여 그 활동을 지원하려고 하는 것으로 「NPO법」이라고도 한다.
법인이 되면 기본재산의 보전 · 관리가 가능하고 직원고용도 용이하며 면세조치가 인정되어 기부도 하기 쉬워지는 등의 장점이 있다. 그러나 시민활동에 행정의 개입을 초래한다는 의견이나 다양한 사회를 만들려

고 하는 시민활동에 「공익성」이 적합하지 않고 인증기준이 애매하며 세제(稅制)가 법인격문제와 같이 논의되어져야 하므로 제약이 강하다는 등의 문제점을 거론하는 목소리도 있다(1997년 5월 시점에서는 법안).

사회복지사업법

사회복지사업의 전 분야에 있어서 공통적 기본사항을 정하고 생활보호법, 아동복지법, 모자 및 과부복지법, 노인복지법, 신체장애자 복지법, 정신박약자 복지법과 그 외의 사회복지를 목적으로 하는 법률에 맞추어 사회복지사업이 공명하고 적정하게 실시될 여건을 확보하고 사회복지의 증진에 기여하는 것을 목적으로 1951년에 공포된 법률.

사회복지법인

1951년에 공포된 사회복지사업법에 의해 규정되고 있는 공익법인의 하나이다. 조직적으로는 이사회를 최고의결기관으로 하는 등 재단법인과 마찬가지의 형태가 되지만 그 설립요건이나 사업활동, 사업관리형태, 행정에 의한 감독 등에 대해서는 동법 35개조에 걸쳐 상세하게 규정되어 있다.
또한 법인설립의 목적인 「사회복지사업」은 동법 제2조에서 들고 있는 19종류 사업에 한정되어 있다. 또한 관할관청은 원칙적으로 도도부현(都道府懸) 지사이지만 법인의 사업이 2개 이상의 도도부현에 걸치는 경우는 후생대신(厚生大臣)이 된다. 그리고 사회복지법인으로 허가되면 법인세법 제37조등에 의해 자동적으로 「특정공익증진법인」의 하나로 자리 잡는 등의 세제상 특전을 얻게 된다.

중점부흥지역

1995년 1월 17일에 발생한 한신 아와지 대지진 시에 고베시에서는 진재부흥긴급정비조례에 근거하여 피해시가지를 「지진피해부흥촉진구역」(약 5887ha)과 그 중에서 특히 중점적으로 도시기능의 재생, 기반정비, 주택공급을 도모하는 「중점부흥지역」(24개소, 1225ha)의 2종류 구역으로 나눠 마을만들기 전문가의 지원을 기반으로 각종 사업제도나 유도수법을 활용하여 마을만들기를 추진하고 있다. 중점부흥지역은 주택시가지 총합정비사업이나 밀집주택시가지 총합정비사업 등에 의해 주택부흥을 도모해가는 것이 목적이다.

지역주택계획 (HOPE계획)

지역의 자연, 전통, 문화 등을 포함하여 그 특성을 살리면서 장래에 계승하려는 수준 높은 주거공간 정비, 발의와 창의에 의한 주거만들기의 실시, 지역주택문화나 지역주택생산의 육성에 걸친 폭넓은 주택정책을 위한 계획으로 1983년에 창설되었다. 지자체가 주체가 되어 작성한다.
그 명칭은 지역주택계획을 의역한 「Housing with Proper Environment」[지역 고유의 환경(자연환경, 자원적 환경, 문화적 환경 등 광의의 환경)을 갖춘 마을만들기]의 약칭이고, 또한 향후 주택정책의 「희망」이라는 의미도 포함되어 있다.
1994년에 다른 계획과 함께 주택 마스터 플랜으로 정리·통합되어졌다.

HOPE계획 등 추진사업

1983년에 창설된 사업. HOPE계획 등에 근거한 사업으로 실시하는 지역특성에 따른 주택보급촉진에 관한 사업에 관계된 경비에 대해서 국가가 그 일부를 보조하는 것. 사업으로는 「주택건설지침의 작성작업」, 「주택시가지형성 실시계획의 작성작업」, 「주택지 계획의 책정작업」, 「전문가 연수·컨설턴트 파견 등의 담당자 육성사업」등이 있다.

지역목조주택 공급촉진사업

목조주택관련 시책을 계획적·일체적으로 추진하고 지역에 적합한 양질의 목조주택 및 목조주택단지의 공급촉진, 생산공급체제 정비 등을 종합적으로 도모하는 제도를 확립하고 양실의 주택 스톡(stock)의 형성과 지역주택산업의 활성화에 투자하는 것을 목적으로 하는 사업. 기존에 이미 실시되어온 「지역 우량 목조주택 건설촉진사업」, 「우드 타운 프로젝트」 및 「목조주택 생산근대화 촉진사업」을 통합·개편한 것.
사업실시에 있어서는 도도부현이 「지역 목조주택 공급계획」을 책정하고 그것에 근거하여 지방공공단체 등이 「지역 목조주택 공급추진사업」을 촉진한다.

지구환경기금

열대림 재생이나 야생생물보호 등의 환경보전운동에 노력하는 국내외 민간단체의 지원을 목적으로 환경청 소관의 특수법인인 환경사업단에 1993년에 창설된 기금.
대상활동으로는 (1) 개발도상국에서의 조림, 야생생물보호, 공해방지

등, (2) 개발도상국 주민이 조림 등을 하기 위한 지식의 제공, (3) 일본국내에서는 국민의 참가를 통해 실시하는 녹화활동이나 리사이클 등을 들 수 있다.

정기차지권제도

1991년에 새롭게 「차지차가(借地借家)법」 제정. 1992년 8월 1일부터 시행되어 차지법에는 다음과 같은 종류가 만들어졌다. (1) 구법상의 차지권, (2) 보통차지권, (3) 정기차지권, (4) 일시사용 차지권. 이 중 정기차지권이란 일정 차지기간 종료 후에는 경지(更地)로 하여 지주에게 돌려준다는 차지권이고 (1) 일반정기차지권(계약기간 50년 이상), (2) 건물양도특약부차지권(계약기간 30년 이상), (3) 사업용 차지권(계약기간 10년~20년) 3종류가 있다. 앞의 2개가 주택 소유를 목적으로 이용할 수 있다.

특정우량 임대주택제도

1993년 7월에 시행된 「특정우량 임대주택 공급촉진에 관한 법률」에 근거한다. 민간토지소유자 등이 건설하는 우량한 임대주택에 대해서 건축비지원, 집세감액을 위한 지원을 구축하는 것에 의해 양질의 임대주택 공급을 촉진하고, 중견노동자를 중심으로 하는 차가(借家)세대의 주거수준의 개선을 도모하는 것이 목적이다.

도시계획사업

도시계획사업이란 도시시설정비에 관한 사업과 시가지개발사업을 가리킨다(도시계획법 제4조 15항). 도시계획사업을 실시하기 위해서는 도시계획법 제59조의 규정에 의한 인가 또는 승인을 받아야 한다.
시가지개발사업(토지구획정리사업이나 시가지재개발사업, 신주택시가지개발사업 등)을 실시하는 경우는 도시계획으로 정함과 동시에 도시계획사업으로 시행한다 (단, 개인 또는 조합시행 토지구획정리사업 등은 제외).

토지구획정리사업

도시계획구역 내 토지에 대해서 양호한 시가지 형성 및 택지이용증진을 도모하기 위해 토지의 구획형질을 갖추면서 토지 활용에 필요한 도로나 공원 등의 공공시설 정비개선을 위해 실시하는 사업.

내셔널 트러스트

무질서한 개발이나 도시화의 파도에서 자연이나 역사적 환경파괴를 막고 보전을 하기 위해서 널리 사람들에게 기금을 모아 토지를 사거나 기증을 받아 보존 · 관리 · 공개하는 시민운동. 1895년, 영국에서 3명의 시민모임에서 시작되었다. 「내셔널」은 「국가」라는 의미가 아니라 「국민」이라는 의미로 민간조직이다.

일본에서는 1964년에 (재)가마쿠라 풍치보존회가 결성된 것이 처음이다. 1996년 현재, 전국 40개소에서 내셔널 트러스트 운동이 전개되고 있다. 1983년, 각지의 운동협력 · 연락조직으로 「내셔널 트러스트를 진행하는 전국의 모임」이 결성되었다. 1985년에는 정부도 내셔널 트러스트 단체로 자연환경보전법인의 설립을 인정하고 기부에 대하여 소득세와 법인세 공제, 고정자산세 · 부동산소득세의 면제를 인정했다. 1992년에는 「전국모임」의 정신을 이어받은 「(사)일본 내셔널 트러스트 협회」가 탄생하여 운동의 한 계단 확대 및 국제교류에 이바지하고 있다.

일본 예술문화 진흥기금

1990년 3월, 정부 및 민간에서 6,000억여 원을 모아 창설한 기금. 종래의 특수법인 국립극장을 특수법인 일본 예술문화 진흥회로 조직 개편하여 조성기금의 운용이익을 매년 동모임에서 예술 활동(11종목)을 실시하는 단체 등에게 지원하고 있다. 발족에서부터 6년간의 지원총액 약 1530억 원이라는 실적을 남기고 있다.

자선활동 (philanthropy)

영어로 「자선」의 의미. 구미에서는 개인이나 단체가 교육, 연구, 의료, 복지, 환경보전 등을 위해 봉사활동을 하거나 기부금을 염출하거나 하는 전통이 있다. 기업도 이에 직접적으로 참가하거나 재단 등을 통하여 간접적으로 참여하고 있다.

미국에서는 1910년부터 30년에 걸쳐서 특히 그 경향이 현저했었다. 카네기재단, 록펠러재단, 포드재단 등은 전부 이 시대에 설립되었으며 현재는 전미기업의 20%가 어떤 형태로든 이러한 활동에 관여하고 있다. 일본에서도 경단련(經團連)이 「1% 클럽」을 설립하여 각 기업에서 경영이익의 1%를 기부하는 운동을 진행하고 있고, 사회공헌부서를 설치하는 기업도 나오고 있다. 그러나 그 규모는 1조원 정도라고 보여지며 미국의 약 1/6에 지나지 않는다.

요코하마 리브인 제도

요코하마시에서 시행하는 「특정우량임대주택」의 애칭.

람사르(Ramsar)조약

「특히 물새의 서식지로 국제적으로 중요한 습지에 관한 조약」이 정식명. 국제습지조약 또는 물새습지보전조약이라고도 하고 1971년 이란의 람사르에서 채택되었다. 국제적으로 귀중한 습지를 각 나라가 등록하고 그 보전과 현명한 이용을 도모하는 것이 목적. 가맹국은 77개국(1993.8 현재). 일본은 1980년에 가입과 동시에 구시로(釧路) 습원을 등록. 일본 국내의 등록지는 1996년까지 10개소.

워크숍

워크숍은 임상심리학의 한 수법으로 시작되어 댄스나 연극 등 폭넓게 창조활동에 사용되게 되었다.
마을만들기에 있어서 워크숍이란 「지역에 관계된 다양한 입장의 사람들이 참가하고, 공동체의 여러 과제를 서로 협력하여 해결하며, 더 쾌적한 것으로 하기 위해서 각종 공동 작업을 통하여 계획세우기 등을 진행해가는 방법」이라고 한다. 가치관이 다른 사람들이 공동으로 보다 좋은 환경을 계획해가는 시스템으로, 1960년대에 미국의 랜드스케이프 디자이너인 로렌스 할프린에 의해 고안되었다.

◆ 역자 약력

장 준 호 (張俊鎬)

- 명지대학교 건축공학과 졸업(공학사)
- 연세대학교 공학대학원 도시계획전공 졸업(공학석사)
- 일본 문부과학성 초청 국비유학생
- 일본 도쿄(東京)대학교 대학원 도시공학과 졸업(공학석사/공학박사)
- 미국 MIT 도시계획학과 연구교수
- 영국 런던대학교(UCL) 도시계획학부 객원교수
- 일본 수도권종합계획연구소 특별연구원
- 롯데건설기술연구소 수석연구원
- 국토해양부 도시재생사업단 상세기획위원
- 국방부 특별 건설기술 심의위원
- 서울특별시 도심재창조 시민위원회 위원/주거재생 자문위원
- 경기도 도시계획위원회 위원/건축위원회 위원/도시재정비위원회 위원
- 인천시 도시계획위원회 위원/도시건축공동위원회 위원/경관위원회 위원
- 한국토지주택공사 마을만들기 포럼 운영위원
- 한국지역사회발전학회 고문/공로상 수상
- 한국도시지리학회 감사
- 대한국토도시계획학회 도시정보 편집위원/학술상 수상
- 한국도시설계학회 편집위원
- 한양대/연세대 대학원 강사
- 현재 안양대학교 도시정보공학과 교수, 교무처장/총장 직무대행 역임

주요 논저

- 「環境色彩디자인 (調査에서 設計까지)」 張俊鎬 譯, 圖書出版 國際, 1986.
- 「都市再開發 豫定地區 設定의 모델 定立에 關한 研究」 延世大學校, 1988.
- 「世界 都市再開發 NOW」 張俊鎬 譯, 圖書出版 國際, 1990.
- 「『改善型まちづくり事業』による地區環境整備計劃論」 東京大學, 1993.
- 「우리 마을 들여다보기」 공저, 한국도시연구소, 1997.
- 「안양지역 발전론」 공저, 한국지방자치연구원, 1998.
- 「都市創造」 張俊鎬 譯, 泰林文化社, 1999.
- 「都市基本計劃 및 地區環境整備」, 張俊鎬 譯, 螢雪出版社, 2000.
- 「中國의 都市計劃 -滿洲의 都市論-」, 張俊鎬 編繹, 泰林文化社, 2000.
- 「최신 도시계획 관련법규」 공저, 도서출판 누리에, 2000.
- 「도시공학개론」 장준호 편역, 형설출판사, 2000.
- 「커뮤니티를 위한 도시계획 및 설계」 장준호 편역, 보성각, 2002.
- 「도쿄 도시계획 담론」 장준호 편역, 구미서관, 2006.
- 「마을만들기 실천」 다무라 아키라 지음, 장준호 · 김선직 역, 형설출판사, 2008.
- 「마을만들기와 도시경관」 다무라 아키라 지음, 장준호 · 김선직 역, 형설출판사, 2008.
- 「마을만들기 개론」 장준호 · 김선직 편역, 형설출판사, 2010.
- 「도시계획 이론」 다카미자와 미노루 외 편저, 장준호 · 김선직 편역, 구미서관, 2013.
- 「삶이 있기에 마을이다! – 도쿄 다이시도 주민이 참가한 도시재생과 마을만들기–」 장준호 · 남지현 역, 구미서관, 2018.

소 명 식
(蘇明植)

· 중앙대 건축미학과 졸업 (건축계획 및 설계)
· 일본 큐슈 국립대학교 대학원졸업 (전공: 도시공생디자인)
· 아주대학교 경영대학원 최고경영자과정 수료
· 안양대학교 대학원 박사과정 수료 (전공: 도시정보공학)

· 대한민국 건축사 면허취득 (건교부 제 6156호)
· 대림대학 건축과 겸임교수 역임

· (현) 새안양신협 이사장
· (현) ㈜에너지환경기술원 기술원장
· (현) 신세대포럼종합건축사사무소
건축디자인파트너

지역활동 경력

· 안양시 재정심의위원/ ART CITY 건축 자문위원 역임
· 안양시의회 도시건설위 자문위원 역임
· 시민신문 도시건축컬럼 집필위원 역임
· 안양YMCA 도시공생연구소 공생 소장 역임
· (현) 대한건축사협회 회원
· (현) 안양YMCA 이사
· (현) 사단법인 사랑의 집수리 이사

NPO를 위한 도시재생과 마을만들기 정가 15,000원

편저 : NPO와 마을만들기 연구회
역자 : 장준호 · 소명식

발행인 : 임해진
발행처 : 도서출판 구미서관

인쇄 : 2018년 12월 4일
발행 : 2018년 12월 10일

등록 : 1979년 6월 29일 No.9-6호

주소 : 서울시 마포구 신촌로 2길 5-15
전화 : 02-333-1101
팩스 : 02-335-2201

ISBN 979-11-6257-046-3 (94530)
979-11-6257-043-2 (94530) (전4권)

역자와의 협의 하에 인지를 생략합니다.
파본이나 잘못된 책은 교환하여 드립니다.